솔벗한국학총서 8

이능화와 근대 불교학

이 재 헌

지식산업사

이재헌(李在軒)
서울대 사범대 국민윤리교육과 졸업
한국정신문화연구원 한국학대학원 졸업(철학박사, 한국종교 전공)
한국신종교학회 총무이사, 교육부 고등학교 윤리 교과서 심의위원
대한불교조계종 불교사 연구위원, 경원대학교 강사, 고등학교 교사

쓴 논문으로는 〈근대 한국 불교학의 성립과 종교 인식—이능화와 권상로를 중심으로〉(박사논문)
〈1970년대 이후 한국신종교의 현황과 과제〉, 〈한국신종교의 생태담론과 생태사상〉
〈이능화 연구의 현황과 과제〉, 〈근대 한국 불교 개혁 패러다임의 성격과 한계〉
〈권상로의 불교개혁사상 연구〉, 〈이능화의 불교학과 근대적 종교인식〉
〈권상로 불교학의 근대적 성격〉, 〈근대 한국불교의 타종교 인식〉 등이 있고,
쓴 책으로는 《조계종사》(근현대편; 공저), 《금강대도종리학연구론》 등이 있다.

이능화와 근대 불교학

———

초판 제1쇄 인쇄 2007. 3. 3.
초판 제1쇄 발행 2007. 3. 7.

———

지은이   이재헌
펴낸이   김경희
펴낸곳   ㈜지식산업사
         서울시 종로구 통의동 35-18
         전화 (02)734-1978(대) 팩스 (02)720-7900
         인터넷한글문패   지식산업사
         인터넷영문문패   www.jisik.co.kr
         전자우편   jsp@jisik.co.kr
         등록번호   1-363
         등록날짜   1969. 5. 8.

———

책값은 뒤표지에 있습니다.

———

ⓒ 이재헌, 2007
ISBN 978-89-423-1097-5 94220

———

이 책을 읽고 필자에게 문의하고자 하는 이는
지식산업사 전자우편으로 연락 바랍니다.

머리말

　이능화 선생은 근대 한국학의 거봉이다. 오늘날 한국학의 어느 분야
도 그의 저서로부터 출발하지 않을 수 없을 정도로 그는 한국학의 거의
모든 분야에 걸쳐 다양하고도 독보적인 저서를 많이 남겼다. 《백교회
통》(1912), 《조선불교통사》(1918), 《조선여속고》(1926), 《조선해어화
사》(1927), 《조선무속고》(1927), 《조선기독교급외교사》(1928), 《조선도
교사》(1959), 《조선종교사》, 《조선유학급유교사상사》(散逸) 등 단행본
만 따져도 어느 것 하나 그 분야에서 독보적이지 않은 것이 없다. 일제
강점기를 살았던 지식인이라는 한계 때문에 상대적으로 주목을 받지
못한 측면도 있지만, 최근에는 종교학과 불교학을 비롯한 한국학의 각
분야에서 그에 대한 평가를 새롭게 내리고 있다.

　불교학에서도 그는 근대 한국 불교학의 선구자로 평가받아 마땅하지
만, 그에 대한 본격적인 연구는 거의 이루어지지 않고 있다. 그는 한문
은 물론 영·프·중·일어에 능통했던 어학의 천재로 신·구학문을 겸
비했고, 거기서 체득한 비교문화적 시각을 바탕으로 한국학의 거의 모
든 분야를 연구했지만, 학자이기에 앞서 불교라고 하는 한 종교의 독실
한 신앙인으로서, 외국어 공부를 그만두고 본격적인 학문 연구와 저술

4

에 뛰어들었던 1910년(41세) 이후 10여 년 동안 불교학 연구와 불교계 몽운동을 정력적으로 펼쳐 나갔으니, 불교학은 그의 학문의 출발점이요 본령이라 해도 과언이 아닐 것이다.

그는 근대화의 충격 속에서 정체성 확립을 위한 자기개혁에 부심하던 한국 불교를 학문적으로 조망하는 일에 천착했으니, 조선 후기의 교학을 계승한 바탕 위에 서양에서 새로이 등장한 근대적인 방법론을 수용하여 전혀 새로운 시각에서 한국 불교를 조명하여 불교학의 수준을 한 단계 끌어올린 근대 한국 불교학의 선구자라고 볼 수 있다.

그가 한국 불교를 연구했던 화두는 바로 '정체성의 확립'이었다. 그리하여 첫 저서로 타종교에 대한 불교의 교리적 우월성을 논구한 《백교회통》을 집필했던 것이다. 《백교회통》은 우리나라 최초로 세계 종교들을 비교적 관점에서 본격적으로 다루었다는 점에서 한국 종교학에서도 중요한 업적이지만, 이런 새로운 방법론과 종교학적인 안목으로 불교학을 새롭게 재구성하려 했다는 점에서 근대 한국 불교학의 성립에 선구적인 업적이 아닐 수 없다.

《조선불교통사》는 최초로 한국 불교를 진화론적인 진보사관에 입각하여 역사학적으로 연구함으로써 객관적인 불교 연구의 길을 열었다는 점에서, 그리고 한걸음 더 나아가 철학적 과학적 불교 연구를 가능하게 한 자료의 집대성이라는 점에서 한국 불교학의 근대화에 기여하였다. 또한 한국 불교 각 종파의 원류를 구명하고 있으며, 불교 개혁의 이념을 강하게 표출하고 있다는 점, 그리고 한국 불교사의 시대구분, 법통 논쟁, 돈점 논쟁, 삼종선 논쟁 등과 같은 한국 불교학의 주요 주제들을 최초로 학문적인 탐구의 대상에 올려놓았다는 점에서 근대 한국 불교학의 효시라고 해도 지나치지 않을 것이다.

필자가 1999년에 이능화와 권상로를 연구하여 박사학위를 받은 이래

벌써 8년이 되었지만, 아직도 이능화의 불교 연구에 대한 종합적인 연구는 이루어지지 못하고 있다. 이 책은 이능화의 학문세계와 불교학의 대강을 살펴본 것으로 아직도 심층적인 연구라고 보기는 어렵지만, 이능화의 불교학이 근대 한국 불교학의 성립에 어떤 역할을 하고 있는지를 소개함으로써 이 분야 연구에 밑거름이 되었으면 하는 바람이다.

Ⅱ장은 '이능화 연구의 현황과 과제'로서 시대별, 분야별로 연구현황을 정리하였으며 이능화 연구의 쟁점과 앞으로의 연구 과제를 제시하였다.

Ⅲ장은 '근대 한국불교학 성립의 배경과 과정'으로서 이능화가 근대 불교학을 시작하기 이전 불교학의 흐름을 정리하였다. 먼저 조선 후기 교학의 발전과정을 소개하면서, 한국 불교가 근대화되는 과정에서 나타난 대응양상을 비롯해서 불교학의 근대화에 결정적인 영향을 미쳤던 사회진화론의 수용과정을 살펴보았다.

Ⅳ장은 '이능화의 생애와 근대적 종교인식'으로서 그의 생애와 학문적 업적에 대한 간단한 소개와 아울러 그의 근대적 종교인식을 살펴보았다. 그는 근대 종교연구의 2대 방법론인 '진화론'과 '비교법'에 대한 정확한 이해를 바탕으로 한국의 다원적 종교현상을 연구하였으며, 이것을 바탕으로 객관적이고도 과학적인 불교 연구, 즉 근대 불교학의 기초를 닦았음을 논구하였다.

Ⅴ장은 '불교의 정체성 확립과 불교계몽'인데 그가 불교학을 하게 된 동기로서 그의 불교신앙과 불교관을 소개하면서 《백교회통》, 《조선불교통사》를 중심으로 불교학적 업적을 살펴보았다. 그 과정에서 불교의 정체성 확립이라는 그의 일관된 문제의식과 진보적인 한국불교사 서술을 위한 노력을 엿볼 수 있었다.

Ⅵ장은 '근대적 종교인식과 불교학적 공헌'인데 근대 한국 불교학의

6

성립에 이능화의 불교 연구가 어떤 역할을 하고 있는지를 본격적으로
탐구하기 위해서 근대 한국 불교학에서 이능화와 함께 쌍벽을 이루는
권상로의 불교학을 소개하였다. 그리하여 둘의 공통점과 차이점을 비
교하면서 종교인식의 근대성과 근대 불교학 성립에서 보여준 공헌을
살펴보았다. 이런 과정을 통해서 이능화 불교학의 특징이 더욱 잘 드러
날 수 있다고 보았다.

　이 책을 출간하면서 서울대 종교학과 김종서 교수님께 감사의 마음
을 전하고 싶다. 석사논문 지도와 아울러 박사논문의 방향 설정에도 많
은 가르침을 주셨다. 그리고 연구를 지원해 주신 솔벗재단과 이온규 이
사장님께 심심한 감사의 인사를 전하며, 출판에 애써 주신 지식산업사
의 김경희 사장님과 직원 여러 분께 깊은 감사를 드린다. 또한 늘 걱정
해 주시는 어머니와 언제나 묵묵히 옆에서 내조해 주는 사랑하는 아내
와 아이들에게도 고마운 마음을 전한다.

2007년 1월
서울 구로동 망경재(忘境齋)에서
이재헌 삼가 씀.

차 례

Ⅰ. 왜 이능화인가

불교가 우리나라에 전래되고 1,600여 년의 세월이 지나는 동안 한국 불교는 끊임없는 영고(榮枯)와 성쇠(盛衰), 그리고 이합(離合)을 거듭해 왔다.

삼국시대와 통일신라, 그리고 고려시대까지는 대체로 유교와 도교 등 다른 종교와 우호적인 관계를 맺으면서 진호국가(鎭護國家)와 흥학(興學), 그리고 간경(刊經) 등 화려한 발전을 하였다. 이때는 원효(元曉)의 화쟁(和諍)이나 의천(義天)의 교관겸수(敎觀兼修), 그리고 지눌(知訥)의 정혜쌍수(定慧雙修) 등에서 보듯이, 주로 불교계 안에서 여러 종파의 통합과 선교(禪敎)의 일치, 즉 회통(會通)의 원리가 불교사상의 주제였다고 해도 과언이 아니다.

그러다가 조선시대에 들어와 숭유억불(崇儒抑佛)의 건국이념을 세운 유교쪽의 무차별 공격이 계속되자, 불교 자체의 논리보다는 유교와의 관계 속에서 자신의 생존을 담보하려는 소극적 의미에서의 유불회통(儒佛會通), 나아가서는 삼교회통론(三敎會通論)이 불교계의 주요 과제로 등장하게 된다. 이것은 적극적인 반론이라기보다는 일종의 타협이요, 논쟁을 회피하려는 궁색한 변명이었다. 즉 성리학(性理學)으로 무장한 유학자들의 공격에 대하여 이론적으로 잘 다듬어진 불교우월론을 내세우지 못하고, 어느 정도 절충적인 경향을 보이면서 근본적으로 불교는 유교와 차이가 없다는 동질론을 펼친 데 불과하였던 것이다. 불교학적으로 볼 때 이것은 어쩔 수 없는 선택이었지만, 이론적인 발전의 침체는 곧 불교의 몰락을 뜻하는 것이기도 하였다. 이는 고려 후기부터 간화선(看話禪) 중심의 선종(禪宗)이 발달하고, 교종(敎宗)은 그 맥이 끊어지다시피한 데에도 일말의 원인이 있다. 간화선 자체가 일상적인 현실을 중요시하고 불교의 이론적 탐구를 소홀하게 만들었기 때문이다.

조선시대 성리학적 국가체제 아래에서 극심한 탄압을 받아왔던 불교는 일제의 종교 침략 전술에 따라 1895년 승려의 도성(都城) 출입금지가 해제되고, 이어 신교(信敎)의 자유라는 새로운 시대적 조류를 맞이하여, 근대화의 물결 속에서 잃어버린 옛 영화의 복원은 물론, 시대 변천에 적응할 수 있는 자기 개혁의 몸부림을 치게 된다. 이제 암혈(岩穴)이나 산곡(山谷)에 몸을 숨기고 안과일생(安過一生)하던 산중불교는 과거 조선조의 소극적 유불회통론(儒佛會通論)에서 벗어나 당시 유행하던 사회진화론, 즉 우승열패(優勝劣敗)의 종교경쟁시대를 맞이하여 타종교에 대한 새로운 인식과 그들과의 경쟁에서 살아남기 위한 자기 개혁에 눈을 뜨지 않을 수 없게 되었다.

이른바 ‘개혁불교’로 특징지워지는 이 시기에 불교계의 변화와 각성을 이끌었던 것은 학문적 방향에서의 자각이었다고 할 수 있다. 즉 불교학에서 조선 후기의 교학(敎學)을 계승한 바탕 위에서 서양에서 새로이 등장한 근대적인 방법론을 수용함으로써, 과거의 낡은 폐습에서 벗어나 전혀 새로운 근대적 학문으로 발돋움하려는 시도가 나왔다. 근대의 학문, 즉 과학(science)의 성립은 비판적 자의식의 확보와 객관성의 유지를 전제로 하는 것이다. 또한 보편적으로 적용될 수 있는 방법론의 적용도 중요하다.

바야흐로 한국의 불교학은 호교적(護敎的) 교리 연구나 훈고학적(訓詁學的)인 경전 탐구 일변도에서 서서히 탈피하여 객관적이고 과학적인 불교 연구의 틀을 잡아가게 된다. 이때에 가장 유용한 방법론으로 제시된 것은 진화론적인 사고방식에 입각한 역사학적 연구와 폭 넓은 자료를 바탕으로 하는 비교연구라고 할 수 있다. 이것은 19세기말에 서양 기독교 사회에서 '종교학'이 태동하였던 배경과도 유사한 점이 있는데, 물론 이때쯤이면 서양의 종교학 이론이 이미 소개된 시기라는 점에서 그 영향을 받았다고도 할 수 있지만, '신교의 자유' 이후 한국적 종교다원주의가 일반화되는 상황과도 밀접한 관련이 있다고 하겠다. 비교종교학의 성립은 늘 종교다원주의를 전제로 하기 때문이다.

따라서 근대 한국 불교학의 성립기라고도 할 수 있는 이 시기는 역사학적 방법론에 입각한 자료의 축적과 정리로 특징 지울 수 있는 그런 시기라고 할 수 있다. 즉 한국의 불교 역사에 관심을 가지고 현대적 감각에서 옛 자료들을 정리하여, 지난날 한국 종교사에서 불교가 차지했던 위상을 돌이켜보고자 하는 학문적인 시도가 나타나기 시작했다는 것이다. 또한 거기서 더 나아가 종교학적 방법론을 적용하여 이러한 자료들을 해석하고, 다른 종교와 폭 넓은 비교연구를 하면서 한국의 불교학을 보편적인 근대 학문, 즉 과학으로 정립하고자 하는 노력으로까지 이어졌다고 할 수 있다.

이러한 시대적인 사명에 입각해서 당시 한국 불교학을 이끌었던 선구자는 바로 이능화(李能和; 1869~1943)이다. 이능화는 근대 한국학의 선구자이며 한국 종교사 연구의 개척자이다. 그러나 무엇보다도 그는 독실한 불교 신앙인이며 불교학자였다. 근대화의 충격 속에서 정체성 확립을 위한 자기개혁에 부심하던 한국 불교를 학문적으로 조망하는 일에 천착했던 것이다. 그는 조선 후기의 교학을 계승한 바탕 위에 서양에서 새로이 등장한 근대적인 방법론을 수용하여 아주 새로운 시각에서 한국 불교를 조명하여 불교학의 수준을 한 단계 끌어올린 근대 한국 불교학의 선구자라고 할 수 있다.

근대 불교학과 전통 교학의 결정적인 차이점은 어디에서 찾아야 할까? 무엇보다도 전통 교학이 호교적(護敎的) 교리 연구나 훈고학적(訓詁學的)인 경전 탐구를 본령으로 한 데 견주어, 근대 불교학은 객관적이고 과학적인 불교 연구라는 데서 찾을 수 있을 것이다. 그런데 객관적인 연구라는 것은 타자에 대한 인식 없이는 이루어질 수 없다. 다른 종교와 처음 접촉할 때 호기심을 느끼지 않는 사람은 없겠지만, 이것이 발전해서 종교다원주의적인 사고방식을 갖게 될 때 진정한 객관적인 연구가 가능한 것이다. 그런 점에서 이른바 '신교의 자유'로 인해 새롭게 조성된 한국적 종교다원현상은 객관적인 불교 연구, 즉 근대 불교학의 성립을 촉발하기에 충분한 동기를 제공하였다. 여러 종교가 동등하게 공존하는 새로운 시대환경 속에서, 그 동안 신앙의 대상일 뿐이었던 불교가 처음으로 학문적 탐구의 대상으로 인식되기 시작한 것이니, 비로소 불교 자체에 대한 비판적 자의식이 싹트게 되었다.

종교학이 객관적이고 과학적인 연구가 되기 위해서는 적어도 세 가지 필수조건, 즉 동기(motive), 자료(material), 방법(method)이 충족되어야 하는데,1) 같은 원리가 불교학에도 적용된다고 본다. 특히 '과학적'인 연구라고 할 때는 방법론의 적용이 중요한 기준이다. 사실 종교학이란 일단 적절한 동기가 갖추어진 뒤 자료가 축적되면서 그것을 처리할 방법을 모색하는 과정이라고 해도 틀린 말은 아닐 것이기 때문이다. 종교학 초창기에 가장 각광을 받았던 방법론으로는 진화론과 비교법을

---

1) 에릭 샤프는 종교학이 성립되기 위해서는 세 가지의 필수조건, 첫째 비교연구에 대한 어떤 동기(motive), 둘째 자료(material), 셋째 그 자료를 어떤 양태로 조직화할 그럴듯한 방법(method)이 충족되어야 한다고 하면서, 종교 연구로부터 나온 자료들을 체계화하고 거기에 어떤 방법론을 적용해 보려는 노력, 즉 한마디로 '과학적'인 연구의 시도는 19세기 말엽에 와서야 비로소 처음 등장하게 되었다고 하였다.[에릭 샤프 / 윤이흠·윤원철 역, 《종교학 — 그 연구의 역사》(한울, 1986), 5~16쪽을 참조]

14

들 수 있는데, 이것은 불교학에도 그대로 적용되어 나타났다. 특히 스펜서가 정립한 사회진화론이 사회적인 분위기를 형성해 주었다고 하겠다. 즉 사회진화론의 영향으로 다양한 종교현상을 하나로 꿰뚫어 볼 수 있는 방법론, 즉 종교도 진화, 또는 진보해 간다는 관점의 적용이 가능해졌던 것이다.[2]

따라서 근대 한국 불교학은 한국의 불교를 사회진화론적인 진보사관에 입각하여 연구하는 작업, 즉 역사학적 접근방법에서 출발했다고 하겠다. 당시 사회진화론은 국민들의 역사의식을 고양시켜 박은식(朴殷植; 1859~1925), 장지연(張志淵; 1864~1921), 신채호(申采浩; 1880~1936), 정인보(鄭寅普; 1892~ ?) 등으로 이어지는 민족주의사학을 발전시켰던바, 불교의 역사학적 연구는 사학계의 이런 움직임과도 맥락을 같이한다고 볼 수 있다. 이리하여 일제에 나라를 잃은 직후부터 한국 불교사 정립이라는 시대적 과제에 눈 뜬 몇몇 선각적인 지식인들이 먼저 손을 댄 것은 한국 불교사의 서술을 위한 자료의 수집이었다.

그러한 노력들이 모여 한국의 불교사를 통사적으로 다룬 단행본들이 나오기 시작했으니, 권상로(權相老)의 《조선불교약사》(朝鮮佛教略史; 1917)와 이능화(李能和)의 《조선불교통사》(朝鮮佛教通史; 1918)가 그것이다. 결국 이 두 사람의 저술이 한국 불교사 연구의 단초를 열었다는 점에서 중요한 가치를 지닐 뿐만 아니라, 어떤 점에서는 아직도 그 범위를 뛰어넘는 연구가 나오지 못했다는 점에서 현재까지도 그 활용범위가 넓다고 평가된다.[3] 이와 같이 근대적인 의미에서의 한국 불교사

---

2) 사회진화론의 도입 경과와 영향 등에 대해서는 이재헌, 〈근대 한국 불교학의 성립과 종교 인식〉(한국정신문화연구원 박사학위논문, 1999), 27~39쪽을 참조할 것.
3) 이봉춘, 〈한국불교사 연구의 현황과 과제〉, 《한국의 불교학 연구, 그 회고와 전망》(동국대 불교문화원, 1994), 47쪽.

연구는 사실상 권상로와 함께 이능화로부터 시작된 것이나 다름없다.

무엇보다도 주목되는 점은, 전통 교학의 전통을 계승하였으면서도 당시의 종교 상황과 새로운 종교학적 방법론에 대해 정확히 이해하고 있었다는 점이다. 즉 불교를 주관적인 신앙의 관점에서만 보지 않았고, 다원적 종교 경쟁 상황에 놓여 있는 많은 종교 가운데 하나로 분명히 인식하였으며, 그런 상황 아래에서 불교를 객관적으로 보기 위해서는 '비교종교학'(comparative religion)적인 시각과 방법론을 이용할 수밖에는 없다는 생각을 가졌다는 것이다. 물론 전통적인 불교회통론의 맥락을 이으면서 어느 정도 호교론적인 자세가 남아 있는 것은 사실이지만, 분명히 거기서 한걸음 더 나아가, 불교를 비판적인 관점에서 또 역사학의 방법에 바탕을 두고 비교연구하려는 의도가 엿보이며, 이때문에 이능화를 근대 한국 불교학의 선구자로 평가하는 것이다.

Ⅱ. 이능화 연구의 현황과 과제

이능화(李能和; 1869~1943)는 근대 한국학의 선구자로, 오늘날 한국학 연구자라면 그의 저술에서부터 출발하지 않을 수 없을 만큼 다양하고 독보적인 저서를 많이 남겼다. 그는 한문뿐 아니라 영어·프랑스어·중국어·일본어를 터득한 어학의 천재로 신구 학문을 고루 익혔고, 거기서 체득한 비교문화적 시각을 바탕으로 한국이 세계사의 조류에서 뒤떨어진 원인과 민족 근대화의 가능성을 전통문화 연구에서 찾았던 것이다.

사학사적으로 볼 때 그의 학문은 자료와 방법론, 그리고 내용 면에서 전(前)근대와 근대 학문 사이의 다리 역할을 하였다고 평가되는데, 특히 전통문화의 핵심을 상류층 지식인들의 철학적 사변적인 면에서 찾지 않고 일반 민중들의 종교와 민속에서 찾았다는 점에서 주목된다. 따라서 그의 학문은 종교사 연구를 중심으로 하고, 그것을 보충하는 사회사의 양대 축을 중심으로 이루어진다고 요약할 수 있다.

일제강점기를 살았던 지식인이라는 한계 때문에 남긴 업적에 견주어 크게 주목받지 못하던 그였지만, 근대 한국학의 여러 분야에서 차지하는 독보적인 위치 덕분에 최근에는 한국학 각 분야의 연구사를 정리하는 자리에서 그의 학문에 대한 단편적인 평가가 내려지고 있고, 종교학과 불교학계에서도 종합적인 정리가 이루어지고 있다. 여기서는 그 동안의 연구사를 시기별, 쟁점별로 간단히 요약하고, 앞으로의 연구과제에 대한 간단한 제언을 통해 이 분야 연구의 활성화를 촉구하고자 한다.

1. 시대별 연구 현황

1.1. 생애 소개 및 사학사적 평가

이능화에 대한 학계의 연구가 시작된 것은 1962년 동국대 불교문화연구소 주최로 19주기 추념강연회가 열리고 나서부터이다. 그 뒤 1970년대 초까지는 부분적으로 그의 생애와 학문을 소개하는 몇 편의 짤막한 글이 발표되었는데,[1] 여기서는 대개 그를 한국학의 개척자로 보고, 최남선(崔南善)·신채호(申采浩) 등과 견주고 있음이 두드러진다.

1970년대 후반부터는 주로 국사학계와 민속학계에서 한국 사학사 및 무속연구사를 추적하는 가운데, 이능화의 사학사적 위치에 대해 간단한 언급을 한 글들이 발표되기 시작하였다.[2] 이런 글에서는 크게 두 가지 점, 즉 역사 서술의 방법론적인 면에 대해서, 그리고 민족의식의 유무에 대해서 긍정 및 부정의 엇갈린 평가가 제기되었다. 학계의 관심이

---

[1] 김성균, 〈이능화—한국의 얼을 찾아서〉, 《한국의 인간상(4)》(신구문화사, 1965).
　안계현, 〈이능화〉, 《신동아》 부록: 《한국근대인물백인선》(1970).
　이희승, 〈한말의 신사 이능화 선생〉, 《신동아》 1970년 9월호.
　심우성, 〈한국학의 근대적 개안(開眼)—이능화〉, 《한국인물대계》(박우사, 1972).
　정병조, 〈이능화의 역사참여〉, 《기독교사상》 1975년 10월호 등.
[2] 김두진, 〈한국무속연구사론〉, 《사학논지》 2(한양대 사학과, 1974).
　김용섭, 〈우리나라 근대역사학의 성립〉, 《한국의 역사인식》 하(창작과비평사, 1976).
　이기백, 〈한국사연구에서의 분류사문제〉, 《한국사학의 방향》(일조각, 1976).
　인권환, 《한국민속학사》(열화당, 1978).
　김정배, 〈일제하의 한국고대사 연구가〉, 《현상과 인식》 13(1980년 봄).
　이만열, 〈민족주의 사학의 성립〉, 《한국근대역사학의 이해》(문학과지성사, 1981).
　서영대, 〈한국원시종교연구사 소고〉, 《한국학보》 30(1983년 봄).

차차 늘어감과 동시에 그의 대표적인 저술들이 하나둘 번역되기 시작
하였고, 그것에 대한 해제(解題) 또한 그의 인생과 학문을 알리는 데 큰
구실을 하였다.3)

1.2. 본격적인 연구의 시작

1980년대 초에 이르러서 그의 학문과 사상을 조명해 보려고 하는 본
격적인 연구의 시도들이 하나둘 생겨나기 시작했다. 양은용(梁銀容)은
이능화 학문의 성격을 종교사와 사회사를 기축으로 하는 한국학이라고
규정지었고, 불교사상에 대해서는 거사불교운동(居士佛敎運動)을 통한
불교의 진흥과 깨달음[覺]을 통해서 드러난 백교회통사상(百敎會通思
想)으로 특징지었다.4) 김수태(金壽泰)는 《조선기독교급외교사》(朝鮮基
督敎及外交史)를 중심으로 이능화의 사학사적 위치를 조명하려 했으
며,5) 장효현(張孝鉉)은 앞서 나온 국사학계의 이능화에 대한 평가를 종
합하여 주로 역사 연구의 방법과 민족의식을 조명하는 논문을 내놓기
도 했다.6)

<hr>

3) 김상억 역, 《조선여속고》(대양서적, 1975).

  이종은 역, 《조선도교사》(보성문화사, 1977).

  윤재영 역, 《조선불교통사》 상(박영사, 1980).

  김열규 역, 〈조선무속고〉, 《한국의 민속·종교사상》(삼성출판사, 1981).

4) 양은용, 〈이능화의 학문과 불교사상〉, 《숭산박길진박사고희기념한국근대종교사상사》
  (원광대출판국, 1984), 437~465쪽.

5) 김수태, 〈이능화와 그의 사학—특히 《조선기독교급외교사》를 중심으로〉, 《동아연구》
  4(서강대 동아문화연구소, 1984. 9), 95~122쪽.

6) 장효현, 〈이능화의 국학〉, 《우진박병채박사환력기념논총》(고려대 국어국문학연구회,
  1985), 771~786쪽.

1.3. 종교학적인 조명

1980년대 후반부터 이능화를 종교학적인 안목으로 연구하려는 시도가 나타나기 시작했다. 1989년에 신광철(申光澈)은 이능화와 기독교 신학자인 최병헌(崔炳憲)의 비교종교론을 비교 서술한 석사학위논문을 발표하였고,[7] 양은용은 이능화의 불교학에 초점을 맞추어 단경신회찬술설(壇經神會撰述說)을 반론 변증한 그의 단경관(壇經觀)과, 그가 새롭게 펴낸 교간독결본(校刊讀訣本) 《단경》(壇經; 1939)을 소개하는 글을 발표하였다.[8] 1992년에는 신광철이 이능화의 신교(神敎) 연구를 종교학적인 관점으로 분석한 글을 내놓았고,[9] 필자가 이능화의 종교관의 전모와 개별 종교들에 대한 관점을 분석하여 그의 종교학적 방법론을 모색한 글을 발표하였다.[10]

한편 1993년에 발표된 글에서 김종서(金鍾瑞)는 한말, 일제하 한국 종교 연구사를 종합 정리하면서, 이능화가 한국 종교 전반에 대하여 폭넓은 문헌 중심의 이른바 종교사학을 펼쳤고, 한걸음 더 나아가 "새로운 성향의 종교양태론적(宗敎樣態論的; 넓은 의미의 종교현상학적) 안목을 초대하고 있다"고 평하면서, 그의 두드러진 업적을 고려할 때 그를 근대 '한국 종교학의 아버지'라고 할 수 있다고 하였다.[11]

---

7) 신광철, 〈이능화와 최병헌의 비교종교론에 대한 연구〉(서울대 석사논문, 1989).

8) 양은용, 〈《육조단경》과 이능화〉, 김지견 편, 《육조단경의 세계》(민족사, 1989), 373~385쪽.

9) 신광철, 〈이능화의 한국신교연구〉, 《종교학연구》 11집(1992), 123~150쪽.

10) 이재헌, 〈이능화의 종교관 연구〉, 《논문집》 7집(한국정신문화연구원 한국학대학원, 1992), 37~64쪽.

11) 김종서, 〈한말, 일제하 한국 종교 연구의 전개〉, 《한국사상사대계》 6(한국정신문화연구원, 1993), 243~314쪽.

이제 이능화는 한국 종교학의 선구자로서 종교학계의 각광을 받게 된 것인데, 그가 돌아간 지 거의 50여 년이나 지났으니 만시지탄이 있다고 하겠다. 이처럼 종교학적인 관심이 점차 커지는 것과 함께 한국학의 다른 분야에서도 단편적이나마 그에 대한 관심이 늘어가고 있는데, 이런 사정을 반영하여 1992년에 이하중(李夏中)은 이능화의 연보(年譜)와 저술목록을 꼼꼼히 정리한 석사학위논문을 발표하여 연구의 편의를 제공하기도 했다.[12] 또한 1993년에는 일제강점기의 친일파에 대한 일반인의 관심이 높아지면서 많은 자료집 성격의 책들이 출판되었는데, 이이화는 이능화를 민족사 왜곡과 식민사학 확립에 지도적 역할을 했다 하여 친일파로 규정하는 글을 발표하였다.[13] 같은 해에 양은용은 근대의 불교개혁운동을 고찰하는 글에서 권상로의 《조선불교개혁론》(朝鮮佛敎改革論)과 한용운의 《조선불교유신론》(朝鮮佛敎維新論)과 함께 이능화의 '거사불교운동'을 불교개혁운동에서 중요한 흐름의 하나로 서술하기도 했다.[14]

이능화에 대한 학계와 일반인의 관심이 높아지는 것과 때를 같이하여 1993년에 한국종교학회에서는 춘·추계 학술발표회를 '이능화의 종교사학'이라는 주제로 열었는데, 이것은 이능화의 종교사학이 학계로부터 새롭게 평가되는 중요한 분기점이 되었다. 학술발표회 때 발표된 논문들은 《종교연구》 제9집(한국종교학회, 1993)으로 출간되었다. 여기에는 모두 8편의 논문이 실렸는데, 이를 간단히 소개하면 다음과 같다.

---

[12] 이하중, 〈무능거사(無能居士) 이능화 연구—생애와 학문을 중심으로〉(인하대 석사논문, 1992).

[13] 이이화, 〈이능화—민족사 왜곡과 식민사학 확립의 주도자〉, 《친일파 99인》 제2권(돌베개, 1993), 241~247쪽.

[14] 양은용, 〈근대 불교개혁운동〉, 《한국사상사대계》 6(한국정신문화연구원, 1993), 139~165쪽.

李鍾殷, 〈李能和의 生涯와 學問〉.

徐永大, 〈李能和의 《朝鮮巫俗考》에 대하여〉.

梁銀容, 〈李能和의 韓國佛敎 硏究〉.

宋錫準, 〈李能和의 韓國儒敎 硏究〉.

崔俊植, 〈李能和의 《朝鮮道敎史》〉.

金壽泰, 〈李能和의 韓國基督敎硏究史〉.

金 鐸, 〈李能和와 韓國新宗敎의 硏究〉.

申光澈, 〈李能和의 宗敎學的 觀點〉.

2. 분야별 연구 현황

2.1. 이능화 학문의 성격 규정

이능화는 한국학의 개척자로 알려져 있다. 그는 신채호(申采浩), 주시경(周時經)과 더불어 근대가 낳은 민족문화의 3대 학자로 불린다.[15] 심우성(沈雨晟)은 그가 최남선(崔南善), 신채호(申采浩), 정인보(鄭寅普), 문일평(文一平) 등과 함께 한국학 개척의 선구자였다고 술회하면서, 학문 연구의 방법이나 양과 깊이에서 심오하고 방대하여서 근세 한국학의 개조(開祖)는 그였다고 규정하였다.

여기서 최남선이 문화인류학적인 접근에 의한 상고사 연구에 중점을 두었다면 이능화는 종교사 연구 분야에 많은 업적을 남겼음을 지적하

---

15) 김성균, 앞의 글, 521쪽.

면서, 최남선의 〈살만교차기〉(薩滿敎箚記)와 이능화의 〈조선무속고〉(朝鮮巫俗考)라는 두 개의 장편 논문이 1927년 《계명》(啓明) 제19호에 발표되었는데, 이로써 근세 한국학의 여명이 밝아왔다고 하였다.[16] 김종서(金鍾瑞)는 그의 학문이 실학(實學)에서 싹튼 국학적 경향을 계승하여 민족주의적이고 백과전서적 특징을 띠는 것이라고 평가하였다.[17] 심우성은 그가 국학을 연구하게 된 계기를 선교사와 접촉함으로써 외국의 풍물을 살펴볼 수 있었고, 이러는 동안 스스로를 알고자 하는 각성이 싹텄다고 보았는데,[18] 아마도 외래문화와 접촉하는 과정에서 체득한 비교문화적 시각이 우리 전통 문화에 대한 주체적 자부심을 불러 일으켰기 때문이 아닐까 생각한다.

한편 사학사적인 측면에서 그의 학문 연구방법은 흔히 '지식주의적 계몽사학'이라고 불린다. 구한말의 정신적 구국운동인 애국적 계몽사학의 흐름이 한일합방을 거치면서, 해외에서는 '민족주의사학'으로 발전하였고, 국내에서는 독립을 표면에 내걸지 못하는 관계로 한국의 옛 역사에 관한 지식을 널리 펴서 대중을 계몽하려는 '지식주의적 계몽사학'으로 변하였다는 것이다.[19] 따라서 이능화는 장지연(張志淵), 안확(安廓)과 함께 이러한 지식주의적 계몽사학의 입장에 선다는 것이다.[20] 또한 김수태는, 이능화가 전(前)시대로부터 전통을 충실히 이어받아서 한국 근대사학으로 넘기는, 즉 전근대와 근대 사이의 다리 역할을 했다고 평하면서, 그의 연구가 단순히 종교의 교리에만 머무르지 않고 사회와의 관련성을 고려했다는 점에서 사상사에 관한 것이라고 보았다.[21]

---

16) 심우성, 앞의 글, 204~205쪽.
17) 김종서, 앞의 글, 289쪽.
18) 심우성, 앞의 글, 200쪽.
19) 장효현, 앞의 글, 774쪽.
20) 이기백, 앞의 글, 81~86쪽.

최근에는 종교학적인 측면에서도 이능화를 주목하고 있다. 양은용은 이능화의 학문을 종교사와 사회사라는 두 개의 부류로 규정하면서, 그 두 부류가 한국 사상의 원류를 파악하는 면에서 불가분 일치하고 있으니, 사회사는 한국 종교의 본질 규명에 필요불가결한 부분으로서, 종교가 문화의 표상이라고 한다면 생활 습속은 그 기층을 담당하는 것이라고 하였다.[22)

또한 신광철은 이능화를 개화기 이후에 활동한 대표적인 한국종교사가 또는 한국종교연구가로 규정하면서, 무엇보다도 그는 한국의 종교사와 사회사의 체계적 정리에 관심을 집중하였던 한국종교사 연구의 개척자라고 하였다.[23)

이러한 평가들은 그의 학문이 종교 연구를 통한 전통 문화의 재해석을 주축으로 하였음을 인정하는 것인데, 사실 그의 방대한 저술 거의 다가 한국의 종교사에 대한 것이었고, 또 한국 종교의 거의 전 분야에 대해 접근함으로써 그는 나름대로의 안목을 가지고 '한국종교사'를 서술하려고 했던 것이 아닌가 여겨진다. 그는 한국 종교를 신교(神敎; 風流道 및 巫祝 포함), 불교, 도교, 유교, 기독교 등 다섯 개로 파악하였는데,[24) 한국 사회에 가장 많은 영향을 끼치고 있는 3대 종교, 즉 불교, 유교, 기독교에 대해서는 비교종교학적인 시각을 가지고 여러모로 고찰을 하였고, 신교(무속 포함) 및 도교(新宗敎 포함)에 대해서는 민족의 종교기원과 문화적 기층을 파악한다는 측면에서 역사적 또는 형태론적으로 분석을 시도하였다. 그가 이러한 작업을 할 수 있었던 배경에는

---

21) 김수태, 앞의 글, 96쪽.
22) 양은용, 〈이능화의 학문과 불교사상〉, 446~447쪽.
23) 신광철, 〈이능화의 한국신교연구〉, 123~124쪽.
24) 이능화, 《朝鮮基督敎及外交史》(朝鮮基督敎彰文社, 1928), 緒言.

그의 근대적인 종교인식이 크게 작용했음은 물론이다.

2.2. 불교학 분야

이능화의 한국학 연구가 주로 종교 분야에 집중되고 있음은 앞에서
도 밝힌 바 있지만, 이것은 무엇보다도 그 자신이 학자이기에 앞서서
불교라고 하는 한 종교의 독실한 신앙인이기에 가능했다고 할 수 있다.
사실 그가 모든 한국 종교의 역사에 관심을 갖게 된 동기도, 따지고 보
면 불교인이라는 자기 정체성을 가진 입장에서 다른 종교와 비교 연구
가 필요했던 것이며, 나아가 모든 종교의 근원적 동일성과 한국인의 기
층적 종교성을 발견할 수 있었던 것도, 그 자신이 독실하면서도 이성적
인 신앙인이었기에 가능하였다고 생각한다.

그리하여 그가 외국어 수학을 중단하고 본격적인 학문 연구와 저술
에 뛰어들었던 1910년(41세) 이후 그는 10여 년 동안 불교학 연구와 불
교 계몽운동을 정력적으로 펼쳐 나갔으니,[25] 불교학은 그의 학문의 출
발점이요 본령이라 해도 과언이 아닐 것이다. 그의 불교학을 대표하는
업적으로는 《백교회통》(百敎會通, 1912)과 《조선불교통사》(朝鮮佛敎通
史, 1918)가 있다.

---

[25] 이능화는 1912년(43세)부터 1943년(74세, 別世)까지 30여 년 동안 총 250여 편의 저술을
했다. 이 가운데 1912년부터 1920년까지 저술한 것은 110여 편인데, 불교 관계 저술은
100여 편이나 된다. 그 다음 시기에 저술한 140여 편 가운데 불교 관계 저술은 30여 편
에 불과하니, 그가 1920년까지는 불교 연구에 집중하였고, 조선사 편찬위원으로 참여한
1922년 이후부터는 종교사와 사회사 연구에 몰두했음을 알 수 있다. 이 점에 대해서는
이하중·신광철 편, 〈이능화 저작목록〉, 《종교연구》 9(한국종교학회, 1993), 205～215
쪽을 참조할 것.

《백교회통》은 우리나라에서 최초로 세계 종교들을 비교적 관점에서 본격적으로 다루었다는 점에서 중요한 업적이라고 할 수 있다. 양은용은 이능화의 불교사상을 깨달음[覺]을 바탕으로 하는 백교회통으로 규정하였는데, 즉 깨달음[覺]이 체(體)라면 회통(會通)은 용(用)이요 깨달음[覺]이 구심(求心)을 향한 긴장이라면, 회통은 구심을 토대로 발현된 사회구원에의 긴장이라는 것이다.26) 이능화는 《백교회통》에서 종교경쟁시대에 처한 불교의 유용성과 우수성을 전통적인 회통론의 형식을 빌려 연구해 밝힘으로써 무종(無宗)과 무맥(無脈)의 산중불교시대를 거치면서 자신감을 잃고 방황하던 한국 불교의 정체성을 확립하려 했다고 할 수 있다. 또한 모든 종교의 근원적 동일성을 전제로 함으로써, 다원적 종교 상황 속에서 자기 신앙의 객관화와 이성적 신앙을 촉구하고, 나아가서는 종교 간의 창조적이고 개방적인 대화를 촉구한 것이라고 할 수 있다. 그렇지만 이 책의 한계로는, 어떤 종교를 비교하면서 종교의 전모를 밝히는 관점 없이, 대개 교리와 역사적 사실을 중심으로 경전을 인용하면서 대조하는 데 그쳤기 때문에 의례와 현실적 조직에 대한 대조가 이루어지지 못했으며, 가치중립적인 입장에 서지 못하고 불교 변증적 이론에 상당히 치우쳤다는 점이 지적된다.

《조선불교통사》는 최초로 한국 불교를 진화론적인 진보사관에 입각하여 역사학적으로 연구함으로써 객관적인 불교 연구의 길을 열었다는 점에서, 그리고 한걸음 더 나아가 철학적이고 과학적인 불교 연구를 가능하게 한 자료의 집대성이라는 점에서 한국 불교학의 근대화에 기여하였다고 할 수 있다.

양은용은 이 책이 상·중·하 3편으로 되어 있는데, 이는 정사(正史)

---

26) 양은용, 〈이능화의 학문과 불교사상〉, 463쪽.

의 기지전(紀志傳) 3분법에 대비한 구조로 이해할 수도 있다고 보았다. 또한 여기에는 다른 곳에는 찾아볼 수 없는 유일한 자료를 인용했으며, 일본 사료의 중요성을 일깨우고 있고, 당시 불교계의 움직임과 관련하여 불교의 정맥을 선종(禪宗)과 임제종(臨濟宗)으로 파악하고 있다는 점, 불교 계몽의 입장에서 거사불교운동을 강조하였다는 점에서 높이 평가할 만한 저술이라고 하였다.27)

이 밖에도 한국 불교 각 종파의 원류를 연구해 밝히고 있으며, 불교 개혁의 이념을 강하게 표출하고 있다는 점, 그리고 한국 불교사의 시대 구분, 법통 논쟁, 돈점 논쟁, 삼종선 논쟁 등과 같은 한국 불교학의 주요 주제들을 최초로 학문적인 탐구의 대상에 올려놓았다는 점에서 근대 한국 불교학의 효시라고 해도 과언이 아닐 것이다. 다만 사관(史觀)이 약하고, 전거 제시가 뚜렷하지 않으며, 순한문으로 씌어 대중성을 확보 하지 못하고 있다는 점은 이 책이 학문적인 엄밀성이라는 면에서 아직 도 전근대적인 틀을 완전히 벗어나지는 못하였다고 평가할 수 있다.

한편 그의 불교계몽운동은 거사불교운동이라고 불리는데, 이것은 그 가 처한 현실극복의 좌표를 한국 불교의 갱생에 두고 있으며, 문화 활 동에 의해 이를 현실화하고자 한 것이라는 점에서 또 하나의 불교개혁 운동으로 평가된다.

2.3. 유교 분야

이능화는 유교적 업적을 별로 남기지 않았기에, 이에 대한 연구도 그

---

27) 양은용, 〈이능화의 한국불교연구〉, 《종교연구》 9(한국종교학회, 1993), 56~64쪽.

리 이루어지지 않았다. 필자가 그의 신랄한 유교 비판의 관점들을 간단히 소개한 바 있고,[28] 송석준은 유교의 종교성을 인정하지 않는 이능화의 관점을 소개하면서, 그의 양명학 연구가 한국 양명학을 새로운 지평으로 이해하는 중요한 계기를 마련했다고 평가하였으며, 유교 상제례(喪祭禮)에 대한 연구는 서민의식의 부족과 적서(嫡庶)차별의식 등을 근대 지향적 관점에서 비판하였다고 지적하였다.[29]

그는 어려서 과거공부를 하던 때부터 유교의 엄격한 생활문화와 주자학의 독선적 태도에 대해서 사뭇 비판의식을 가지고 있었다. 유교가 소수 양반들의 전유물로서 일반 백성들의 종교가 되지 못했음을 비판했고, 조선이 낙후되고 개화되지 못한 이유를 유교에서 찾았으며, 당쟁과 예술 쇠퇴의 근원을 유교의 경직성에서 찾았다. 결국 이러한 편벽된 유교가 외교상으로 사대주의와 쇄국정책을 가져옴으로써 조선을 시대의 낙오자로 만들었다는 것이다. 유교에 대한 이러한 비판의식이 그로 하여금 외국어 연마와 신학문 탐구로 나아가게 하였고, 다시 민족 근대화의 가능성을 찾기 위하여 조선 유교문화 속에서 억압받았던 불교와 기독교, 나아가서는 민중들의 생활습속에까지 관심을 갖게 하였으니, 오히려 역설적으로 유교가 그의 한국학 연구를 촉발한 동기였다고도 할 수 있을 것이다.

2.4. 기독교 분야

이능화는 우리나라 사람으로서, 더구나 비기독교인으로서 최초의 한

---

28) 이재헌, 앞의 글, 56~59쪽.
29) 송석준, 〈이능화의 한국유교 연구〉, 69~86쪽.

국 기독교사인 《조선기독교급외교사》(朝鮮基督教及外交史, 1928)를 저술하였다. 김종서는 그의 기독교 연구가, 한국 기독교가 단순한 외래종교가 아니라 한국 종교의 큰 흐름 속에 포함됨을 보여주고 있다고 평하면서, 최제우의 동학과 정감록 신앙 등을 이 책에 포함시킨 것은 이들이 서양적 메시아 사상과 구조적으로 연관됨을 암시하는 것이라고 하였다.[30]

이 책의 특징은 기독교 종파를 서양의 각 국가와 연결시켜 이해하고 있다는 점이다. 즉 천주교는 프랑스, 기독교는 미국, 성공회는 영국, 정교회는 러시아의 종교라고 하면서, 여기서는 그 가운데 천주교와 기독교를 중심으로 서술하고 있다. 또한 천주교 박해를 당쟁과 세도정치 등 정치 현실과 관련하여 이해하려 했으며, 전파과정을 지역·신분과 연결시켜 이해하려 하는 등 기독교사를 한국의 역사와 연결시켜야 제대로 알 수 있다는 새로운 관점이 주목된다. 이러한 관점은 이후 1930년대 일본인의 연구에 그대로 반영되었다.[31]

이 책의 또 하나 특징은 근대 한국 사회가 낙후한 원인을 기독교와 관련시켜 보려 했다는 것이다. 즉 조선이 낙후하고 개화하지 못한 이유를 밝히고자 했던 것이다. 이것은 그의 유교에 대한 비판과 한국 사회의 개화에 공헌한 기독교의 역할을 대비시키는 것으로서, 여기서 우리는 그의 학문적 과제가 과연 무엇이었는가를 생각하게 된다. 결국 그의 학문 생애를 일관하는 화두는 다름 아닌 '한국 근대화의 가능성을 모색'하는 것이었던 셈이다.

---

[30] 김종서, 앞의 글, 293쪽.
[31] 김수태, 〈이능화의 한국기독교연구사〉, 《종교연구》 9(한국종교학회, 1993), 127쪽.

2.5. 신교(神敎; 巫俗) 분야

이능화는 외래종교가 수입되기 이전 한국 종교의 기원을 탐색하고자
했는데, 이러한 한국의 원시종교를 '신교'(神敎)라 하였다. 그런데 수많
은 세월이 흐른 오늘날 신교의 전모는 파악할 수 없으나, 그 전승으로
서 또는 잔류물로서 사회문화의 기층을 이루고 있는 무속을 탐색하면
우리 민족의 종교 기원과 변천을 파악할 수 있다고 보았으니, 이것은
종교인류학자들의 종교 기원 탐구와도 같은 맥락의 착안으로서, 당시
유행했던 사회진화론을 수용한 당연한 결과로 생각된다.

김열규(金烈圭)는, 이능화가 무속을 이 땅 문화 전통과 사회구조의 기
층이라고 잘라 말한 최초의 학문적 발언을 단행한 사람이라고 단언하
였고,32) 신광철은 이능화가 신교의 원류를 단군신화에서 찾았음을 지
적하면서, 우리 민족문화의 원류를 하늘[天] 신화의 계통과 태양[日] 신
화의 계통에서 파악하였다는 점이 주목된다고 하였다.33)

이 분야에서 이능화의 대표적인 저술로는 《조선무속고》(朝鮮巫俗考;
1927)와 《조선종교사》(朝鮮宗敎史; 연대미상)가 있다. 《조선무속고》가
주로 무속의 시대적 흐름을 통해 한국의 무속에 접근한 것이라면, 《조
선종교사》는 그것을 양태별로 부류 지음으로써 유형을 정립하려 하였
다.34) 이것은 그의 무속을 통한 기층문화 탐색이 편협한 국수주의에 머
무르지 않고, 인류문화의 보편성 추구로까지 나아가고 있다는 점에서

---

32) 김열규, 앞의 글, 543쪽.
33) 신광철, 〈이능화의 한국신교연구〉, 《종교학연구》 11집(서울대 종교학연구회, 1992),
    133〜134쪽.
34) 김종서, 앞의 글, 294쪽.

높이 평가된다. 다만 자료의 다양성이 오히려 신교 개념을 모호하게 했다는 점과, 문헌적 연구에만 의존하고 현지조사방법을 소홀히 했다는 것이 단점으로 지적된다.

2.6. 도교 및 신종교, 사회사 분야

《조선도교사》(朝鮮道敎史; 遺稿本, 1959)는 한국 종교사적 관점에서 도교 관계 자료들을 집대성한 이 분야 최초의 저술로 인정된다. 중요한 점은 그가 도교 신선설(神仙說)의 근거지가 한국임을 밝히고자 했다는 것이다. 그의 민족주의적인 자긍심이 잘 나타나는 부분이다.[35] 또한 실증적 사실의 진위 여부 주장보다도 신앙 그 자체를 중시하는 관점이 중요하다. 예를 들어 《옥추경》이 신봉되면 되었지, 그 경의 진위 여부는 물을 필요가 없다는 것인데, 이는 오늘날의 종교현상학적 입장과도 통한다. 다만 너무 방임해두어 사회에 해독을 끼쳐서는 안 된다는 주장은 오늘날의 종교정책에도 그대로 적용될 수 있다.[36]

그런데 그는 신종교를 자칭 유불선 합일의 종교, 조합교(組合敎)라 하였고, '가소로운 것', '야비하고 속되고 천하고 누한 것' 등으로 비판적으로 보았는데, 이것은 아마도 진화론적인 사고방식에서 연유한 것으로 보인다. 즉 신종교를 진화의 단계상 낮은 수준에 있는 종교로 보고, 여기서부터 차차 발달하여 고등종교로 진화해 간다는 생각을 가지고 있었다는 것이다.

그러나 어쨌든 신종교를 도교의 흐름 속에 놓았다는 것은 새로운 관

---

35) 이재헌, 앞의 글, 54쪽.
36) 김종서, 앞의 글, 294쪽.

점으로서 중요하다. 흔히 한국에는 도교가 교단의 형태로 발전하지 못했다고 하는데, 이들 신종교들을 교단 도교의 흐름 속에 놓고 보아도 좋을 것이다. 결국 여기서 우리는 그의 도교와 신종교 연구가 무속 연구를 통한 한국 종교의 기원과 문화적 기층 탐색이라는 그의 일관된 작업과 같은 안목에서 이루어졌음을 알 수 있다.

요컨대 이능화는 한국 사회가 근대적 개화에 뒤떨어진 죄과를 유교에 돌리고 있기 때문에, 지배자 중심의 유교적 역사서술을 극복하여 조선 양반사회에서 억압받고 소외되었던 피지배세력을 회복한다는 뚜렷한 의도를 가지고 종교 연구를 지속해 나갔다. 또한 이러한 확고한 문제의식은 종교 연구에 대한 보충작업으로서의 또 하나의 영역, 즉 사회사 연구로도 나타나는데, 혼제사(婚制史)를 중심으로 하여 역대 여성의 지위와 역할을 살핀《조선여속고》(朝鮮女俗考; 1927), 그리고 기생의 기원과 신분과 활동을 탐구한《조선해어화사》(朝鮮解語花史; 1927) 등도 모두 조선 사회에서 천시되었던 대표적인 세력에 대한 연구로서 커다란 의의를 갖는다.

3. 이능화 연구의 쟁점

3.1. 학문의 근대성과 관련하여

앞에서 지적했듯이 이능화의 학문은 전시대의 전통을 충실히 이어받아서 근대 사학으로 넘어가는 다리 역할을 한 것으로 평가된다. 따라서 그의 학문이 근대적이냐 아니면 전근대적인 데에 머물렀느냐 하는 문제에 대해서는 주장이 엇갈린다. 먼저 그의 학문이 근대적인 것이라는 주장은 다음과 같은 사실에 바탕을 둔다.

첫째, 주자학의 말폐를 부정하고 현실의 문제에 입각하여 유교를 개량하고자 하는 점은 바로 그의 근대지향의식을 보여주는 것으로, 이것은 이미 조선 후기 실학자들이 제기한 문제였다는 것이다. 즉 이능화의 국학은 근대의식 내지는 근대지향성과 민족의식을 척도로 재구성된 조선 후기 실학의 개신적(改新的) 성격에 기인하는 것으로서, 이능화는 사상적 연원을 실학에 두고 있는 개량적 개화사상가라는 것이다.37) 더욱이 사회사를 한국 종교의 본질 규명에 필수불가결한 것으로 보고, 종교사 연구에 대한 보충적인 작업으로 생활 습속에 대한 연구를 통해서 한국인들의 종교적 심성을 파악하려고 했다는 점은 현대 종교학과의 방법론적 유사성까지도 살펴볼 수 있다.

둘째, 그의 종교인식이 근대적이었다는 점이다. 먼저 종교적 상황 인식에서 그는 당시의 종교 상황을 종교다원주의적으로 파악함으로써 객관적인 종교 연구의 가능성을 열었다는 점이고, 종교학적 방법론에 서는 근대 종교학의 유력한 방법론이었던 진화론과 비교법을 정확히 이해하고, 그것을 바탕으로 여러 종교들을 비교 고찰했다는 것이다. 더욱이 신앙 그 자체를 중시하여 '종교는 각각 자기 설에 따를 뿐이다'라는 등의 주장에서는 모든 종교의 존재 자체를 인정하는 현대의 종교현상학적인 시각마저 보여주고 있느니, 이것은 인류 종교문화의 보편성을 추구하는 데로까지 이어짐으로써 과학적인 종교 연구를 가능하게 했다고 하겠다. 바로 이러한 점에서 그를 한국 종교학의 성립에 결정적인 공헌을 한 인물로 평가하는 것이며, 이능화의 학문을 통해서 우리는 근

---

37) 송석준, 앞의 글, 73~75쪽.

대 한국 종교학의 자생적인 성립을 추적해낼 수 있다고 본다.

셋째, 그의 종교사학이 근대적인 것이라는 점이다. 그는 종교는 시대와 사회와의 밀접한 관련 속에서 다양한 변화 양상을 보여주기 때문에 종교의 교리 연구만으로는 각 종교를 제대로 이해할 수 없고, 역사를 제대로 이해해야만 각 종교를 정확히 이해할 수 있다고 본 것이다.[38] 이것은 또한 선성(先聖)이나 조사(祖師)들을 무조건 숭배하고, 역사를 성인시대로부터의 타락이나 퇴보로 여기는 전통적 역사인식의 극복으로 볼 수 있다. 즉 진화론적 역사인식에 의해 퇴보가 아닌 진보라는 개념으로 역사를 파악하게 된 것이니, 종교를 역사적인 방법으로 이해하려 했다는 자체가 비판적인 안목을 보여주는 것으로 객관성을 확보하였다는 점에서 근대적이라는 것이다. 또한 종교 연구에서 역사학적 연구는 가장 기본적인 관점으로 종교 연구의 자료원이 된다는 점에서 과학적인 종교 연구의 밑받침이 된다고 할 수 있다.

한편 그의 학문이 아직도 전근대적이라고 하는 주장은 다음에 근거한다. 첫째, 그의 저술에는 다른 곳에서는 찾아볼 수 없는 중요한 자료들이 많은데, 그것들의 전거를 뚜렷하게 밝혀 놓지 않은 것이 많다는 것이다.(예:《朝鮮佛教通史》上 33쪽의 〈彌勒佛光寺事蹟〉) 그리하여 사료의 엄밀한 고증과 객관적 검토보다는 논자의 주관적 견해를 주장하거나 설명하는 주입식 서술의 관념적인 논설이 많다는 것이다. 둘째, 서술방식에서 한문만을 고집하여서 근대적인 문체 개혁에 실패했다는 것이다. 문학관에서도 한문시에 대해서는 높이 평가하는 반면에 한글로 된 소설류에 대해서는 경시하는 등 전통적인 유가적 문학관에 그쳤다는 점이다. 이는 그의 저서가 희망대로 포교용으로 대중성을 갖지 못

---

38) 김수태, 〈이능화의 한국기독교연구사〉, 117쪽.

하도록 하는 걸림돌이 되기도 한다.[39] 셋째, 그의 타종교에 대한 비교 연구가 결국은 호교론으로 끝나고 있으니, 이것은 전통적인 회통론(會通論)과 크게 다를 바가 없다는 것이다.

3.2. 학문 연구방법론과 관련하여

학문 성격의 근대성을 따지는 데서 가장 중요한 관점은 바로 방법론의 문제라고 할 수 있다. 이능화의 학문 방법론에 대한 대개의 비판은 그의 저술들이 단순한 자료집의 성격으로 철저한 실증적인 연구가 되지 못했다는 것이다.

이기백은, 이능화가 당시 계몽사학시대의 대표적 분류사가(分類史家)임을 인정하면서도, 그의 서술방법이 동양의 전통적인 방법에 추종하면서 사료의 수집과 정리에 치우친 것은 그 한계성을 나타내는 것이라고 하였다.[40] 아울러 고대·중세·근대와 같은 시대구분법을 사용한 역사 서술이 아니라 왕조의 흥망에 따른 편년체의 통사식 서술이며, 전통적 역사서술방식인 편년체(編年體), 기사체(記事體), 연의체(演義體)가 적절히 혼합된 데 불과하다고 평가되기도 한다.[41]

이와는 반대로 그가 단순한 사료의 수집과 나열에만 치중한 역사가는 아니라는 주장도 있다. 즉 그는 비판적이고 실증적인 태도로 사료를 다루었다는 점이다. 그는 객관적이고도 정확한 사실의 인식을 위해 가능한 많은 사료를 수집하고 그것을 종합하여 확실한 결론을 내리고자

---

39) 장효현, 앞의 글, 778쪽.
40) 이기백, 앞의 글, 84쪽.
41) 장효현, 앞의 글, 775쪽.

했는데, 그의 최대 관심은 실증에 있었으므로 자기 의견에 대해 일일이 그 근거를 밝히고 있다는 것이다.

김수태는 이능화의 방법론에 대한 부정적 평가가 주로 1910년대 그의 초기 저술인 《조선불교통사》(朝鮮佛教通史)에 기인한다고 보았다. 즉 이 책에서는 대체로 충실한 자료의 수집과 나열에 머물고 있었는데, 이후 1920년대 들어오면서 결점이 시정되고 있는바, 아마도 최남선 등과의 교류로 근대적인 학문 방법을 받아들인 것인지도 모르겠다는 의견을 제시한다.42) 또한 그가 자료들의 의미를 밝히는 데까지 나아가고 있다는 점에서 그의 자료 수집이 단순한 모음이 아니라, 그 어떤 무엇을 지향한 모음이라고도 한다.43)

3.3. 민족의식과 관련하여

일제하에서 그의 행적과 관련해서는 학계의 평가가 대개 두 가지로 서로 다르게 나타나고 있다. 첫번째, 그는 일제의 《조선사》(朝鮮史) 편찬에 참여함으로써 민족사 왜곡과 식민사학 확립에 지도적 역할을 했고, 일제하에서 행한 그의 처신을 볼 때 현실에 순응하여 어느 정도 협조하는 태도를 취함으로써 명백한 친일파였다는 것이다.44) 바로 이 점이 그가 국학 분야에서 방대한 업적을 남겼음에도 그 동안 집중적인 학문적 관심을 받지 못한 이유이다.

두 번째, 그가 일제강점기라는 민족사의 질곡 속에서 출세나 일신의

---

42) 김수태, 〈이능화와 그의 사학〉, 106쪽.
43) 신광철, 〈이능화의 종교학적 관점〉, 194쪽.
44) 김정배, 앞의 글, 36쪽.

영달을 꾀하지 않고 학문의 길, 그 가운데서도 국학의 길을 택한 것 자체가 그의 민족에 대한 애정을 보여주는 것이므로 그는 분명한 민족주의자였다는 것이다.[45] 그리하여 한국사 일반과 종교사 및 풍속사, 사회사 등에 관심을 가지면서 오히려 일본인들의 한국사 왜곡을 저지하고 민족적 역사인식을 고취한 인물로 평가되기도 한다.[46]

한편, 그가 친일파라는 규정에 대해서는, 단지 《조선사》 편찬에 참여했다는 사실만으로 친일파로 단정할 수 있겠느냐 하는 반론이 제기될 수 있다. 이능화의 행적을 살펴보면 《조선사》 편찬에 참여한 일 말고는 적극적으로 친일한 흔적이 드러나지 않기 때문이다. 다시 말해 권상로처럼 지원병 권유라든지, 정신대 권유라든지 하는 일에는 참여하지 않았다는 것이다. 그리하여 그가 《조선사》 편찬에 참여한 것은, 단지 일본인들의 조선사 편찬에 직접 참여함으로써 우리의 국사를 조금이라도 올바르게 잡고, 나아가서는 희귀한 사료와 전적도 손쉽게 섭렵할 수 있는 기회를 얻기 위함이었다는 긍정론이 대두된다.[47]

또 다른 한편으로, 그가 국학을 연구했다는 것 자체만으로 그를 민족주의자라고 볼 수 있겠느냐 하는 반론도 제기될 수 있다. 그의 저술을 자세히 분석해 보면, 물론 적극적인 친일의 글도 없지만, 적극적인 항일이나 애국애족적인 글도 발견할 수 없기 때문이다. 더욱이 1915년에는 그가 간사로서 중추적인 산파역을 맡았고, 1917년에는 이사로도 활약했던 불교진흥회가 사실은 총독부의 정책에 순응하는 친일단체로 평가되는바, 여기서 활동한 이능화의 친일성 또한 문제로 제기되지 않을 수 없다고 하겠다.

---

45) 양은용, 〈이능화의 학문과 불교사상〉, 447쪽.
46) 김종서, 앞의 글, 289쪽.
47) 안계현, 앞의 글, 142쪽.

4. 앞으로의 연구과제

그 동안의 연구성과를 통해 앞으로의 연구과제를 꼽아보면 다음의 몇 가지를 들 수 있다.

첫째, 이능화는 한국학의 초창기에 거의 전 영역에 걸쳐 기초를 놓았던 대학자였다. 그러나 그러한 업적에 견주어 그 동안 학문적 조명이 미약했던 것은 그가 일제하에서 활동한 지식인이라는 점에서 행적에 나타나는 친일적 경향 때문임을 부인할 수 없다. 이 점에 대해서는 철저한 분석과 비판이 있어야 하겠지만, 그렇다고 해서 그가 남긴 학문적 업적까지 매도되어서는 안 될 것이라고 생각한다. 그가 한국의 근대 학문에 끼친 공과(功過)를 종합적이고도 체계적으로 조망해 보는 것은 앞으로의 학문적 발달을 위해서도 꼭 필요한 일이 될 것이라고 생각한다.

둘째, 그 동안 이능화에 대한 연구는 심층적으로 이루어지지 못하고 2차 자료를 중심으로 하는 개괄적 연구가 주류를 이루어온 것이 사실이다. 특히 그의 주저라고 할 《조선불교통사》도 완전한 분석이 이루어지지 못하고 있는 실정이다. 가장 큰 이유는 그의 저술이 대부분 순한문체로 이루어져 있기 때문이다. 따라서 그의 학문에 대한 연구가 한 차원 높게 발전하기 위해서는 그의 한문 저술에 대한 번역이 선결과제라고 생각된다.

셋째, 그 동안 이능화 연구는 주로 민속학이나 역사학 분야에서 단편적으로 이루어져 왔다. 그의 학문을 종합적이고 체계적으로 이해하기 위해서는 그의 학문과 사상이 갖는 사상사적 맥락과 의의에 대한 연구가 이루어져야 할 것이다. 그러기 위해서는 그를 중심으로 전후의 역사적 맥락과 같은 시대에 활약했던 학자·지식인들의 동향과 사상에 대한 비교분석을 통해서 당대의 시대적 사조와 문화사적 지성사적 구조가 밝혀져야 할 것이다.

넷째, 이능화는 전통 학문과 신학문을 고루 갖춘 인물이기에 그의 학문이 근대적인 의미에서 어떤 의의를 갖느냐 하는 문제는 한국학의 근대성과 관련하여 매우 중요한 문제라고 생각한다. 그것을 알아내기 위해서는 그의 학문에서 나타나는 근대적인 학문방법론은 무엇인가 하는 점과, 근대화의 물결 속에서 그가 제시했던 개혁사상에 대한 고찰이 있어야 할 것이다. 바로 이 점에서 좀 더 심층적인 종교학적인 접근이 필요하다고 할 수 있다. 또한 당시 일본을 비롯한 외국의 학문적 경향과 사조를 비교해 본다면 그의 근대성이 좀 더 뚜렷이 드러날 것이라고 생각한다.

다섯째, 그의 생애를 살펴보면, 몇 번에 걸친 중요한 계기를 통해 학문적 관심과 방향이 변화된 것을 알 수 있다. 즉 전통적 과거공부에서 신학문 탐구로, 거기서 다시 불교 연구로, 그리고 종교사 및 사회사 연구로 변천된 것이다. 이렇게 몇 번이나 학문적 관심이 변화된 이유는 무엇이며, 거기에 생애를 통해서 일관되게 흐르는 학문적 화두는 무엇이었나 하는 점이 밝혀진다면, 그의 학문과 사상이 좀 더 종합적으로 조망될 수 있을 것이다.

Ⅲ. 근대 한국 불교학 성립의 배경과 과정

1. 조선 후기 교학의 발전

한국 불교는 근대화의 충격을 받기 이전에 나름대로 근대적인 변화의 모습들을 보여주었다. 그 가운데서도 가장 주목할 만한 것은 양란 이후 조선 후기 불교의 교학적 발전이라 하겠다. 조선 초기에는 숭유억불의 국시로 인해 불교의 교리적 발전은 사실 찾아보기가 어려웠고, 다만 선종의 맥을 겨우겨우 잇는 데 만족해야 했다.

그러나 조선 후기로 넘어오면서 차차 교학적 발달이 이루어지는데, 이는 불교계가 현실에 적응하면서 나름대로 생존을 모색하기 위한 방편이었다고 생각된다. 그리하여 이러한 교학상의 발전은 근대화의 물결 속에서 불교계가 적절히 대응해 나갈 수 있었던 저력으로 작용했으며, 또한 불교개혁의 사조를 형성함으로써 개혁의 일환으로써 근대적인 방법론을 적용한 근대 불교학의 성립도 가능하게 했던 것이다. 따라서 그것은 근대 한국 불교학을 태동시킨 학문적 배경으로서 검토되어야 할 것이라고 본다.

조선의 불교는 태종·세종을 거치면서 11종이 7종으로, 다시 선교(禪敎) 양종(兩宗)으로 강제 통폐합되었고, 성종·연산군·중종·명종 시대를 지나면서 이마저 폐지와 부활을 되풀이하게 되니, 종통(宗統)과 법맥(法脈)이 모두 폐기된 무종(無宗) 산승(山僧)의 황폐기로 접어들게 된다. 이때에 조선 불교의 법맥은 벽계정심(碧溪正心), 벽송지엄(碧松智嚴), 부용영관(芙蓉靈觀)을 통해 실낱같이 이어지고, 서산휴정(西山休靜;

1520~1604)이 선교종판사(禪敎宗判事)를 겸직하면서 종풍을 크게 일으
키게 되었다. 휴정은 《삼가귀감》(三家龜鑑)에서 '선은 부처의 마음이요,
교는 부처의 말씀'(禪是佛心 敎是佛語)이라 하여 선교일치사상을 전개
하면서도, 수행과정에서는 '교를 버리고 선에 들어가는 것'[捨敎入禪]
이라 하여 선 우위의 입장을 분명히 했다. 이후 조선의 불교는 교가 선
에 포함된 형태로, 태고보우(太古普愚)의 법손(法孫)인 서산휴정(西山休
靜)과 부휴선수(浮休善修; 1543~1615)의 두 계파만 살아남아 선종 일색
이 되어 버린다.

　그런데 그 법맥 자체는 선종이었으나 대부분의 납자(衲子)들은 선·
교를 겸수하는 것을 이상으로 여겼으니, 이른바 삼문수업(三門修業)이
라 하여 하나의 산사에서 참선은 물론, 염불과 간경(看經; 講學)까지 겸
하였던 것이다. 그리하여 교단은 한때 화엄을 중심으로 하는[1] 강학의
대가들이 끊임없이 배출되어 선종 중심이라기보다는 차라리 교학 중심
이 된 느낌마저도 없지 않았다.

　겉으로는 선종이면서도 실제로는 교학이 발달하게 된 것은 숭유억불
의 풍조 속에서 불교의 융화 생존을 모색하기 위한 노력이었다. 즉 함
허득통(涵虛得通)의 《유석질의론》(儒釋質疑論)과 《현정론》(顯正論), 그
리고 휴정(休靜)의 《삼가귀감》(三家龜鑑)이 유자들의 공격에 대한 불교
측의 방어적 회통론이었다면, 같은 맥락에서 유학자들과 지적으로 교
유하며 신분을 유지하기 위해서는 선사들도 내전(內典)은 물론, 외전(外
典)인 유학까지도 수학함으로써 자연 교학이 발달할 수밖에 없었다고

---

[1] 세종 6년에 제종(諸宗)을 선교(禪敎) 양종으로 병합하고 3년마다 선시(選試)를 치렀는데,
　　선종은 《경덕전등록》(景德傳燈錄)과 《선문염송》(禪門拈頌), 교종은 《화엄경》(華嚴經)과
　　《십지론》(十地論)으로 각각 30인씩 뽑았다고 하는 것으로 보아, 교종은 화엄으로 대표
　　하였던 것으로 보인다.[李能和, 《朝鮮佛敎通史》下編(박영사, 1980), 48쪽]

생각된다. 유교의 서당 교육을 모방하여 강원(講院) 교육이 체계를 잡아 가게 되고, 교과에 대한 사기(私記)가 저작되어 불교학 발전의 극치를 보여주었으며, 선사들이 어록보다는 유학자들처럼 시송(詩頌)과 잡문을 위주로 '문집'을 발간하고, 유교적 족보 사회에 발맞추어 선종의 종파 도(宗派圖)가 제작되는 등 여러 현상이 모두 같은 맥락에서 이해될 수 있는 것이다.

한편 이러한 교학의 발전은 《화엄경》 등 각종 불경에 대한 주석서인 사기(私記)의 간행을 계기로 영남유파(嶺南流派)와 호남유파(湖南流派)로 나누어지면서[2] 교학적인 토론과 논쟁으로까지 발전하였다. 조선 불교 최초의 논쟁은 연담유일(蓮潭有一; 1720~1799)과 묵암최눌(默庵最訥; 1714~1790) 사이에서 일어났는데, 논쟁의 주제는 불심(佛心)과 중생심(衆生心)이 일원(一元)이냐 이원(二元)이냐 하는 문제였다. 즉 제불(諸佛)과 중생(衆生)의 마음이 각각 원만하되 하나가 될 수 없다는 견해는 묵암의 견해요, 각각 원만한 것은 본래 동일한 것이니 일원이라는 주장은 연담의 주장이다.[3] 논쟁의 사정(邪正)은 차치하고라도 선종 일변도의 조선 불교에서 교학상의 이론 논쟁이 있었다는 것은, 그 자체가 하나의 색다름이며 교학 발전의 극치를 보여주는 일임에 틀림없다.

이러한 교학의 발전은 급기야 '불립문자'(不立文字)를 표방하는 선종까지도 이론적으로 조명해 보려는 시도로 나아가게 되었으니, 이를 두고 100여 년이 넘는 세월 동안 신구 세력 사이에 논쟁이 끊어지지 않았다.[4] 이 논쟁은 훈고학적 해석에 따른 견해 차이에 머물러 이론적 독창

---

2) 당시 영남에 위치한 강원에서는 인악의첨(仁岳義沾; 1746~1796)의 사기(私記)를, 그리고 호남의 강원에서는 연담유일(蓮潭有一)의 사기를 유일한 주석서로 교수하는 전통을 가지고 있었다고 한다.[한국철학회 편, 《한국철학사》 하권(동명사, 1987), 167쪽]

3) 이능화, 앞의 책, 896쪽.

4) 이것은 전통과 신진 사상의 대립으로 볼 수 있는데, 이러한 논쟁은 불교에서만 있었던

성을 찾기 어려우며, 당시 사회의 현실 상황을 반영한 논쟁도 아니었지만, 논쟁이 1세기가 넘게 지속되었다는 점에서 당시 사상계의 중요한 단면을 관찰할 수 있고, 불교학계의 연구방법론적 측면에서도 큰 교훈을 남겨주었다.5)

논쟁은 발단은 당시 선교의 대종장(大宗匠)인 백파긍선(白坡亘璇; 1767~1852)의 제기에서 비롯되었다. 그는 《선문수경》(禪門手鏡)에서 임제(臨濟)의 삼구(三句)를 기준으로 조사선(祖師禪)·여래선(如來禪)·의리선(義理禪)의 세 가지 범주로써 선종 오가(五家)를 구분하여 각 종파의 우열을 판단하였는데, 그의 목적은 교종에 비해 선종의 우월함과 선종 가운데서도 임제종이 최상승선(最上乘禪)임을 밝히려 했던 것이다.6) 이것은 전통적인 선(禪) 우위의 사고방식을 천명한 것인데, 여기에 대하여 신진 세력의 반론이 만만치 않았다.

백파의 의견에 대하여 대항하여 초의의순(草衣意恂; 1786~1866)은 《사변만어》(四辨漫語)를 지어 맞섰고, 우담홍기(優曇洪基; 1822~1881)도 《선문증정록》(禪門證正錄)을 지어 반론을 제기하였다. 그러나 설두유형(雪竇有炯; 1824~1889)은 《선원소류》(禪源溯流)를 지어 초의와 우담을 논박하였고, 축원진하(竺源震河; 1861~1926)는 《선문재정록》(禪門再正錄)을 지어 다시 초의 편에 서서 논쟁을 종합하려 했던 것이다. 초의

것이 아니라 유가에서는 인간의 본성이 사물의 본성과 같은가 다른가를 다룬 호락(湖洛) 논쟁이 있었고, 서학의 전래와 실학의 대두로 성리학과 사상적 갈등도 생겨났다. 이때에 이르러 실학의 비판정신은 학문 전반에 영향을 끼쳐 비판적 자의식이 생겨나면서 이러한 토론과 논쟁이 불붙었다고 할 수 있다.

5) 김종명, 〈이종선과 삼종선 논쟁—불교 연구의 새로운 모색을 위한 교훈〉, 《논쟁으로 보는 불교철학》(예문서원, 1998), 224쪽.

6) 최일범, 〈백파선사—삼종선논쟁 일으킨 종문의 거인〉, 불교신문사 편, 《한국불교인물사상사》(민족사, 1990), 375쪽.

의 입장은 3종선의 등급을 정하는 백파의 주장을 논박하는 것이며, 더욱이 조사선(祖師禪)이 부처님의 말씀(經典, 文字)보다는 부처님의 마음을 더 중요시한다는 것은 인정하지만, 그렇다고 부처님의 말씀을 아주 하근기(下根機)를 위한 의리선(義理禪)으로 폄하할 수는 없다는 것이다.

사실상 백파가 선과 교의 교설을 하나의 체계로 묶으려고 시도한 학구적 노력은 높이 평가할 만하다고 할 수 있다. 그러나 모든 것을 삼종선(三種禪)의 체계 안에 굳이 꿰맞추려 했던 것은 그의 지나친 독단이며, 더욱이 언어의 길이 끊어진[言語道斷] 선문답의 직관적이고 신비한 경지까지 도식화하여 분류하려 했던 데에 문제가 있어 보인다.

이에 견주어 초의의 이종선(二種禪) 주장은 선도 없고 교도 없이 하나의 종단으로 내려가던 무종(無宗)의 산승시대에 무턱대고 교종을 폄하하는 고식적이고 정형화된 전통적 선관을 비판함으로써, 교종 나름대로의 존재 근거를 확인시키려 했던 것으로 보인다. 이는 '선시불심 교시불어'(禪是佛心 敎是佛語)라 했던 휴정의 선교일치사상을 새롭게 확인해준 것이며, 선종은 선종대로 교종은 교종대로 각기 본질적인 반성의 계기를 마련해 준 것이기도 했다.

이 논쟁은 한국 불교의 본질 규명과 관련된 논쟁으로 현대에 이르기까지 계속 관심이 증폭되어 온 한국 불교학에서 중요한 주제의 하나라고 할 수 있다. 이 논쟁을 객관적 입장에서 학문적으로 다룬 최초의 학자는 이능화이다. 이능화는 그의 주저인 《조선불교통사》에서 이 논쟁의 흐름을 소개한 다음, 그 병통이 문자의리(文字義理)의 지해(知解)를 면하기 어렵다고 비판적으로 평가하고 있다.[7] 그 뒤 일제시대에는 권상로(權相老)·다카하시(高橋亨)·누카리아(忽滑谷快天) 등이 이 논쟁을

---

7) 이능화, 앞의 책, 876~897쪽.

다룬 바 있고,8) 해방 이후에도 한기두(韓基斗)·서경수(徐景洙)·최일
범(崔一凡)·김준형·정병조(鄭柄朝)·임종욱·정성본(鄭性本)·김종명
등이 그 논의를 이어온 대표적 인물이다.9)

지금까지 조선 후기의 교학적 발전을 간단히 살펴보았거니와, 이 밖
에도 가혹했던 배불정책에 대해 공식적으로 《간폐석교소》(諫廢釋敎疏)
를 올려 그 부당성을 지적한 백곡처능(白谷處能; 1619~1680)이나, 불전
간행으로 불법 홍통(弘通)에 크게 기여한 백암성총(栢庵性聰; 1631~
1700) 등은 한국 불교학 중흥의 기틀을 다진 교법의 수호자라 할 수 있
을 것이다. 사실 말할 수 없는 박해를 받아 종파마저도 유명무실해진
질곡의 시대에, 불조(佛祖)의 혜명(慧命)을 잃지 않고 나름대로 시대의
흐름에 적응하면서 교학의 발전을 이루어 낸 것은 불교사적으로 커다
란 의의를 갖는다고 하지 않을 수 없다. 이러한 교법 수호의 대종장들
이 있었기에 불교는 근대화라는 시대의 조류를 희망으로 맞이할 수 있
었고, 나아가 근대적인 방법론을 수용하여 불교학의 수준을 한 단계 끌
어올릴 수 있었다.

불교계 안에서 이러한 교학상의 발전이 뚜렷해지면서 필연적으로 실
학 및 개화사상가들과 교류가 이루어지고 그들과 영향을 주고받게 되
는데, 이것은 근대화에 대한 불교의 내재적 준비로서 중요하게 검토되

---

8) 權相老,〈韓國禪宗略史〉,《退耕堂全書》제8권, 1095~1100쪽; 高橋亨,《李朝佛敎》(경서
   원, 1929), 805~849쪽; 忽滑谷快天 著/鄭湖鏡 譯,《朝鮮禪敎史》(寶蓮閣, 1978), 629~680쪽.
9) 한기두,〈한국선사상에 있어 삼종선과 이종선간의 논쟁점 고찰〉,《한국종교》제1집(원
   광대출판국, 1971), 49~77쪽; 서경수,〈조선후기의 불교철학〉,《한국철학연구》하(동명
   사, 1984), 46~64쪽; 崔一凡, 앞의 글, 372~381쪽; 김준형,〈초의선사―조선후기 선논쟁
   주도한 다성〉,《한국불교인물사상사》(민족사, 1990), 382~390쪽; 정병조·이석호 공저,
   《백파의 선론과 초의의 이종선》(연세대출판부, 1991); 임종욱,〈백파 스님의 삼종선과
   《선문수경》〉,《다보》제19호(1996, 가을), 8~19쪽; 정성본,〈초의 스님이 제시한 선불교
   의 본질〉,《다보》제19호(1996, 가을), 20~31쪽; 김종명, 앞의 글, 224~261쪽.

어야 할 문제라고 생각한다. 우선 실학자 가운데에서 불교에 깊은 관심을 가졌던 사람으로는 다산 정약용(丁若鏞)과 추사 김정희(金正喜)를 들 수 있다. 다산은 강진 유배시절에 아암혜장(兒菴惠藏; 1772~1811), 초의의순(草衣意恂) 등 승려들과 깊은 교유를 맺고 학문적 관심을 주고받았으며, 특히 초의와의 만남은 유자의 다도(茶道) 형성에 큰 영향을 끼치는 계기가 된 것으로 유명하다. 그는 유자로서 유·불의 회통을 주장할 만큼 불교의 교리를 깊이 이해하고 있었으며,[10] 승려들과 함께 고증학적인 방법론에 입각하여 《만덕사지》(萬德寺志), 《대둔사지》(大芚寺志)의 편찬에도 참여하였고, 우리나라 불교의 역사와 고승들의 전기를 기록한 《대동선교고》(大東禪敎攷)를 펴내는 등 한국의 불교 역사에 대해 상당한 관심과 깊은 이해를 가지고 있었다.[11]

추사는 경학(經學)이나 금석학(金石學)에도 밝았지만, 집안 대대로 불교와 인연이 깊었던 관계로[12] 불교 경전에도 밝아 불교계로부터 선지식(善知識)으로 대접을 받았다. 그는 《화엄경》(華嚴經), 《법화경》(法華經), 《원각경》(圓覺經), 《능엄경》(楞嚴經) 등 많은 경전을 비롯하여 각종의 논소(論疏) 및 선사의 어록 등은 물론, 많은 승사류(僧史類)도 두루 섭렵해서 불교에 대한 해박한 지식을 가지고 있었는데, 특히 그가 중요

---

10) 그는 "佛法雖誑誕 其所說眞妄有無之相 則吾儒本然氣質之辨也"(丁若鏞,〈爲騎魚僧慈弘贈言〉,《與猶堂全書》제1집, 17권)라고 하여 불교의 진망유무(眞妄有無)의 상(相)이 유가의 본연기질(本然氣質)의 변과 다를 바 없다고 하였고, "佛氏治心之法 以治心爲事業 而吾家治心之法 以事業爲治心"(〈大學公義(一)〉, 같은 책 제2집, 1권)라고 하여 유불이 상호보조하는 기능의 보합성을 말하기도 했다.

11) 金容祚,〈朝鮮後期 儒者의 佛敎觀〉,《논문집(인문계편)》제22집 제2호(1983), 229~240쪽.

12) 그가 태어난 예산군 신암면 용궁리(禮山郡新岩面龍宮里)에는 화암사(華巖寺)라는 절이 있는데, 이 절은 추사 집안의 원찰(願刹)로, 그의 증조부 한신(漢藎)이 1752년에 중건한 이래 대대로 인연을 맺었다고 한다. 이 점에 대해서는 김상현,《한국불교사 산책》(우리출판사, 1995), 155쪽을 참조할 것.

시했던 경전은 《금강경》(金剛經)과 《사십이장경》(四十二章經)이었다.[13]

또한 그는 당대의 많은 고승들과 교유했는데, 초의와는 선과 차를 매개로 깊은 우정을 나누었고, 백파긍선과도 교유를 맺어 이들 두 선사 사이에 벌어졌던 이른바 삼종선 논쟁에도 참여하는 등 당대의 거사(居士)로 인정받고 있다. 그는 《변망증십오조》(辨妄證十五條)를 지어 문헌 고증학적 입장에서 백파의 경전 무시 태도를 논리적으로 비판하였으며, 특히 중국 선종의 선문(禪文)을 무비판적으로 받아들인 데 대해 비판하였다.[14]

이 밖에도 자하 신위(申緯), 이재 권돈인(權敦仁), 해거 홍석주(洪奭周) 같은 이들이 불교에 관심을 표명한 대표적인 실학자라고 할 수 있다.[15] 이들 실학자들의 사상에 불교가 구체적으로 어떤 영향을 주었는지는 앞으로 더 연구해야 할 문제이지만, 어쨌든 실학자들에게 불교가 새로운 의미로 관심의 대상이 되었음은 분명한 사실이라고 하겠다.

이러한 불교에 대한 새로운 인식은 실학의 전통을 이은 개화사상에서 더욱 뚜렷하게 표출되고 있다. 김옥균(金玉均)을 대표로 하는 일단의 젊은 유생들은 연암 박지원(朴趾源)의 손자인 박규수(朴珪壽)로부터 서양의 신지식을 흡수하여 열렬한 개화론자가 되었고, 이어 오경석(吳慶錫)과 유대치(劉大致)로부터 지도를 받게 된다. 그런데 이들이 유대치에게 지도를 받으면서 박규수의 지도를 받을 때와는 달리 새로운 지식을 얻었으니, 바로 불교를 알게 되었던 것이다.[16]

---

13) 김상현, 위의 책, 156쪽.

14) 임혜봉, 《불교사 100장면》(가람기획, 1994), 258~259쪽.

15) 이광린, 〈개화당의 형성〉, 《개화당연구》(일조각, 1973), 9쪽.

16) 이능화, 앞의 책, 898~899쪽에는 이를 다음과 같이 기록했다. "劉大致居士 京城人 名鴻基 號磅礡齋 又號如如 好談禪 金古愚玉均 徐葦山光範 朴春皐泳孝…… 等 諸居士 從而問道 一時禪風 盛行京城……."

유대치는 중인(中人) 출신의 의원(醫員)으로서 불교 신앙이 매우 두터웠으며, 불교국익론을 내세우고 불도를 현실에 접근시키는 한편으로 그것에 의하여 사회개혁론까지 주창하였던 것으로 보인다.[17] 그리하여 김옥균 등에게 불교 신앙을 권하였던 것이니,《김옥균전》(金玉均傳)에 보면

金玉均이 유대치로부터 배운 사상의 感化外에 特記해야 될 것은 大致의 佛敎信仰의 一事이다. 대치는 朝鮮學士들이 儀禮에는 能하면서도 道念에는 관심이 적음을 개탄하여, 김옥균에게 권하여 불교를 연구케 하였다.[18]

고 한 것을 보면 알 수 있다.

결국 김옥균 등은 처음에 박규수로부터 서양의 신지식과 실학의 비판정신을 배워 개화론자가 되었다. 그러나 아직은 국가의 근본적인 개혁을 주장하는 정도에는 이르지는 못하였다고 할 수 있다. 그러다가 유대치를 통해 불교를 알게 됨으로써 유교적인 양반지배체제를 극복할 수 있는 논리를 발견하였고, 이를 직접 국가사회에 응용하여 혁신을 도모코자 갑신정변을 일으켰던 것으로 보인다.

그렇다면 이들이 유교적 지배체제를 부정하는 논리로 삼았던 불교사상은 무엇인가? 그것은 불교의 사해평등사상(四海平等思想)이라고 할 수 있다.[19] 즉 유교가 강상(綱常)의 신분질서를 중시하는 데 비해 불교는 무차별적 평등을 강조하는 사상체계라고 보았던 것이다. 따라서 상당수가 중인 계층에 속했던 당시 개화파 인사들은 불교에서 말하는 '모

---

17) 이광린, 〈숨은 개화사상가 유대치〉, 《개화당연구》(일조각, 1973), 73~74쪽.
18) 古筠紀念會 編, 《金玉均傳》 上卷(東京: 慶應出版社, 1944), 50쪽.
19) 이 점에 대해서는 이광린, 〈개화당의 형성〉, 8~12쪽을 참조할 것.

든 중생은 불성을 지니고 있다'(一切衆生悉有佛性)는 가르침 속에서 유교적인 신분 차별을 극복할 수 있는 사상적 원리를 발견하였던 것으로 보인다.

유대치와 함께 개화사상가들의 불교 신앙에 영향을 주었던 또 다른 인물로는 개화승 이동인(李東仁)을 들 수 있다. 그는 동래 범어사 출신의 승려로[20] 1878년을 전후하여 일본 정토진종(淨土眞宗) 대곡파(大谷派)의 포교사인 오쿠무라(奧村圓心) 등을 통해 서양 문물에 접할 수 있었고, 이를 유대치를 비롯한 개화사상가들에게 전함으로써 그들의 신지식 습득에 하나의 통로 역할을 했던 것으로 보인다.

그는 청나라를 통해서 신지식을 수용하고 있던 개화당 인사들에게 일본이라고 하는 새로운 통로를 열어줌으로써, 이후 이들이 일본의 메이지유신을 모범으로 하는 체제 개혁을 도모하게 만든 주인공이었다고 생각된다. 더욱이 개화당의 정신적 지도자인 유대치도 그에게서 불전 공부와 불교신앙을 배웠다고 하니,[21] 초기 개화당의 형성 과정에서 그의 역할은 매우 컸다고 볼 수 있다.

한편 그는 몇 차례 일본을 드나들면서 근대화된 일본 사회를 관찰하고, 구미 문명에 대한 여러 가지 서적들을 입수하여 김옥균 등에게 보내기도 하였다. 그리고 일본에 수신사로 파견된 김홍집(金弘集)을 만나면서 이후 중앙 정치무대에서 외교사신으로도 활약하는 등 조선의 개

---

[20] 그가 통도사(通度寺) 또는 봉원사(奉元寺) 출신이라는 등의 이설이 있으나, 이능화의 설에 따라 범어사 출신으로 봄이 옳을 것 같다.(이능화, 앞의 책, 899쪽 참조)

[21] 《김옥균전》(金玉均傳)에 보면 이 점을 다음과 같이 설명하고 있다. 즉 "大致先生은 居士로서 佛敎를 매우 信奉하여 佛典工夫에 힘썼다. 先生이 世間에 대한 耳目과 世界消息은 吳慶錫으로부터 얻었고, 先生이 佛典工夫와 佛陀에 대한 信仰은 李東仁에게서 배웠다. 그리하여 先生이 가장 아껴온 金玉均을 李東仁에게 소개한 것도 실로 大致先生 自身이었다."[古筠紀念會 編, 앞의 책]

화를 위하여 동분서주하다가 정치적 이해관계의 희생양으로 어느 날 갑자기 역사의 무대에서 사라진다.

오늘날 그에 대한 평가는 여러 가지로 나타난다. 그가 너무 정치 지향적이었다는 점에서 그의 종교인다운 태도를 의심하기도 하고, 특히 그가 일본을 무대로 활약했다는 점에서 그를 친일파로 폄하하기도 하나, 그가 승려의 신분으로 개화사상가들을 사상적으로 지도했고, 또 개화 정국에서 일본통 외교관으로 한국의 개화에 앞장섰다고 하는 점은 부인할 수 없는 사실이다.

더욱이 아직 억불정책의 서슬이 시퍼렇던 시절에 고종의 신임을 받아 정식 외교관으로 활약했고, 일본시찰단의 파견, 정부의 관제·군대 조직의 개편, 불교의 포교 자유를 인정해 줄 것 등 세 가지 시무를 상주(上奏)했다고 하는 점22) 등을 생각할 때, 그를 한국 불교 근대화의 선구적 사상가로 불러도 지나친 말은 아닐 것이다.

2. 한국 불교의 근대화와 사회진화론의 수용

이상에서 살펴본 바와 같이 조선 후기 불교계는 교학적인 발전을 바탕으로 하여 실학 및 개화사상 형성에 일정 부분 영향을 끼치면서, 민중들의 독실한 신앙을 바탕으로 서서히 근대화를 향한 내재적 준비를 해 나가게 된다.

그런데 한국 불교사에서 근대의 기점을 어디로 할 것이냐에 대해서

---

22) 목정배, 〈승이동인〉, 불교신문사 편, 《한국불교인물사상사》(민족사, 1990), 399쪽.

는 몇 가지 견해가 있다. 일반사의 기준에 따르느냐 아니면 불교교단 자체의 기준에 따르느냐에 따라 다른 의견이 제시될 수 있을 것이다. 예를 들어 1876년의 개항이나 1897년의 대한제국 성립에서 찾는 것[23] 은 전자의 경우이고, 1895년의 승려도성출입금지해제,[24] 또는 1899년 전국사찰 통할기관인 원흥사(元興寺)의 설립에서 찾는 것[25] 등은 후자 의 경우이다.

나름대로 일리가 있겠지만 불교 자체의 기준에 따라 1895년의 입성 해금(入城解禁)으로 보는 것이 타당하다고 본다. 왜냐하면 조선조 500 여 년 동안의 극심한 억불정책으로 인해 산중에서 명맥을 보존하고 있 던 불교가 이때를 전후하여 질적으로 가장 커다란 변화의 양상을 보이 고 있기 때문이다. 그것은 이제 불교가 산중에서 나와 정정당당하게 포 교를 해 나갈 수 있는 여건이 허락되었음을 뜻하며, 한편으로는 근대화 에 발맞추기 위한 자기변혁과 개혁의 과제에 직면하게 되었음을 의미 하는 것이기도 했다.

물론 이 입성해금이 불교계 자체의 노력으로 얻어진 것이 아니라 일 본의 제국주의적 침략에 동조한 일제 불교의 침략적 의도에 의하여 타 율적으로 이루어진 것이라는 점에서 한국 불교사의 근대 기점으로 보 는 데에 한계가 있다고 지적할 수 있을 것이다. 물론 어느 정도 타당한 측면이 없는 것은 아니다. 다만 이것이 오로지 일제 불교에 의한 것이 고 한국 불교 자체의 노력은 조금도 없었는가 하는 점은 생각의 여지가 있다.

우선 1895년 일본 일련종(日蓮宗) 승려 사노(佐野前勵)의 건백서(建白

---

23) 김영태, 〈한국불교사 하〉, 《한국문화사대계》 11(고려대민족문화연구소, 1979), 339쪽.
24) 김경집, 《한국근대불교사》(경서원, 1998), 17쪽.
25) 강석주·박경훈, 《불교근세백년》(중앙신서 71; 중앙일보사, 1980), 11쪽.

54

書)가 있기 이전에 정부에서도 승려들의 도성출입금지령을 완화하려는 논의가 있었고,26) 여러 가지 정황으로 보아서 굳이 일본 승려의 건의가 아니더라도 해결될 만한 사안이라는 점이 지적될 수 있을 것이다.

사실 오랜 동안의 억불정책을 고수해 나가던 조선 정부가 이때에 와서 불교에 대해 어느 정도 우호적인 입장을 보이기 시작하였으니, 그것은 서학, 즉 천주교에 대한 견제심리였다고 생각된다. 즉 1887년 한불수호통상조약 체결로 전교(傳敎)의 자유를 획득한 후 더욱 당당하고도 왕성하게 펼쳐지는 서학의 전교 활동에 놀란 위정자들이 그것을 견제할 수 있는 방안으로 지금까지 억압하였던 불교에 눈을 돌리게 되었다는 것은 쉽게 이해할 수 있는 점이다.

불교는 우리나라에서 1천년 이상의 역사를 가지고 있는 재래 종교로 훨씬 친밀감이 있으며, 일본승은 물론 서양의 선교사까지 서울에 와서 활약하고 있는 마당에 전통 종교로서 여전히 민중 교화를 담당하는 불교 승려만 탄압할 명분도 없었던 것이 사실이다.

또한 500여 년의 혹심한 억불정책 아래서도 불교는 민중들의 신앙적 구심체로서 여전히 무시 못할 영향력을 가지고 있어서, 서학의 급속한 확장을 견제할 수 있다고 본 것이다. 예를 들어 1872년 한성 부근의 사찰을 중심으로 여러 거사(居士)들이 묘련사(妙蓮社)라는 신앙결사를 조직해 관세음보살의 감응을 기대하며 염불정진했다는 사실,27) 그리고 강원도 건봉사(乾鳳寺)를 비롯해 여러 사찰에서 만일염불회(萬日念佛會)를 열어 극락왕생을 기원하며 염불·강학·참선에 정진했다고 하는 기록28) 등은 당시 억불숭유의 질곡 속에서 대중들의 불교신앙을 북돋우

---

26) 1년 전인 1894년 이 문제가 각의에 상정되어 거의 통과를 보려는 순간에 대원군의 간섭으로 부결되었다고 한다.(강석주·박경훈, 위의 책, 19쪽)
27) 이능화, 앞의 책, 913~914쪽.

고, 철저한 수행과 정진을 고무함으로써 새로운 승풍(僧風)을 진작하려 했던 것으로 근대 불교의 개혁을 예고하는 단서였다고 할 수 있다.

여기에 부응하여 정부에서도 각 사찰에 현존하는 각종 잡역(雜役)을 면제하라는 완문(完文)이 내려지고, 심지어는 사찰 개수 및 운영금을 마련하기 위한 공명첩(空名帖)[29]을 하사하는 등의 조치를 취하기까지 했다. 이러한 경향은 원찰(願刹)을 지정하고 불량토(佛糧土)를 시주하는 등 왕실의 독실한 불교신앙과 함께 사원과 승려의 사회적 지위를 다소나마 향상시켜 주는 일단의 정책으로 보인다.

결국 불교계의 오랜 악법이었던 도성 출입금지 해제는 당시의 여러 가지 여건상 우리 정부 스스로 해결할 수 있었던 사안이었다고 볼 수 있다. 그것이 조선 정부의 무능과 정치적 이해관계, 그리고 불교계의 안일한 대응으로 자율적으로 이루어지지 못하고, 일본 승려의 건의를 받고서야 겨우 해결되었다고 하는 점은 한국 불교의 근대화에서 중대한 모순으로 작용할 수밖에 없었던 것이며, 이후 한국 불교의 친일화를 예고하는 것이기도 했다.

한편 한국 불교의 근대화를 결정적으로 촉발한 승려의 도성 출입금지 해제 이후, 국가에서도 더 이상 불교를 탄압하지 않았고, 오히려 적극적인 관리를 꾀하기에 이른다. 이것은 개항 이후 일본 불교의 활발한 포교활동에 대한 일종의 견제정책의 일환으로 볼 수 있다. 1902년에 설립된 최초의 교단 통할기관인 원흥사(元興寺)와 사사관리서(寺社管理署)가 바로 그것이다. 이에 따라 불교계도 무종(無宗)과 무맥(無脈)의 산중

---

28) 위의 책, 915~924쪽.

29) 공명첩(空名帖)이란 무기명(無記名)의 사령장(辭令狀)으로서 이것을 사급(賜給)했다는 것은 공공연한 매관매직(賣官賣職)이나 다름없었다. 이에 대해서는 안계현, 〈삼일운동과 불교계의 동향〉, 《근대한국불교사론》(민족사, 1988), 268쪽을 참조할 것.

불교를 청산하고, 조선 500여 년의 척불로 인해 왜곡된 종통(宗統) 법맥(法脈)을 회복하기 위한 적극적인 활동을 펴게 된다. 이때에 신교의 자유라고 하는 새로운 시대를 맞이하여 불교계가 보였던 반응은 대개 세 가지로 나눌 수 있다.

첫째는, 일본 불교 각 종파의 활발한 포교활동을 지켜보면서, 근대적으로 통일된 종단(宗團) 건설의 필요성을 절감하고 이를 실현하려고 했던 종단건립운동파의 활약이다. 둘째는, 종단 설립이나 사회참여와는 상관없이 수백 년간 끊어졌던 전통 선풍을 회복하기 위해 참선 수련에 정진했던 선사들의 활동이다. 셋째는, 극단적인 은둔이나 적극적인 사회 참여의 양 극단을 지양하고 학문적 입장에서 과거를 반성하고 미래를 조망하려 했던 불교학자들의 활약을 들 수 있다.

우선 종단건립운동파는 새로운 종단의 종통을 어디서 찾느냐 하는 방법론에 대한 이견으로 힘을 한데 모으지 못하고 분열하는 모습을 보인다. 국가에 의해서 최초로 세워진 교단 통할기관인 원흥사와 사사관리서가 폐지되면서, 불교계가 제일 먼저 착수한 것은 1906년 불교연구회의 설립이었다. 개화당과 관련이 있는 것으로 알려진 이보담(李寶潭)30)과 홍월초(洪月初)가 주도한 이 운동은 일본을 모범으로 삼아 특히 정토(淨土)를 종지로 삼게 된다. 불교연구회는 특히 최초의 근대적 불교학교인 명진학교(明進學校)를 설립하여 많은 인재들을 배출했다는 점에서 존재 의의를 가질 수 있으나, 한국 불교의 자각적인 노력이 아니라 처음부터 일본 정토종에 의해 세워진 기관이라는 점에서 교계에 그리 큰 영향력을 발휘하지는 못했다.

---

30) 이보담(李寶潭)은 1879년 봉원사(奉元寺)에서 김옥균·서광범·박영효·서재필 등과 함께 이동인으로부터 일본에서 가져온 서양의 신문물과 개화사상을 교육받았다고 한다.[남도영, 〈근대불교의 교육활동〉, 《근대한국불교사론》(민족사, 1992), 212쪽]

다음으로 1908년에 설립된 원종(圓宗)은 승려들 자의로 세워진 최초의 사찰통할기관이라는 점에서 의의가 자못 크다고 할 수 있다. '원종'이라는 종명은 선교겸수의 통불교적인 한국 불교의 특징을 고려하여 '원융무애'(圓融無碍)의 뜻을 취한 것[31]이라고 하나, 뒤에 원종의 종정이 된 이회광(李晦光; 1862~1933)이 일본 조동종(曹洞宗)과 연합운동을 펼치면서 이를 반대하는 또 하나의 종단으로 양분된다.

이회광의 처사를 개종(改宗)과 역조(易祖)의 매교적인 행위라고 분개했던 한용운(韓龍雲) 등은 임제종(臨濟宗)을 종지로 내걸었다. 이들은 태고보우(太古普愚)의 임제종이 원종이나 조동종보다는 정통성을 지녔다고 보았던 것이다. 그리하여 북쪽의 원종, 남쪽의 임제종으로 나뉘어 치열하게 대립하였으나, 이 또한 1911년에 반포된 일제의 사찰령과 그 시행세칙에 따라 문을 닫지 않을 수 없었다.

원종과 임제종의 대립을 학계에서는 대개 친일 대 항일, 또는 보수와 개혁의 대결구조로 파악하고 있다. 그러나 당시 한국 불교의 사정으로 볼 때 항일의식이 존재했다고 보기 어려우며,[32] 또한 새로운 종단을 건설하려는 마당에 불교의 개혁을 주장하지 않은 불교인사는 별로 없었다는 점에서 이러한 평가는 재고되어야 할 것으로 본다. 그보다는 오히

---

31) 이능화, 앞의 책, 937쪽.

32) 당시 불교인들은 일제를 반민족적인 외세로 보지 않았고, 오히려 조선 500년 동안의 정치적 박해를 풀어준 은인으로서 일종의 경외감을 가지고 있었으며, 또한 한국 불교의 전통을 지켜주고 근대화를 보장해 줄 정치 주체로 보는 것이 대세였다고 본다. 심지어 한용운마저도 3·1운동 이전에는 일본의 영향을 많이 받았고, 또 일제를 정치 주체로 인정하여 건백서(建白書)를 제출하는 등의 행태를 여러 번 보여주고 있다. 이에 대해서는 강돈구, 《한국 근대종교와 민족주의》(집문당, 1992), 106~115쪽을 참조할 것. 또한 이회광이 조동종과의 연합을 시도한 것도 따지고 보면 자신이 주도하는 원종의 인가를 총독부로부터 받아내려는 의도였던 것으로, 국가의 승인을 받지 않고서는 아무 일도 할 수 없다는 불교계 나름대로의 절박한 심정을 나타낸 것이 아니었나 생각한다.

58

려 새로운 종단을 건립하는 데에서 그 정통성을 어디서 찾느냐 하는 방법론의 차이로 보는 것이 옳다고 본다. 즉 종지의 근거를 확립하는 데서, 일반적인 대세를 따라 일본 각 종파와 연합하여 현실적 권력에 의지하고자 했던 그룹에 대해, 태고보우—서산휴정으로 이어지는 선종 법맥에 의거하여 임제종을 내세우고자 했던 두 그룹이 방법론의 차이로 대립하였다는 것이다. 따라서 한용운 등이 주도했던 임제종 운동은 그 자체가 항일운동이었다기보다는, 전통 선가의 법맥을 정통성으로 내세우는 종단건립운동의 일환으로 보아야 할 것이라고 생각한다.33)

한편 백용성(白龍城; 1864~1940)의 대각교(大覺敎) 창립과 박중빈(朴重彬; 1891~1943)의 불법연구회(圓佛敎의 前身) 건설운동은 기존의 종파나 법맥에 의지하지 않고, 불교 본연의 독자성을 새롭게 부각시키려 했던 것으로 제3의 종단건립운동으로 주목된다고 하겠다.

한편 한국 불교가 근대화되던 시기에 또 하나의 이채로운 현상으로 주목되는 것이 수백 년 동안의 억불책으로 형해화(形骸化)된 전통 선종의 부활이었다. 조선의 불교가 서산·부휴 양대 법맥에 의한 선종이 주축이었다고는 하나, 내용으로는 선·교를 겸수하였고, 실질적으로는 화엄 등 교학이 발달했다는 점은 이미 알려진 사실이다. 미증유의 법란(法亂)시대에 한가로이 앉아서 선 수행만 하기는 어려웠고, 대중들의 종교적 요구에 부응하기 위해서는 고성염불(高聲念佛)로 정토업(淨土業)을 닦고 진언(眞言)을 외우는 등 주로 타력신앙에 치중되어 있었기 때문에 견성성불(見性成佛)이란 간화대오(看話大悟)의 선풍은 찾아보기가

---

33) 이능화의 《조선불교통사》에서는 이 임제종 운동에 대해 "反對激起 實因反感於同一禪宗 而曹洞係是他派 臨濟則是自家 宗旨之歷史忽明 黨派之暗鬪隨起……"라 하여, 이것이 종통을 세움에서 방법론을 달리하는 당파의 싸움이라고 묘사하고 있다.(이능화, 앞의 책, 938쪽)

힘들었다. 백파긍선이 나와 한때 선론(禪論)을 일으킨 바 있으나, 이것 또한 교를 통해 선을 조명하려는 것으로 진정한 선 수행은 아니었다.

이렇게 이름만 남은 선종을 다시 일으켜 실참실구(實參實究)의 간화 선풍을 일으킨 근대 한국 선종의 중흥조는 경허성우(鏡虛惺牛; 1849~ 1912)이다. 그에게 많은 제자가 있었는데, 그 가운데서도 만공(滿空)· 혜월(慧月)·한암(漢岩)·수월(水月) 등은 경허의 뒤를 이어 불교계에 선 수행의 풍토를 크게 진작시켰다. 특히 경허는 선 수행뿐만 아니라 각종 결사를 조직하여 수행정진을 북돋워 주었고, 무애행(無碍行)을 통해 선의 대중화에도 크게 기여한 근대 불교의 중흥조라 해도 과언이 아닐 것이다. 근대화에 대한 경허의 대응을 부정적으로 보는 견해도 있지만,34) 그는 정법(正法)이 사라진 혼돈의 시대에 불법을 수호하는 길은 오직 정혜(定慧)를 닦는 길밖에는 없다고 보고 이를 실천하였으며, 자기 나름의 방법으로 불교를 대중화시켰다는 점에서 근대 한국 불교의 중흥에 커다란 공로자임은 틀림없는 사실이라고 하겠다.

근대화에 대한 불교의 반응 가운데 세 번째 부류는 불교학자들의 학문적 활동이었다. 이들은 이회광이나 한용운처럼 적극적으로 시국에 참여할 만한 위치에 있지도 않았고, 그렇다고 해서 경허처럼 산 속에서 참선 수행만 하기에는 현실이 너무 급박했기에, 불교 자체의 근대화 가능성 또는 민족의 근대화에 대한 불교의 기여 가능성을 학문적으로 천착해 보는 일에 정력을 기울였다고 할 수 있다. 당시 불교학의 특징은 조선 후기의 교학을 계승한 바탕 위에 서양에서 새로이 등장한 근대적

---

34) 여익구(呂益九)는 경허의 근대화 인식에 대해서, '현실참여 없이 천시의 그늘진 콤플렉스를 신비적 선정(禪定) 속에 해소하면서 세상을 내려다보았던 청담류(清談流)'라고 부정적으로 평가하고 있다.[여익구, 〈한국 근대불교의 전개와 그 역사적 과제〉, 《한국불교의 현실과 전망》(지양사, 1986), 39쪽]

인 방법론을 수용하여 전혀 새로운 시각에서 한국 불교를 조명하고 있다는 점이다.

당시 불교학을 대표하는 인사로 이능화와 권상로가 등장한다. 물론 이 두 사람 말고도 석전 박한영(朴漢永; 1870~1948)이나 포광 김영수(金映遂; 1884~1965) 같은 뛰어난 학자들이 있지만, 근대적인 학문 방법론에서나, 우리에게 보여준 관심 분야의 크고 넓음, 그리고 어느 것 하나 선구적인 것 아님이 없는 뛰어난 저서 등을 생각해 볼 때, 이능화와 권상로가 당시 불교학을 대표한다는 데 이의를 제기할 사람은 별로 없을 것이다. 특히 이능화는 신학문을 섭렵한 위에 불교를 공부했고, 권상로는 그와는 반대로 승려로서 대교과(大敎科)까지 완전히 이수한 다음에 신학문을 접했다는 점에서, 두 사람의 불교학은 당대 불교학의 2대 전형을 보여주고 있다고 생각한다.

그런데 전통 불교학을 근대적 학문으로 탈바꿈시키는 데 가장 결정적인 영향을 끼친 것은 사회진화론이었다. 사실 근대 학문이 전통 학문과 가장 결정적으로 다른 점은 비판적인 자의식을 통한 객관성의 유지와 방법론(methodology)의 적용을 통한 과학적인 연구라고 할 때,[35] 사회진화론은 이 두 가지 측면에서 모두 불교학의 근대화에 공헌했다고 할 수 있다.

먼저 전자의 측면에서 사회진화론의 생존경쟁의식은 경쟁에서 지지 않으려면 어떻게든 구태한 불교를 개혁해야 한다는 불교개혁의 사조를

---

[35] 에릭 샤프는 종교학이 성립되기 위해서는 세 가지의 필수조건, 즉 첫째 비교연구에 대한 어떤 동기(motive), 둘째 자료(material), 셋째 그 자료를 어떤 양태로 조직화할 그럴듯한 방법(method)이 충족되어야 한다고 하면서, 종교 연구로부터 나온 자료들을 체계화하고 거기에 어떤 방법론을 적용해 보려는 노력, 즉 한마디로 '과학적'인 연구의 시도는 19세기 말엽에 와서야 비로소 등장하게 되었다고 하였다.[에릭 샤프 저/윤이흠·윤원철 역, 《종교학—그 연구의 역사》(한울, 1986), 5~16쪽 참조]

조성했고, 개혁은 비판을 전제로 하는 것이므로, 바로 여기서 불교 자신의 모습에 대한 비판정신이 싹튼 것이라고 할 수 있다. 더욱이 1887년 이른바 한불수호통상조약으로 인한 신교의 자유는 한국의 종교사에서 일찍이 경험해 보지 못했던 종교다원주의적 환경을 조성함으로써, 이제 불교를 여러 종교 가운데 하나로 볼 수 있는 객관적인 시각이 생겨나기 시작한 것이다.

다음으로 후자의 측면에서는 사회진화론의 영향으로 다양한 종교 현상들을 하나로 꿰뚫어볼 수 있는 방법론의 적용을 가능케 했다고 할 수 있다. 종교학 초창기의 2대 방법론으로는 진화론과 비교연구를 들 수 있는데, 사회진화론적인 사고방식이 일반화되면서 종교도 진화 또는 진보해 간다는 관점의 적용이 가능해졌다는 것이다. 물론 여기에는 서양 종교학이 영향을 주었다고도 볼 수 있겠지만, 그보다는 오히려 자생적인 한국 종교학의 태동이라는 관점에서 접근해 볼 수도 있을 것이다.

사회진화론(doctrine of social evolution)이란 영국의 사회학자 스펜서(Herbert Spencer)가 정립한 것으로, 진화가 우주의 모든 생성의 최고법칙이며 그 일부로서 사회도 진화한다고 하는 사회이론이다. 그는 사회진화론의 원동력을 '경쟁'이라고 했으며, 사회에서 모든 성원들은 생존경쟁을 하는데, 이 과정에서 최적자(最適者)만 살아남는다고 하여 적자생존을 강조하였으며, 사회에서 지적 최우수자(the superior intelligence)는 살아남고, 지적 열패자(the inferior intelligence)는 도태되는데, 이는 생물계에서의 자연도태와 다름없는 것이라고 설명하였다.[36]

---

[36] 신용하, 〈구한말 한국민족주의와 사회진화론〉, 《인문과학연구》 창간호(동덕여대, 1995), 6쪽. 어떤 이는 스펜서의 사회진화론을 다윈의 학설을 빌려다 사회에 응용한 것이라고 보아 '사회다윈주의'(Social Darwinism)라고 부르는데, 이것은 정확한 것이 아니라고 한다. 오히려 사회진화론적 관점을 먼저 정립하여 발전시킨 것은 스펜서였으며, 적자생존

이러한 사회진화론을 최초로 한국에 도입하여 진화론적인 사상을 기록으로 남긴 것은 1882년에 《경쟁론》(競爭論)을 쓴 유길준(兪吉濬)이었다. 그 밖에도 미국에 유학했던 서재필(徐載弼)과 윤치호(尹致昊)가 사회진화론을 우리 사회에 소개하였다. 그러나 이것이 대중에 큰 영향을 끼치지는 못하였고, 우리나라에 본격적으로 도입되어 널리 보급되면서 큰 영향을 끼친 것은 1905년 러일전쟁과 일제의 을사5조약 강요에 의한 국권 강탈 전후부터로 보이는데, 그 도입 경로는 서양(특히 미국), 중국, 그리고 일본을 통해서였다.[37] 그러나 우리나라 지식층에 가장 심대한 영향을 끼친 것은 중국 양계초(梁啓超)의 문집인 《음빙실문집》(飮氷室文集; 1903)을 통해서였다. 이에 따라 당시의 지식인들은 국제질서의 운동법칙을 우승열패·적자생존의 원칙으로 이해하였으며, 한걸음 더 나아가 그것을 보편적 원리로 파악하였다. 그 논리적 귀결은 한국이 우승(優勝)·생존(生存)의 주체, 즉 적자(適者)가 되어야겠다는 철저한 자각이었다.[38]

이러한 자각에 입각한 사회진화론의 영향으로는, 첫째, 민족정신의 앙양으로 애국계몽운동의 이론적 기초로 작용하였으며, 둘째, 국민의 정신과 자세를 새롭게 하려는 신민사상(新民思想)이 고취되어 구학문 내지 구사상, 그리고 수구파에 대해 맹렬한 비판이 제기되었고, 셋째, 국민들의 역사의식이 고조되어, 전통적인 왕조 중심의 권선징악적인 사관과는 달리 민족이 처한 역경을 타개해 보려는 현실적인 요구에서 우러난 민족주의적인 사관을 갖고 역사를 서술하게 된 것 등을 들 수

(survival of the fittest)이란 용어도 스펜서가 처음으로 사용하였으며, 다윈이 이를 빌려다 썼다는 것이다.

[37] 신용하, 위의 글, 7~9쪽.

[38] 김춘남, 〈양계초를 통한 한용운의 서구사상 수용〉, 《현암신국주박사화갑기념 한국학논총》(1985), 577쪽.

있다.[39]

1895년의 입성해금으로 신분의 자유를 획득하자마자 불교는 미처 정신을 수습할 겨를도 없이, 서양의 기독교를 비롯한 모든 종교가 평등한 위치에서 상호 경쟁한다고 하는 다소 낯선 환경에 직면하게 된 것이다. 이제 어떻게든 자기개혁을 단행하여 경쟁력을 회복하는 것이 최대의 급선무였던바, 이를 계몽해야 할 위치에 있던 불교 지식인들이 당시 일세를 풍미했던 사회진화론에 관심을 가지고 이를 불교에 적용하려 했던 것은 충분히 납득이 가고도 남는 일이다. 그리하여 사회진화론은 불교계 전반에 하나의 화두처럼 유행하게 되었다.

그리하여 불교학자들은 이러한 사회진화론을 한국 불교의 현실에 대입하여 한국 불교의 위상을 조명해 보려고 하였다. 특히 양계초의 신사학(新史學)에서 중시하는 '진화'와 '단체'를[40] 불교적으로 해석하여, 단체는 불교로, 진화는 생존경쟁이 중심이 되는 사상으로 파악하였던 것이다. 따라서 불교가 다른 종교와 경쟁하면서 어떻게 발전하여 왔고 또 발전하여 나갈 것인가 하는 것을 그들의 학문적 과제로 설정하게 된다. 결국 불교학에서 사회진화론의 수용은, 종교경쟁 속에서 불교의 생존을 담보하기 위해서는 전통 불교를 어떻게든 시대에 알맞게 개혁해야 한다는 시대사조를 형성하게 하였고, 한걸음 더 나아가서 무엇보다도 불교를 신앙적 관점이 아닌 객관적이고 보편적인 관점에서 볼 수 있는 근대적인 안목을 제시해 주었다고 할 수 있다.

---

[39] 이광린, 〈구한말 진화론의 수용과 그 영향〉, 《한국개화사상연구》(일조각, 1979), 255~287쪽.

[40] 양계초는 인군진화(人群進化)의 현상을 서술하여 그 공리공례(公理公例), 즉 법칙을 구하는 학문이 역사라고 정의하였다. 여기서 인군이란 단체를 가리키는 것이므로, 역사란 개인보다는 단체의 진화를 살피면서 법칙을 구해야 하는 것으로 보는 것이다.(이광린, 위의 글, 283쪽)

그렇다면 불교계에 사회진화론이 본격적으로 수용된 시기는 언제일까? 1912년 '원종'의 기관지로 탄생한 최초의 불교 전문 잡지인 《조선불교월보》(朝鮮佛教月報)에 실린 불교 지식인들의 글을 보면, 진화론을 전제한 상태에서 논지를 펴는 것으로 보아, 이때에 이르러서는 사회진화론이 모든 지식인들 사이에서 당연한 시대적 사조로 받아들여졌음을 알 수 있다. 1912년 2월의 창간호를 보면, 당시 용주사(龍珠寺) 주지였고 이회광과 함께 불교계의 최고 지도자로 활약했던 강대련(姜大蓮) 화상의 〈진화(進化)는 재월보(在月報)〉라는 글이 실려 있다. 그는 진화를 나름대로 다음과 같이 정의하고 있다.

진화라는 것은 하나의 目的을 향하여 위로 나아가는 것을 말한다. 날로 달로 계속해서 나아가면 필연적으로 極點에 도달할 것이다. 무릇 天地 古今의 사물이 능히 進化의 公例를 피할 수 있는 것은 존재하지 않는다.[41]

또한 《조선불교월보》 제5호에는 중국 상해유운선사(上海留雲禪寺)의 월운지소(月芸智沼)가 쓴 글이 실렸는데, 여기서도 진화론은 기본 바탕이 됨을 알 수 있다.

以此로 我朝鮮僧侶와 新世界之進化가 密接하여 禪宗之修證悟入과 教家之開通進步와 執務之精神研達이 以此로 發達增進하여 我宗教가 亞洲第一에 處할 터이오니 其欽仰者ㅣ不啻無量이로소이다. 如此히 速速進化하여 修證趣入이 自在自由하여 以此로 揚佛祖之餘輝하면 唯我宗教之大光이 普曜於世界之大陸하여 普化無量衆生하여 四生으로 同進於無爲之樂土라 하노이다.[42]

<hr>

41) 姜大蓮, 〈進化는 在月報〉, 《朝鮮佛教月報》 創刊號(1912. 2), 42쪽. "進化者向一目的而上進之謂也 日邁月征進進不已 其達於極點必也 凡天地古今之事物 未有能逃進化之公例者也."
42) 月芸智沼, 〈我朝鮮佛教月報을 讀하고 記者閣下의게 敬啓하노이다〉, 《朝鮮佛教月報》 제5

이것뿐만 아니라 한용운의 《조선불교유신론》(朝鮮佛敎維新論)도 사
회진화론을 입론의 근거로 삼고 있음이 확실하다. 그는 포교의 중요성
을 논하면서

> 그러나 優劣勝敗와 弱肉强食이 또한 자연의 법칙임을 부정할 길이 없다.
> 우수해지는 까닭, 열등해지는 까닭, 강해지는 까닭, 약해지는 까닭의 이치
> 가 단순치가 않아서 장구한 시일을 두고 열거한대도 다하기 어려운 터이
> 나 뭉뚱그려서 말하면 세력일 따름이라고 할 수 있다.[43]

라고 하여, 그의 불교유신론이 사회진화론을 근거로 씌어진 것임을 분
명히 하였다.

한용운의 경우처럼 당시 불교계의 사회진화론 수용은, 불교가 다른
종교와 경쟁에서 지지 않고 살아남기 위해서는 구태한 불교를 새롭게
개혁해야 한다는 불교유신론의 발전을 자연스럽게 가져오게 된 것으로
보인다. 다음의 글에서 그러한 시대인식이 잘 나타나 있다.

> 今日은 乃文明進化之今日也라. 萬舞方張하고 百廢維新하니 千秋感禍도
> 元乎今日이오 萬代遺芳도 資乎今日이니 今日之爲僧侶者 若不以今日로 爲朝
> 鮮佛敎維新之良辰하고 舊雨今雲에 依然作昔年之鼾睡하면 比如認春爲秋에
> 耕種이 錯序하고 比晝作夜에 興寐가 失宜하니 所以로 僕은 謂今日이 朝鮮
> 佛敎를 可以維新할 今日이라 하노니……[44]

호(1912. 6), 41~42쪽.

[43] 한용운, 〈조선불교유신론〉, 한종만 편, 《한국근대민중불교의 이념과 과제》(한길사,
1980), 50~51쪽.

[44] 金寶輪, 〈朝鮮佛敎를 可以維新할 今日이여〉, 《朝鮮佛敎月報》 제11호(1912. 12), 26쪽.

바로 지금이 조선 불교를 유신할 때라고 선언하고 있는 것이다.

3. 불교개혁 패러다임의 성립

3.1. 불교개혁 패러다임 형성의 불교사적 의의

1895년 입성해금을 계기로 한국 불교가 개혁의 필요성을 절감하기 시작하면서부터 1930년대 중반까지 거의 40여 년 동안 한국 불교는 '개혁', '혁명', 또는 '유신'의 도도한 물결에 휘말리게 되는데, 이것은 1,600여 년의 한국 불교 역사에서 일찍이 그 유례가 없던 일이었다. 당시에는 승려들은 물론이고 한국 불교에 관심이 있는 모든 지식인들은 한결같이 한국 불교의 개혁을 부르짖었으며, 마치 한국 불교의 사활이 개혁의 성패 여부에 달려 있는 것처럼 거기에 모든 역량을 쏟았다고 할 수 있다.

권상로와 한용운 같은 불교학자들은 불교개혁의 이론을 정립함으로써 개혁의 이념을 제공하였고, 그것을 불교계의 현실에 구현하려는 다양한 시도들이 또한 여러 가지 형태로 분출됨으로써 상당한 업적과 성과를 남기기도 했다. 심지어 보수 기득권층에 속하는 인사들까지도 언필칭 '개혁'이요 '유신'이었으니, 바야흐로 당시 한국 불교계에서는 '개혁'이 하나의 패러다임을 형성하고 있었다고 하겠다.

다만 이러한 개혁의 패러다임이 지속되지 못했고, 특히 1930년대 중반 중일전쟁 이후로는 완전히 변질되어 보수와 친일 일색으로 되어버렸으니 아쉬운 일이 아닐 수 없다. 이것은 이론적인 측면이나 실제적인 구현 과정 그 자체에 이미 일정한 한계를 내포하고 있었기 때문이 아닐까? 이러한 흐름이 해방 이후 오늘날까지 이어져서 아직까지도 분열과 분규 속에서 한국 불교 본연의 정체성을 찾지 못하고 있음을 볼 때, 당시 불교개혁의 패러다임이 형성되고 변질되는 과정은 오늘날 반드시 조명되어야 할 문제가 아닐 수 없다.

1,600여 년의 한국 불교사에서 근대 불교는 그 성격을 어떻게 규정할 수 있을까? 이능화는 한국 불교사를 경교창흥시대(經敎創興時代), 선종울흥시대(禪宗蔚興時代), 선교병륭시대(禪敎並隆時代), 선교통일시대(禪敎統一時代)로 구분하면서 1911년 사찰령 반포 이후 일제시대의 불교를 선교보수시대로 규정한다.[45] 그는 선종과 교종이 각각 명맥을 유지하면서 장차의 진흥을 모색하는 과도기라는 의미에서 선교보수시대라 한 것이고, 아울러 불교인의 분발을 촉구하는 의미도 담겨 있다고 할 수 있다.[46]

당대를 대표하는 불교학자의 한 사람인 권상로는 한국의 불교사를 불교향상시대(佛敎向上時代; 佛敎輸入時代, 敎宗分立時代, 禪宗蔚興時代), 불교평행시대(佛敎平行時代; 餘烈繼承時代, 衰退兆萌時代), 불교쇠퇴시대(佛敎衰退時代; 壓迫絶頂時代, 中間明滅時代, 維持殘喘時代)로 구분하면서 1899년 원흥사 창건 이후를 갱생과도시대로 규정하고 있다.[47] 그는 과거 탄압 받았던 불교가 다시 태어나기 위한 몸부림을 하고 있다는 의미에서 갱생과도시대라고 이름 붙인 것으로 보인다.

또 한 사람 당대의 대표적 학승이었던 박한영(朴漢永; 1870∼1948)은

---

45) 李能和, 《朝鮮佛敎通史》 下編(1918; 寶蓮閣, 1979), 4∼7쪽.

46) 위의 책, 7쪽. "然則禪敎其將振興乎 在於其人 抑更墮落乎 亦在於人 帶如來之使命者 其責顧不重歟."

47) 權相老, 〈朝鮮佛敎史槪說〉, 《退耕堂全書》 제8권(刊行委員會, 1990), 1110∼1179쪽.

한국의 불교사를 개관하여 삼국시대는 배태(胚胎)시대, 나려(羅麗)시대는 장성(將盛)시대, 조선시대는 노후(老朽)시대라 했고, 당시의 일제시대를 미래의 불교 진흥을 위한 절호의 기회라는 점에서 부활시대라고 규정하였다.48) 이 세 사람은 근대 한국 불교학을 대표한다고 하겠는데, 자신들이 살고 있는 당대의 불교를 과거의 어둠을 씻어낼 수 있는 새로운 가능성으로 보았다는 점에서 유사한 면이 있으며, 불교개혁가로서 공통된 견해를 드러내고 있다.

최근 불교학자들 사이에서 다시 한국 근대 불교사에 대한 관심이 높아지고 있는데, 특히 이 시대를 불교개혁의 시대로 조명하여 그 이론과 실천의 모습을 규명하려는 시도들이 늘고 있다. 아마도 그것은 오늘날 우리가 처한 불교의 현실이 그 어느 때보다도 개혁을 필요로 하며, 그런 점에서 당시에 제기되었던 불교개혁론이 오늘날에도 그대로 적용될 수 있으며, 거기서 많은 시사를 얻을 수 있다고 하는 믿음 때문이 아닐까?

한기두(韓基斗)는 19세기에서 20세기 초엽에 이르는 시기는 한국 불교가 개혁을 시도했던 시대라고 단정해도 과언이 아니라면서, 지난날의 고착된 불교는 폐단뿐이어서 국가사회를 구제할 수 없다고 깨달은 선각자들이 한결같이 불교를 개혁해야 한다고 부르짖었다고 하였다. 그리고 대표적인 개혁의 움직임으로 백용성의 대각교(大覺敎) 운동, 백학명(白鶴鳴)의 반농반선(半農半禪) 운동, 박한영의 포교현대화 운동, 송경허(宋鏡虛)의 격외선(格外禪) 생활화 운동, 한용운의 조선불교유신론, 박중빈의 조선불교혁신론을 열거하고 있다.49)

---

48) 朴漢永, 〈佛敎의 興廢 所以를 探究할 今日〉, 《海東佛報》 제4호(1914. 2), 《韓國佛敎雜誌叢書》 제17권, 239쪽.

49) 한기두, 〈불교유신론과 불교혁신론〉, 《한국근대민중불교의 이념과 전개》(한길사, 1980), 233~234쪽.

유병덕(柳炳德)은 일제시대 항일불교운동으로서 송경허(宋鏡虛)·신혜월(申慧月)·방한암(方漢岩)·송만공(宋滿空) 등의 전통불교수호운동, 백용성·박한영·한용운 등의 사회정화운동, 이능화·박한영·권상로 등의 학자불교운동으로 부류 지은 바 있다.[50]

양은용은 당시의 불교개혁이 몇 사람 선각자들의 이론이나 행적에 한정된다기보다는 한 시대를 풍미한 불교사조로 파악되어야 한다고 규정하면서,[51] 불교개혁은 불교교단의 전통적인 모습에 대한 반성과 함께 새로운 존재태를 추구하는 강한 실천이념을 제시하는 두 가지 성격을 지니고 있는데, 전자인 반성의 모습은 상실한 사회적 교화력을 회복하기 위한 노력이며, 후자인 새로운 실천이념은 변화된 사회상에 알맞는 제도이념의 실천적 전개를 뜻한다고 보았다.[52]

한편 한국 근대사에서 그 전기에 해당하는 1870년대의 문호개방으로부터 1910년대에 이르기까지의 불교사를 일본의 침략에 대한 저항운동이라는 측면과 불교계 자체의 근대적 개혁운동이라는 측면에서 전개되었다고 보고, 전자는 일본 불교의 침투를 한국 불교의 전통을 말살하는 것으로 보아 전통 불교의 수호에 나선 경우이며, 후자는 개화사상의 영향과 일본 불교의 포교방법을 배워 한국 불교의 혁신을 통해 근대적 불교로 전환을 모색해야 한다는 경우로 규정하는 의견도 있다.[53]

김광식(金光植)은, 근대 불교개혁론은 개화기부터 1940년대까지 꾸준히 제기된 당시 불교계의 '화두'였으며, 근·현대 불교의 핵심적인 담

---

[50] 유병덕, 〈일제시대의 불교〉, 《근대한국불교사론》(민족사, 1992), 157~179쪽.

[51] 양은용, 〈권상로 불교개혁사상의 연구〉, 《한국종교사상의 재조명》(원광대출판국, 1993), 437쪽.

[52] 양은용, 〈근대 불교개혁운동〉, 《한국사상사대계》 6(한국정신문화연구원, 1993), 139~140쪽.

[53] 김창수, 〈한국근대불교계의 개혁운동〉, 《佛教史學論文集》(동국대, 1988), 307쪽.

론이었다고 규정하면서 조선 후기 이래의 낙후되었던 불교를 발전·개혁·유신시키려는 노력이 교단 안팎에서 꾸준히 제기되면서 다양한 의견이 펼쳐졌던 것이니, 불교개혁론은 당시 불교계의 현실과 모순을 단적으로 보여주고 있다고 하였다.54)

이상 여러 학자들의 의견을 종합해 볼 때 근대 한국 불교는 개혁에 대한 논의를 중심축으로 하여 진행되어 왔다고 볼 수 있다. 요컨대 근대 한국 불교에서는 개혁이 이념적으로나 실천적으로 당위적 사명으로 자리잡고 있었으며, 적어도 한 시대를 관통하는 패러다임으로서 모든 불교인들에게 직·간접적인 영향력을 행사했다고 보는 것이다.

그렇다면 근대 한국 불교계에 개혁의 거센 물결이 일게 된 가장 결정적인 계기는 무엇이었을까? 그것은 무엇보다도 1905년 러일전쟁 전후에 우리나라 지성계를 강타했던 사회진화론의 생존경쟁원리에서 찾아야 할 것으로 본다. 불교계에서 사회진화론의 수용은, 종교경쟁 속에서 불교의 생존을 담보하기 위해서는 전통 불교를 어떻게든 시대에 알맞게 개혁해야 한다는 시대사조를 형성하였던 것이고, 개혁은 비판을 전제로 하는 것이므로, 바로 여기서 불교 스스로에 대한 비판정신이 싹튼 것이라고 할 수 있다. 더욱이 1887년 이른바 한불수호통상조약으로 인한 신교의 자유는 한국의 종교사에서 일찍이 경험해 보지 못했던 종교다원주의적인 환경을 조성함으로써, 이제 불교를 여러 종교 가운데 하나로 볼 수 있는 객관적인 시각이 생겨나기 시작한 것이라고 할 수 있다.

국교가 인정되지 않고, 종교와 정치는 분리된다고 하는 것은 전통 불교의 입장에서 볼 때 일찍이 경험해 보지 못했던 새로운 상황이며, 이

---

54) 김광식, 〈근대 불교개혁론의 배경과 성격〉, 《종교교육학 연구》 제7권(한국종교교육학회, 1998), 51쪽.

러한 상황에 적응하느냐 못하느냐가 불교의 정체성 확립에서 관건이
된다고 볼 수 있다. 그런데 바로 전시대의 혹독한 탄압으로 인해서 이
러한 시대적 상황을 충분히 관조하고 적절하게 대응할 만한 준비를 갖
추지 못했던 불교가 새로운 자기 정체성의 확립에 어려움을 겪는 것은
어떻게 보면 당연한 일이었는지도 모른다. 당시 불교로서는 기독교의
급속한 발전을 지켜보면서 어떻게든 자기 개혁을 단행하여 경쟁력을
회복하는 것이 최대의 급선무였다고 할 수 있다. 따라서 불교 지식인들
은 당시 일세를 풍미했던 사회진화론에 관심을 가지고 이를 불교에 적
용하려 했던 것이다. 그리하여 사회진화론은 불교계 전반에 하나의 화
두처럼 유행하게 되었고, 불교개혁 패러다임의 사상적 기반으로 작용
했다고 볼 수 있다.

결국 당시 불교계의 사회진화론 수용은 불교가 다른 종교와의 경쟁
에서 살아남기 위해서는 구태한 불교를 새롭게 개혁해야 한다는 시대
사조를 자연스럽게 형성한 것으로 보인다. 《조선불교월보》를 비롯한
당시의 불교 잡지들에 실린 글들을 보면, 거의 대부분이 불교의 '진화'
또는 '개혁'을 주장하고 있어,[55] 당시에 개혁 패러다임이 불교인들 사
이에 광범위하게 영향을 끼치고 있었음을 알 수 있다.

결국 근대의 불교는 개혁의 패러다임이 지배했던 시기라고 규정할
수 있을 것이다. 1895년의 입성해금으로 말미암아 신교의 자유를 획득
했지만 과거 경험해 보지 못했던 다종교 상황 속에 내던져진 한국 불교
는 특히 기독교의 급속한 전파에 경계심을 갖게 되었고, 사회진화론의
생존경쟁원리는 더욱 위기감을 부추김으로써 불교개혁의 패러다임이

---

[55] 한국 불교의 개혁을 강조하고 있는 대표적인 글로서는 金寶輪, 〈朝鮮佛教를 可以維新할
今日이여〉, 《朝鮮佛教月報》 제11호(1912. 12)와 崔東植, 〈變者는 佛教의 公理論〉, 《朝鮮
佛教月報》 제13호(1913. 2) 등이 있다.

형성되었던 것이다. 이것은 1,600여 년의 한국불교사에 일찍이 없었던 주목할 만한 현상으로서 새로운 시대에 적응하기 위한 자기 정체성 확립의 노력이라고 할 수 있다. 물론 이때에 제기되었던 개혁의 논의와 실천들이 아직 완성되지는 못했지만, 한 차원 높은 발전을 위한 자기비판과 방향 모색의 화두를 던졌다는 의미에서 근대 한국 불교 패러다임의 형성은 불교사적으로도 중요한 의의를 갖는다고 할 수 있다.

3.2. 이념적 성격과 한계

개혁의 당위성이 광범위한 공감대를 형성하는 분위기 속에서 이를 이론적으로 체계화하여 최초로 개혁 패러다임의 이념을 형성한 것은 퇴경 권상로(權相老)였다. 그는 1912년 4월부터 그가 사장으로 발행을 책임지고 있던 《조선불교월보》를 통해 〈조선불교개혁론〉[56]을 연재하였는데, 한용운의 《조선불교유신론》이 간행된 것이 1913년 5월이니까 권상로의 불교개혁론은 실질적인 의미에서 최초의 불교개혁론인 셈이다.

그의 불교개혁론의 내용상 특징을 간단히 지적하면, 첫째, 이 논문에는 '조선불교진화자료'라는 부제가 달려 있어 사회진화론에 따르는 종교경쟁을 입론의 근거로 삼고 있음을 분명히 하고 있다는 점, 둘째, 조선 불교의 폐쇄성에 대한 신랄한 비판을 전제로 개혁의 불가피성을 역설하고 있다는 점, 셋째, 불교의 평등주의에서 불교개혁의 최고이상을 발견하고 있다는 점,[57] 넷째, 단순히 시급한 발등의 불이나 끄자는 정

---

56) 그의 〈조선불교개혁론〉(朝鮮佛教改革論)은 《조선불교월보》 제3호(1912. 4)부터 제18호 (1913. 7)까지 약 1년 동안 총 12회에 걸쳐서 연재되다가 미완(未完)으로 끝났다.
57) 그는 불교의 원리에 대해 "自覺과 覺他가 원만하여지는 滿覺을 목적으로 삼고 一切 衆

도의 작은 모사(謀事)가 아니라, 적어도 석가가 불교를 열고 달마가 선
종을 개창한 것처럼, 근본적인 의미에서 종교개혁을 추구하고 있다는
점, 다섯째, 제도적 개혁 이전에 믿음, 즉 신근(信根)을 확고히 하는 정
신개혁을 강조하고 있다는 점, 여섯째, 제도적으로 하나의 재단(財團)으
로 단합해야 함을 강조했다는 점, 일곱째, 교리를 연마하기 위한 교육
제도의 개량을 구체적으로 제시하고 있다는 점 등이다.

　권상로의 불교개혁론은 무엇보다도 교계 최초로 개혁 논의에 불을
지피고 개혁의 당위성을 계몽하는 역할을 했다는 데 의의가 있다.[58] 사
실 그의 개혁론은 구체적인 방안 제시보다는 거의 대부분 현실비판과
개혁의 당위성, 그리고 정신적인 각성을 촉구하는 것으로 이루어졌다
고 할 수 있다.[59] 특히 권상로 자신이 전통 강원(講院) 교육을 통해 성
장했으면서도 전통 불교학을 상당히 비판적으로 보는 점이 주목되는
데, 치열한 종교경쟁에서 불교가 승리하기 위해서는 지난날 불교계의
구습을 철저히 타파해야만 함을 주장하고 있다. 또한 양계초의 신사학
에 영향을 받아 ‘단체’를 중시함으로써,[60] 1920년대부터 본격화되는 교
단통할기관 건설운동에 이론적인 근거를 제시했다고 할 수 있다.

生이 다 같이 成佛하는 것으로 究竟을 삼는 데 있다”고 하는 등 자신의 평등주의적 불교
　사상을 명백히 밝히고 있다.(權相老, 〈佛敎의 原理〉, 《退耕堂全書》 제8권, 133쪽)

[58] 《조선불교월보》에 개혁론이 연재되면서 교계에 상당한 반향을 불러왔는데, 朴仁皙,
　〈讀佛敎改革論하다가 竊附己意〉[《朝鮮佛敎月報》 제10호(1912. 11), 31~32쪽] 같은 글은
　권상로의 개혁론을 찬양하는 대표적인 글이라고 할 수 있다.

[59] 이것은 그가 개혁론을 연재하다가 중도에 그쳤기 때문이라고도 볼 수 있다. 그 뒤에
　좀 더 구체적인 방안이 제시되었을 것으로 기대되지만, 그로서는 개혁론을 확산하고 광
　범위한 동의를 얻는 데 만족하였던 것이 아닌가 생각한다.

[60] 양계초는 역사를 개인보다는 단체의 진화를 살피면서 법칙을 구해야 하는 것으로 보고
　있는데, 권상로는 이를 불교적으로 해석하여 단체는 불교로, 진화는 생존경쟁이 중심이
　되는 사상으로 파악하였던 것이다. 이에 대해서는 이재헌, 〈근대 한국불교학의 성립과
　종교인식〉(한국정신문화연구원 한국학대학원 박사논문, 1999), 27~30쪽을 참조.

결국 그의 불교개혁론은 당시로서는 상당히 선구적이었다는 데 가장 큰 의의를 부여할 수 있지만, 한용운처럼 지속적인 실천운동으로 승화되지 못하고 이론적인 천착에 그쳤으며, 오히려 1937년 중일전쟁 이후에는 완전히 반동화되어 일제에 순응하는 친일적인 방향으로 선회하였다는 데 문제가 있고, 이것이 그의 불교개혁론의 한계라고 할 수 있다. 또한 그의 불교사상은 철저하게 현실적이요 현상에 따른 활용을 중시하는 원융적인 성격을 가지고 있는데, 이것은 개혁이 시급히 요청되는 당시 불교계에서 활용의 가능성이 많았던 것이지만, 또 한편 일제강점기에 총독부라는 현실적인 권력에 쉽게 빠져버릴 수밖에 없었던 조건이기도 했다. 실제로 그는 일본 불교의 종문(宗門), 또는 교학의 개혁에서 큰 영향을 받았는데,[61] 특히 당시 일본의 제국주의적 국가 불교에 영향을 받아 국가권력과 밀접한 관련을 갖는 한국 불교의 제도적 개혁에 관심을 가졌던 것으로 보인다. 일본 불교를 모델로 하는 이러한 불교개혁론은 일본의 식민지정책에 따른 사찰령에 이용당하면서 이후 한국 불교를 왜곡시킨 하나의 원인으로 작용하게 된다.

권상로에 이어 불교개혁 패러다임의 대중적 확산 및 이념 형성에 기여한 이는 한용운이다. 그는 1913년 5월에 《조선불교유신론》을 출간했는데, 이때는 권상로가 《조선불교월보》에 개혁론을 연재하고 있었던 바, 한용운의 유신론이 나옴으로써 불교개혁의 패러다임은 더욱 확고하게 대중들 사이에 자리잡은 것으로 보인다.

---

[61] 권상로는 《조선불교월보》 제3호부터 18호까지 16회에 걸쳐서 대승비불설(大乘非佛說)을 주장했던 일본의 유명한 불교학자 무라카미(村上專精)의 《불교통일론》(佛敎統一論)을 번역 연재하였는데, 이는 불교 교학을 혁신해서 각 종파를 통일하자는 주장으로, 권상로뿐만 아니라 한용운·이능화 등 당시 우리나라 불교학자들에게 큰 영향을 끼친 것으로 보인다.

《조선불교유신론》의 특징을 지적하면 다음과 같다. 첫째 불교가 다종교 상황 속에 놓여 있는 여러 종교 가운데 하나라는 분명한 인식을 가지고 비교종교학적인 시각 아래에서 논의를 펴고 있다는 점, 둘째 우승열패·약육강식의 사회진화론에 입각하여 유신론을 주장하고 있다는 점, 셋째, 불교의 평등주의·구세주의에 개혁의 이상을 두고 있다는 점, 넷째, 유신에 앞서 한국 불교 1,500여 년의 폐단을 철저히 파괴해야 한다는 강력한 현실비판의식을 보여주고 있다는 점, 다섯째, 승려 교육의 진흥을 강조하고 있다는 점, 여섯째, 참선법을 고치고 염불당을 폐지하여 불교의 본질 회복을 주장하고 있다는 점, 일곱째, 포교를 중시하고 포교사의 자격요건을 제시하고 있다는 점, 여덟째, 사원의 위치를 도회지로 옮기고, 석가상을 제외한 모든 소회(塑繪)를 제거하며, 재공양(齋供養)과 제사와 같은 각종 의식을 간소화함으로써 불교의 종교적 본질 회복을 주장하고 있다는 점, 아홉째, 개걸생활(丐乞生活)의 중지와 승려 취처(娶妻)의 허용, 그리고 주직(住職)의 선거 등 시대에 맞는 불교 발전책을 꾀하고 있다는 점, 열째, 승려의 단결을 촉구하고 교단통할기관의 설립을 주장하고 있다는 점 등이다.

권상로의 불교개혁론이 개혁의 당위성을 계몽하고 정신적 각성을 촉구한 것이라고 한다면, 한용운의 불교유신론은 그러한 공감대 위에서 개혁의 구체적 방안을 제시한 것이라고 볼 수 있다. 그 주제는 한마디로 '시대에 맞는 불교의 종교적 본질 회복'이라고 본다. 기독교와 서양철학, 그리고 사회주의의 반종교사상 등과 경쟁해서 승리하기 위해서는 불교도 상황에 알맞게 변화해야 한다는 파사현정(破邪顯正)의 기조 위에서 개혁론을 펴고 있는 것이다. 특히 염불당 폐지, 사찰 소회의 제거, 의식 간소화, 걸식 금지, 취처 허용 등은 당시로서는 상당히 파격적인 주장이었던바, 유신론의 급진적 경향을 보여주는 것이라고 할 수 있다. 또한 교단 통할기관의 필요성에 대한 주장은 그가 1931년에 발표한 〈조선불교개혁안〉에서 더욱 구체화되는데,[62] 이것은 1920년대 초 조선불교유신회의 정교분립운동, 1920년대 말의 종헌(宗憲)제정운동, 그리고 1930년대의 총본산건설운동으로 이어지는 불교개혁운동의 이념적 토대로 작용하게 된다. 결국 그의 개혁안을 주목하게 되는 것은 유신론 이후 개혁에 대한 입장이 변질되지 않고 〈조선불교개혁안〉을 비롯한 그의 논설에 일관되게 나타남은 물론, 항일을 위한 실천운동에 꾸준히 참여함으로써 불교개혁사상을 실천해 나갔기 때문이다.

다만 그가 〈조선불교유신론〉을 저술했던 1910년대 그의 민족의식은 어느 정도 한계를 가졌던 것으로 보인다. 가장 단적인 예로, 그는 1910년 승려의 취처를 허용해 달라는 건백서(建白書)를 데라우치(寺內正毅) 통감에게 제출하는데, 이것은 일제 통감부라는 현실적인 정치권력에 의존하려 했다는 점에서 그의 민족의식의 한계를 지적하지 않을 수 없다. 이것은 그가 불교계의 항일 및 청년운동을 주도하고 사찰령 철폐를 주장했던 훗날의 행적과 비교할 때, 다소 모순되는 점이라고 하겠다. 결국 그의 불교유신론은 어느 정도 일본 불교의 발전상을 모델로 한 면이 있는 것이 사실이다. 그는 1908년에 일본 시모노세키·미와지마·교토·도쿄·닛쿄 등지를 유람하고, 도쿄에서는 조동종대학(曹洞宗大學)에서 불교와 서양철학 강의를 듣기도 하는데, 여기서 일본 불교의 발전상에 깊은 인상을 받았던 것으로 보인다. 취처허용 주장도 사실은 일본 불교의 모습에서 힌트를 얻은 것 같다. 더욱이 근대 한국 불교 왜곡의 결정적 사건인 1911년의 사찰령 반포에 대해서 전혀 언급하고 있

---

[62] 그는 이 글에서 통일기관은 31본산 주지의 임면권을 가져야 하며, 각 사법을 개정하여 통일기관의 명령에 복종하도록 해야 한다고 주장한다.

지 않은데, 이것은 그가 당시에 일본의 제국주의적 종교정책과 국가불교의 속성을 제대로 파악하지 못하였음을 반증하는 것이다. 그리하여 교단 통할기관의 설치 같은 주장도 그의 의도와는 달리 친일 권력승에 이용당하면서 일제 당국의 종교정책, 즉 사찰령에 순응하는 분위기를 조성하였고, 한국 불교를 관료주의, 행정적 편의주의에 빠지게 하는 결과를 낳았던 것이다.[63)]

한편 1910년대에 권상로와 한용운 등이 제기하였던 불교개혁론은 일제의 사찰령과 거기에 순응하는 보수 기득권층의 확산으로 점차 생기를 잃고 만다. 1920년대에 들어 이러한 상황에 대한 비판의 기운이 젊은 승려들을 중심으로 일기 시작했는데, 그것은 1920년 6월의 조선불교청년회 창립과 1921년 12월의 조선불교유신회 창립으로 구체화된다. 근대 한국 불교에 진보와 보수가 분명하게 갈라지기 시작한 것이 바로 이때부터라고 할 수 있다. 이영재(李英宰)의 〈조선불교혁신론〉(朝鮮佛敎革新論)은 조선불교청년회의 불교유신운동이 한창이던 1922년에 11월부터 12월까지 27회에 걸쳐 《조선일보》에 발표된 것이다. 니혼대학(日本大學) 종교과에 재학하면서 1921년 재일조선불교청년회 창립시 간사로서 주도적 역할을 하였던 그였기에, 이 혁신론은 재일 불교청년들의 입장을 반영하고 있음은 물론, 조선불교청년회의 이상과도 궤를 같이하는 것이라고 볼 수 있다. 따라서 혁신론은 무엇보다도 일제 사찰령 및 본말제도(本末制度)의 부정에서 출발하고 있다. 그리고 개혁의 준비로서 바른 믿음, 즉 영적(靈的) 혁명을 강조한 데에서 종교학도다운 면모를 발견할 수 있다.

---

63) 그러나 한용운은 3・1운동 이후 1920년대부터는 민족의식에 질적인 변화를 보이는데, 정교 분립과 사찰령 철폐를 줄곧 주장하는 등 유신운동의 선봉에 섬으로써 1910년대의 한계를 대부분 극복하였다고 할 수 있다.

〈조선불교혁신론〉의 가장 두드러진 특징은 무엇보다도 법국의 건설에 있다 할 것이다. 민주공화정을 기준으로 교헌(敎憲)을 제정하여 교체(敎體)를 통일할 것을 주장하였는데, 그러기 위해서는 석가모니불을 중심으로 본존(本尊)을 통일하고 대승 경전을 중심으로 종학(宗學)을 통일하며, 의식을 간결하게 통일해야 한다는 것이다. 또한 교단을 통일하기 위해 중앙집권적인 재단을 설립하되 3권을 분립하고, 지방은 몇 개의 교구로 나누며, 그러한 일사불란한 조직을 바탕으로 포교와 교육, 경제 자립, 그리고 사회사업의 혁신을 기하자는 것이다.

이러한 이영재의 혁신론은 많은 부분에서 한용운의 유신론을 계승하고 있다. 다만 그것을 특히 통일적인 교단 건설에 초점을 맞추어 구체화시키고, 청년들을 중심으로 하는 유신운동의 전개라는 당시의 시대 상황에 맞추어 자신의 견해를 피력한 것이라고 할 수 있다. 따라서 전 시대의 한계를 어느 정도 극복하였다는 데에 의의를 둘 수 있으며, 그 뒤의 불교개혁운동에도 일정 부분 영향을 끼쳤다고 평가된다. 그러나 사찰령 철폐를 촉구하면서 일제 당국자와 타협적인 태도를 강조하는 부분64)에서는 아직도 일제 식민통치의 본질을 파악하지 못한 면을 보여주고 있고, 그가 말하는 법국의 모티브가 천주교 조직을 염두에 둔 것으로 보이는바, 불교인으로서의 자기 주체성의 한계를 지적할 수 있다.65) 요컨대 이 당시만 해도 아직까지 불교의 정체성 확립이 이루어지

---

64) 그는 "그럼으로 佛敎徒는 諸般 改革과 同時에 寺刹令 改廢運動에 對하야 至善의 手段을 講究할 絶對의 必要가 잇다. 담은 이에 對하야 注意할 것은 이 問題를 다른 問題와 混同하야 一이나 二나 當局에 反抗함은 執事者의 策略이 안이다. 可及的 妥協的 態度로 主義를 貫徹하야 宗敎上 問題를 神聖하게 解決할 것이다"라고 말하였다.(〈朝鮮佛敎革新論〉 11,《朝鮮日報》 1922년 12월 4일자)
65) 그는 본존(本尊)의 통일을 주장하는 논리에서도 "불교가 諸神繪像을 奉安하야 他敎에서 偶像崇拜라는 誹謗을 甘受하야 가면서 이것을 供儀할 必要는 秋毫도 업다"고 말하여 기

지 않고 있음을 보여준다.

이상 권상로·한용운·이영재 세 사람을 중심으로 불교개혁 패러다임의 이념적 성격을 살펴보았다. 각자에게 주어진 시대적 사명에 따라 강조하는 부분은 약간씩 다르겠지만, 공통되는 의의를 꼽는다면 다음과 같다.

첫째, 개혁의 전제조건으로서 한결같이 불교인의 정신적 자각을 촉구하고 있다. 신근(信根)의 확립, 정신적 단결, 또는 영적 혁명 등 무엇보다도 불교 본연의 사명이 무엇이고, 불교인이라는 긍지를 지닐 수 있는 요소가 무엇이냐를 자각시키는 일에 최우선의 가치를 두었다는 것이다. 조선 500년 동안 압제를 당했기에 대부분의 불교인들이 불교 본연의 사명 자각과 불자로서의 자부심이 약했기 때문이다. 따라서 이들의 불교개혁론은 새 시대 불교의 바람직한 존재 양태, 즉 불교의 정체성 확립을 목표로 했다고 볼 수 있다.

둘째, 개혁의 실천과 관련하여 통일적인 교단의 건설을 한결같이 강조하고 있다. 재단의 개혁을 제일 먼저 촉구한 것은 권상로였지만, 본산(本山)제도를 인정하는 바탕 위에서 총본산(總本山)의 건설을 제안함으로써 이를 현실화시킨 것은 한용운이었으며, 사찰령을 완전히 부정하고 민주공화정을 기준으로 진리의 법국을 그려본 것은 이영재였다. 교단건설운동은 근대 한국 불교사의 흐름을 결정한 가장 핵심적인 사안이었던바, 그 이론적 근거는 바로 이들의 불교개혁론에서 제시된 것이며, 또 그러한 방향으로 불교계의 여론을 이끌어 나갔다고 보아도 좋을 것이다.

독교의 불교 비판에 대해 상당한 신경을 쓰고 있다.(〈朝鮮佛敎革新論〉 15, 《朝鮮日報》 1922년 12월 8일자)

셋째, 불교개혁의 구체적인 방법론으로서 포교를 중시하고, 포교의 진흥을 위해서 교육을 강조하였다. 권상로가 교육기관의 개량을 네 가지 측면(師範, 書籍, 體制, 場所)으로 제시한 이래, 한용운이 승려교육의 급선무로 보통학, 사범학, 외국 유학의 세 가지를 제시했고, 이영재는 특히 외국 유학에 중점을 두어 교육의 혁신을 주장하였다. 이들이 교육을 강조한 점은 이후 한국 불교의 일반적인 인식이 되는데, 그것은 불교가 다른 종교와의 경쟁에서 승리하고 세계문명과 어깨를 나란히 하기 위해서는 불교개혁의 주체로서 청년 인재를 길러내지 않으면 안 된다는 공통의 인식이 있었기 때문이다.

넷째, 불교개혁론의 사상적인 기초로서 한결같이 불교의 평등주의를 강조하였다. 이것은 서양에서 들어온 민주주의 평등 이념의 원초적 형태를 불교사상 속에서 발견하고자 했던 것으로, 서구 문명에 대한 당시 불교 지식인의 일반적인 반응 형태였다. 이것은 불교인으로서 주체성의 표현이라고도 하겠지만, 한편 불교가 근대화에 발맞추기 위해서는 불교의 평등주의를 회복하고, 그것을 현실에 적용해야 된다고 본 것이라고도 할 수 있다. 이것은 그들의 불교사상이 세간법(世間法)과 출세간법(出世間法)을 하나로 보는 원융적인 성격을 가졌음과도 관련이 있다. 요컨대 현실적인 세계 지배논리인 서양 사상과 전통 불교와의 화해를 시도하였다는 점이다.

한편 이들의 불교개혁론에는 몇 가지 한계도 드러나고 있다. 첫째, 불교를 어떻게든 개혁하려 한 것은 좋았지만, 개혁의 모델을 설정하는 과정에서 일본 불교의 영향을 받은 면이 많이 보인다는 점이다. 앞에서도 지적했듯이 적어도 1920년대까지는 불교계에 친일이냐 항일이냐 하는 대립 개념은 존재하지도 않았던 것으로 보인다. 1895년의 입성해금(入城解禁) 이래 한국 불교의 지위를 높여 준다는 미명 아래 은밀하게 진행된 제국주의적 불교동화정책의 본질을 간파할 수 없었던 한국 불교로서는, 일본 불교에 대한 호감과 고마움이 널리 퍼져 있었고, 합방 이후에는 현실적인 정치권력으로 인정하면서 한국 불교를 개혁하려면 일제의 승인을 얻어야 한다는 것이 일반적인 인식이었다. 더구나 일본 사회에서 불교 승려들이 높은 대우를 받는 것을 보고는 일본 불교를 동경하였고, 근대화의 충격을 나름대로 소화하여 사상적 교학적인 근대화를 이룩한 일본 불교를 통해서 근대화에 대한 대응방안을 모색하려 하였다.[66]

특히 실제로 일본을 시찰하거나 거기서 수학한 경험이 있는 이들 세 사람이 일본 불교의 영향을 매우 강하게 받았으리라는 것은 쉽게 짐작이 가는 일이다. 따라서 그들의 불교개혁론에는 일본의 제국주의적 속성을 충분히 깨닫지 못한 면이 많이 보이며, 그러했기에 그들이 가장 강조했던 통일교단 건설 주장도 일제 사찰령에 이용당하면서 왜곡되는 결과를 낳았다고 할 수 있다. 결국 불교개혁 패러다임의 이념을 형성했던 이들 개혁론자들이 일본 불교를 개혁의 모델로 선택할 수밖에 없었다고 하는 점은, 이후 한국 불교의 왜곡과 정체성의 미확립에 일정 부분 원인 제공을 했다는 점에서 한계로 지적하지 않을 수 없다.

둘째, 이들의 개혁론에는 다른 종교, 특히 기독교의 확산을 경계하는 면이 많이 보이는데, 그것이 너무 지나쳐서 불교의 전통을 버리고 오히려 그것을 모방하려는 경향마저 보인다는 점이다. 물론 다른 종교에서도 좋은 점은 배워야 하겠지만 그러한 모방이 혹시 불교 고유의 특징과 장점을 내버리는 것은 아닌가 하는 데에는 의문의 여지가 있다.

---

[66] 사실 근대 초기에 유대치와 이동인 등이 일본의 불교문화와 개화사조를 소개한 이래, 불교계에서는 일본이 근대사상과 학문의 수입 통로로써 지속적인 영향을 미쳤다고 하는 것은 잘 알려진 사실이다.

예컨대 석가상을 제외한 모든 소회를 없애자는 것은 천주교 측의 우상숭배라는 비판을 의식한 것인데, 이것이 혹 불교의 문화적 포용성을 해치는 것은 아닌지, 또한 법국의 건설 같은 주장은 천주교의 조직을 염두에 둔 것인바, 이것이 불교 현실에서 과연 가능한 일인지 하는 점 등이다. 이것은 한국 불교가 정치적인 억압에서 풀려나 근대적인 다원 종교 상황을 맞이하면서 타종교에 대한 경쟁의식 속에 허덕이기는 했지만, 과연 진정한 자기반성과 본질적인 성찰이 있었는가 하는 의문을 갖게 한다.

3.3. 실제적 구현과 한계

근대적 개혁에 대한 불교계의 광범위한 공감 속에 제기되었던 불교개혁의 이론들은 다양한 실천운동으로 전개되었는데, 그 흐름을 크게 나누면 다음과 같다.

첫째, 이능화·권상로·박한영·김영수(金映遂; 1884~1965) 등으로 대표되는 교육제도 및 불교학의 근대화 운동, 둘째, 한용운과 백용성(1864~1940) 등으로 대표되는 항일민족운동, 셋째, 1921년 선학원(禪學院) 설립으로 구체화된 선종진흥운동, 넷째, 백용성의 대각교와 박중빈(1891~1943)의 불법연구회(圓佛敎의 전신)로 대표되는 신불교운동의 대두 등으로 요약할 수 있다.

그러나 불교개혁의 실천적 전개로서 가장 중요한 흐름은 무엇보다도 불교교단건설운동이라고 보아야 할 것이다. 위에서 지적한 네 가지 흐름도 따지고 보면 교단건설운동과 밀접한 관련을 가지고 전개된 것이라는 점에서 이 문제가 다른 모든 개혁운동의 핵심이라고 보아도 무방

할 것이다.

고려시대까지 다양한 종파로 발전해 오던 한국 불교는 조선시대 불교 탄압의 일환으로 강제적인 종파 통합을 당하면서 무종·무맥의 산중불교시대로 접어든다. 숭유억불정책에 의해 정치적인 박해를 받아오던 한국 불교가 다시 국가의 관리를 받기 시작한 것은 대한제국 정부가 1899년에 원흥사를 세우고 1902년에 사사관리서(寺事管理署)를 두게 되면서부터이다. 이것은 개항 이후 일본 불교의 활발한 포교활동에 대한 일종의 견제정책으로, 종교 자체의 논리보다는 정치적인 고려가 크게 작용한 것이었다.

그러나 오랜 동안 국가권력으로부터 소외되었던 불교로서는 국가의 보호를 받게 되었다는 사실이 새로운 희망을 갖게 하기에 충분하였다. 그러나 여기서 바로 한국 불교에 불행의 싹이 텄다고 본다. 즉 오랜 동안의 정치적 박해로 입은 피해의식이 너무 컸기 때문에, 요컨대 정권과 밀착하여 권력의 비호를 받지 않고서는 정상적으로 존립할 수 없다는 일종의 강박관념에 사로잡혔기 때문이다.

그리하여 근대화의 물결을 맞이한 불교계의 급선무는 선종이든 교종이든 본질적인 자기반성과 교리적인 성찰보다는 어떻게든 국가권력의 인정을 받아야 한다는 것뿐이었다. 일제에 대해서도 그것이 이미 현실적인 정치권력으로 인정된 이상, 항거보다는 오히려 불교를 보호해 주고 정치적인 입지를 강화시켜 준 시혜자로 보는 경향이 컸다. 따라서 1906년 불교연구회, 1908년 원종종무원(圓宗宗務院) 설립으로 이어지는 교단 통할기관 설립운동은, 종교적인 논리보다 불교의 힘을 하나로 모아 정치적인 권리를 확보해 보자는 데 초점이 맞추어져 있었다.67)

---

67) 원종의 종정이 된 이회광이 일본 조동종과 연합을 시도한 것도 따지고 보면, 자신이

　그리고 원종에 대항해서 일어난 임제종 운동도 조동종보다는 임제종이 한국 불교의 법맥과 부합된다는 견해의 차이일 뿐, 일제라는 현실적인 정치권력을 부정한 것은 아니었다는 점에서 똑같은 한계를 드러내고 있다. 불교개혁 패러다임의 실천적 전개라는 의미를 갖는 교단 건설운동이 불교적 교상판석(敎相判釋)이나 교리적 반성이 아니라 정치적인 목적에 의해 시도되었다는 사실이 이후 한국 불교가 정체성을 확립하지 못하고 오늘에 이르기까지 부침을 거듭하게 된 중대한 원인으로 지적될 수 있다.

　한국 불교의 이러한 약점을 간파한 일제 총독부는 식민통치에 용이하게 한국 불교를 관리할 수 있다는 판단 아래 1911년 사찰령을 발포하게 된다. 이로써 교단 통할기관 설립운동은 중단되고 총독부가 직접 한국 불교를 관리하게 된다. 사찰령은 한국 불교에 수많은 폐해를 남김으로써 오늘날까지도 독소를 뿜어내는 최대의 악법이라고 할 수 있다. 사찰령이 남겨 놓은 폐해로는 여러 가지가 있겠지만, 본말사(本末寺) 관계를 종교적 차원이 아닌 행정적 편의주의로 떨어지게 함으로써 한국 불교의 관료화를 가져오게 되었다는 점과, 본산 주지의 권한 집중과 경제적 부로 인해 그들의 지계(持戒) 관념을 약화시킴으로써 개혁의지를 꺾고 타락의 길로 떨어지게 했다는 점을 들 수 있다. 예컨대 처음 사법(寺法)을 제정할 당시에 대처식육(帶妻食肉) 금지조항을 찬성하던 주지들이 세월이 지나면서 이 조항을 삭제하도록 청원하게 되었다는 것은 주지들의 타락상을 보여주는 단적인 예라고 할 수 있다. 이들 타락한 주지들은 입만 열면 불교개혁을 주장하면서도 사실은 교권을 유지하는

주도하는 원종의 인가를 총독부로부터 받아내려는 의도였던 것으로, 국가의 승인을 받지 않고서는 아무 일도 할 수 없다는 불교계 나름대로의 절박한 심정을 나타낸 것이 아니었나 생각한다.

데에 혈안이 되어 있었으며, 종권 장악을 위해서는 적극적인 친일행위도 서슴지 않았다. 이러한 결과는 총독부의 획일적인 지배정책에 아주 잘 부합하는 것으로 총독부의 의도대로 된 것이라고 볼 수 있다.

이처럼 사찰령은 근대 한국 불교의 개혁 패러다임을 왜곡시킨 악법이었음에도 당시 불교계 인사 가운데에 그 본질을 깨닫고 있던 사람은 별로 없었다. 불교계로서는 불교가 법적으로 국가의 관리를 받게 된 데서 오히려 적지 않은 안도감을 가졌을지도 모를 일이다. 당시 여론을 이끌었던 《조선불교월보》(朝鮮佛教月報)와 같은 불교 잡지의 논조만 보더라도 사찰령 찬양이 주조를 이룬다. 최소한 1910년대의 한국 불교는 이러한 역사인식의 부족이라는 공통 한계를 갖고 있다. 따라서 위에서 살펴본 바와 같이 권상로의 개혁론이나 한용운의 유신론도 이러한 시대적 한계를 그대로 드러내고 있다.

사실상 한국 불교의 개혁 패러다임이 성공하려면 사찰령 자체를 거부했어야 했다. 그러나 그렇게 하지 못한 이유는 위에서 지적한 대로 과거 정치적 박해에 대한 피해의식, 그리고 일제의 교묘한 종교정책 등도 있겠지만, 또 하나 지적할 수 있는 것은 새로운 시대에 대한 이해 부족이 아닐까 생각한다. 즉 정교분리의 시대라는 것을 알지 못하고 전통적인 정교일치시대의 사고방식에서 벗어나지 못하였다는 것이다. 그리하여 국가권력과 결탁해야 한다는 강박관념에 사로잡힘으로써, 현실적인 정치권력(그것이 비록 일제라 하더라도)을 부정하는 데까지는 이르지 못하였던 것이다.

역사적으로 볼 때 한국 불교는 최소한 조선시대 이전까지는 국가의 절대적인 후원으로 성장하였다고 해도 과언이 아니다. 체제를 옹호하고 그 외호(外護)를 바라는 편에 많이 섰지, 체제를 비판하고 개혁하는 일은 거의 드물었다. 이 점은 권상로가 그의 개혁론에서 잘 지적하였

다. 즉

依賴一性이 個個殉中하야 佛教를 信仰하는 國王大臣이 出世하야 外護를
極盡하거나 尊像寶塔이 靈異를 示現하야 外護가 輻輳하기만 默禱心祝하고
一個半個도 爲法犧牲하야 冒險用力한 者는 可謂無人하니……[68]

라고 하여 한국 불교의 의타성을 비판하였다.

이어 그는 중국의 경우를 예로 들어 비교하였는데, 즉 중국에서는 불
교에 대한 국가의 탄압이 있을 때마다 이에 항거하는 용상대덕(龍象大
德)이 많았다는 것이다. 즉 유빙(庾氷)이 사문(沙門)도 왕에게 절해야 한
다고 하자 여산(廬山)의 혜원(慧遠; 東晉代 白蓮社의 개조)은 《사문불경
왕자론》(沙門不敬王者論)을 저술하여 국가권력에 저항하였으며, 한유
(韓愈)가 불골표(佛骨表)를 지어 올리니 태전(太顚; 唐代 스님)이 조목조
목 따져서 반박하였고, 정영사(淨影寺)의 혜원(慧遠)과 지현(知炫; 隋代
스님)은 북주(北周)의 무제(武帝)가 불교를 폐지하고 도교를 숭상함에
대하여 항의하는 상소를 올렸으며, 그 밖에도 많은 승려들이 국왕이나
대신에게 대항한 사적이 남아 있다. 그는 만일 지난날 여러 스님들이
입을 봉한 채 자연에 맡겨두었더라면, 삼무일종(三武一宗)의 법란 이후
에 어찌 불법의 종자가 영원히 끊어져 없어지지 않음을 알겠는가라고
반문하였다.

이에 비해서 조선시대에 들어와 숭유억불정책을 누구 하나 항쟁하거
나 간언하는 사람이 없었으며, 500여 년 동안 단 한 사람도 다시 회복
시키려고 노력한 자가 없어서 달게 받아들이고 순종하여 따랐다는 것

---

68) 權相老, 〈朝鮮佛敎改革論〉, 《朝鮮佛敎月報》 제5호(1912. 6), 42~43쪽.

이다.[69] 결국 한국 불교사상 최대의 법난이라고 할 수 있는 조선시대의 억불책과 일제강점기의 사찰령에 대해 불교계 내부에서 정법(正法) 수호를 위한 조직적인 반발이 한 번도 없었다는 사실은 국가권력과 밀착된 한국 불교의 속성을 그대로 보여주는 것이며, 근대 한국 불교의 파행을 예고하는 것이나 다름없었다.[70]

한국 불교계에서 사찰령의 폐해를 깨닫고 이의 철폐를 주장하기 시작한 것은 1921년 청년들이 주축이 되어 조선불교유신회를 창립하면서부터이다. 이들은 정교분립을 주장하면서 사찰령을 폐지하여 불교 자체의 통제에 일임하라고 촉구하는 등 매우 진보적인 주장을 하였다. 다만 이들도 사찰령으로 인한 불교 전통의 파괴를 우려하는 것일 뿐 일제 자체를 부정하는 것은 아니었다는 점에서 일정한 한계를 갖는다. 애초에 이들의 주장은 산중공의제도와 같은 불교 전통을 회복하자는 순수한 의도였지만, 그것이 한국 불교 전체를 통할하는 기관 건설운동으로 발전하면서 주도권 다툼으로 변질되어 보수와 진보(敎務院과 總務院) 사이에 분쟁이 일어났다. 분쟁의 소용돌이 속에서 이회광과 같은 권승(權僧)들의 야욕이 드러나고, 물리력을 동원한 실력 대결로 추태를 보인 점, 그리고 종단의 분규를 세속법으로 해결하려고 했던 점들이 문제로 지적된다. 이러한 문제는 최근의 종단 분규에도 그대로 재현되어 불교 교단의 고질적인 병폐가 되고 있다.

이렇게 볼 때 전국의 사찰과 승려를 통할하는 중앙집권적인 기관이 꼭 필요한가 하는 의문이 제기된다. 일단 조직이 거대해지고 권력이 한 군데로 집중되면 명리(名利)에 관심이 있는 권승들이 모여들어 결국은

---

[69] 위의 글, 43~44쪽.

[70] 예컨대 해방 이후 불교정화운동이 이승만 대통령의 말 한마디로 시작되었다는 사실은 근대 한국 불교의 한계를 명백하게 보여주는 일이 아닐 수 없다.

썩게 마련이 아니겠는가? 이렇게 되면 종단의 운영권을 둘러싼 싸움이 생존권의 문제가 되고, 상호간에 양보가 없는 이전투구가 되게 마련이다. 그리하여 불교종단을 통로로 국가권력에 가까이 가려는 권승들은 일단 종단의 운영권을 잡으면 이른바 호국불교 운운하며 종단을 권력과 밀착한 방향으로 몰고가려 하였다. 이것은 또한 사찰령 이후 관료적인 지배체제로 변질된 종단조직과 그에 따른 행정적 편의주의 때문에 가능했던 일이라 하겠다.

결국 근대 불교개혁의 가장 중요한 흐름이었던 교단 건설운동은 역사적 사회적인 여러 한계로 인해 한국 불교에 많은 역기능을 남겼다. 그것은 정체성 확립을 위한 자기반성이나 교리적인 성찰 없이 단순히 교단 통할만 염두에 두었기 때문이다. 물론 부분적으로 그러한 자기성찰이 전혀 없었던 것은 아니다. 일제하에 교종을 칭하는 세력이 점점 많아지는 가운데 한국 불교의 왜색화(倭色化)를 막고 선종의 본래 면목을 회복하고자 일어난 1921년의 선학원(禪學院) 창립을 필두로, 강원(講院) 출신의 학인(學人)들이 주지 전횡을 타파하고 교학을 진흥하기 위해 시도했던 1928년의 '조선불교학인대회', 그리고 해방 직후 과거의 엄격하던 계율과 법식을 되찾아 불교의 변질을 막아야 한다는 취지로 송만암(宋曼庵)이 조직했던 고불회(古佛會) 등이 그런 노력의 일환이라 하겠다.

또한 1929년의 '조선불교 선교양종 승려대회' 때는 줄기차게 사찰령의 철폐를 주장하고, 1930년대 말의 총본산건설운동의 과정에서는 정교분리라는 기본인식 아래에서 총독부 인가를 신청할 필요가 없다고 주장했던 한용운의 인식은 높이 평가할 만하다.

3.4. 교훈과 시사점

오늘날 불교계의 현실에서 볼 때 모든 이들이 불교의 개혁을 갈구하고 있고, 더구나 21세기를 눈앞에 둔 시점에서 한국 불교의 바람직한 존재양태를 정립해야 함은 누구나 다 아는 바이다. 해방 이후 최근의 정화개혁(淨化改革)에 이르기까지 한국 불교는 아직도 일제시대에 제기되었던 개혁의 과업을 완성하지 못한 채 부침을 거듭하고 있어서 새로운 시대에 걸맞는 불교의 자기정체성을 확립하지 못하고 있기 때문이다. 이러한 시점에서 우리는 근대 한국 불교의 개혁 패러다임을 통해서 많은 시사점을 얻을 수 있으리라고 생각한다. 그때나 지금이나 상당한 위기요 전환기라고 하는 점에서 시대적인 유사성이 있고, 이론상 실천상의 한계와 그 변질과정을 통해서 미래 불교개혁의 이념 형성과 실천에서 중요한 교훈을 얻게 될 것이기 때문이다.

한국 불교사에서 근대는 개혁의 패러다임이 형성되었던 시대라고 규정할 수 있다. 그것은 종교다원주의 시대에 직면하여 기독교의 급속한 발전과 사회진화론의 생존경쟁원리로 인해 촉발된 한국 불교의 정체성 확립 운동이었다. 그 이념 형성은 권상로·한용운·이영재(李英宰)를 중심으로 이루어졌다. 물론 이 밖에도 백용성·박한영·송경허·박중빈 등의 개혁가들이 있었지만, 개혁론을 독립된 저술로 발표하여 그 흐름을 선도한 것은 이 세 사람이었고, 나머지는 실천적 움직임으로 묶을 수 있다. 이들의 불교개혁론은 그때그때 불교계의 흐름을 반영하고 있어서 많이 차이가 나지만, 무엇보다도 한국 불교사에서 그 유례가 없을 정도로 철저한 자기비판과 사상적인 방향 모색을 시도했다는 점에서 높이 평가된다. 다만 그들이 개혁론을 정립하는 과정에서 일본 불교를 모델로 하였기 때문에 불가피하게 역사인식의 한계를 드러내었고, 그에 따라 실천과정에서 변질되는 모습을 보여주었다는 점, 불교의 종교적 본질에 대한 충분한 재평가가 없었기 때문에 기독교와의 관계에서 문화적 주체성의 부족을 보여주었다는 점에서 어느 정도 한계를 드러내고 있다.

불교개혁론의 실천적 흐름 가운데 가장 중요한 것은 불교교단 건설운동이라고 할 수 있다. 그것은 종교적 동기보다는 불교를 세력화하여 정치적인 권리를 확보해 보자는 데 초점이 맞추어졌던 관계로 이후 한국 불교에 많은 역기능을 남겼다. 정교분리라는 시대 흐름에 어두웠던 데다가 전통적인 체제 옹호적 성격, 그리고 일제의 사찰령이 남겨 놓은 조직상의 관료화와 수행보다는 명리를 추구하는 권승들의 발호가 문제였고, 종단 운영권을 다투면서 물리력을 동원하고 세속법에 의지하려는 경향 등은 오늘날까지도 그대로 재현되는 불교교단의 고질적인 병폐이다. 최근에 '오늘과 같은 정교분리시대, 더 나아가 지방자치시대에 불교종단이 꼭 중앙집권적인 조직을 필요로 하는 것인가?' 하는 의문이 제기되는 것은 이러한 과거의 경험에 대한 반성을 기반으로 한 것이다.

한국 불교의 정체성 확립을 위해 시도되었던 불교개혁의 패러다임은 아직도 명쾌하게 해결이 안 된 채로 남아 있다. 지금까지의 논의에서 알 수 있는 교훈은 불교인들이 철저한 역사인식과 종교문화적 주체성을 가져야 한다는 것이다. 그런데 그것은 불교의 종교적 본질에 대한 철저한 성찰과 자부심이 있을 때에 가능하다. 이를 위해서는 무엇보다도 불교학의 진흥이 필요하다고 본다. 왜냐하면 학문을 통한 비판적인 자기의식이 없이는 진정한 개혁을 기대할 수 없기 때문이다. 그리하여 선종이든 교종이든 본질적인 재평가가 이루어질 때 불교개혁의 화두는 풀릴 것이다. 또한 제도적으로는 일제의 사찰령이 남긴 조직의 관료성을 청산하는 것과 함께 중앙집권적인 불교종단이 이 시대에 꼭 필요한가 하는 데 대한 근본적인 물음이 필요하다고 본다.

4. 근대 한국 불교학의 성립 과정

앞에서도 말했듯이 근대 한국 불교학은 조선 후기의 교학 발전에 바탕을 두고 있다. 근대화의 물결을 맞이하기 전부터 비록 뚜렷하지는 않지만 불교계 내부에서 근대화의 조짐이 일어났고, 이런 흐름은 바로 교학상의 발전으로 수렴되었다. 조선 후기의 교학 발전을 상징적으로 보여주는 것은 이때에 와서 불교계에 토론과 논쟁이 일어나기 시작했다는 사실인데, 사기(私記)의 간행을 중심으로 일어난 불심(佛心) 논쟁과, 선(禪)의 본질에 대한 이론적인 조명인 삼종선 논쟁 같은 것은 그 극치를 보여주는 예이다.

고려말에 간화선(看話禪) 위주의 선종이 한국 불교의 주도권을 잡은 이래 조선의 불교는 안팎의 원인으로 오로지 선 일변도로 명맥을 이어 왔고, 교학상 이론적인 발전의 모습은 기껏해야 유교도들의 공격에 대해 방어적인 유불회통론을 펼친 것이 전부였다고 할 수 있다. 따라서 조선 후기에 일어난 토론과 논쟁의 문화는 한마디로 교종의 부활이라고도 말할 수 있으며, 한국 불교의 정체성회복운동이었다고 할 수 있다. 아울러 토론이란 본래 주객에 대한 반성과 비판을 전제로 하는데, 근대 한국 불교학의 비판정신은 바로 여기서 비롯되었다고 해도 과언이 아니다.

이러한 교학상의 발전은 곧 실학자들과 학문적 교류를 가져왔고, 실학의 고증학적인 방법론에서 문헌을 대하는 학문적인 엄밀성을 배웠다고 할 수 있다. 이어 개화사상가들에게 현실개혁사상으로 매력을 끌었던 불교는 거꾸로 그들로부터 알게 된 일본의 세계적인 불교학 수준에 충격을 받았고, 서구로부터는 사회진화론과 종교학적인 방법론을 배웠다. 이것은 곧 불교계의 자기반성으로 이어져 불교개혁의 사조를 형성하였고, 그러한 개혁의 일환으로서 학문적으로 전통 교학의 근대적인 탈바꿈이 일어났으니, 곧 근대적인 학문방법론을 갖춘 새로운 학문으로서 불교학의 틀을 형성하게 된다.

그렇다면 근대 불교학과 전통 교학의 근본 차이점을 어디에 두어야 할까? 무엇보다도 전통 교학이 호교적 교리 연구나 훈고학적인 경전 탐구를 본령으로 하고 있다면, 근대 불교학은 객관적이고 과학적인 불교 연구라고 볼 수 있다. 그런데 객관적인 연구라는 것은 타자에 대한 인식 없이는 이루어질 수 없다. 누구든 다른 종교와 처음 접촉할 때 호기심을 느끼지 않는 사람은 없겠지만, 이것이 발전해서 종교다원주의적인 사고방식을 가질 때 진정한 객관적인 연구가 가능하다. 그런 점에서 이른바 '신교의 자유'로 인해 새롭게 조성된 한국적 종교다원현상은 객관적인 불교 연구, 즉 근대 불교학의 성립을 촉발하기에 충분한 동기를 제공했다고 볼 수 있다.[71] 여러 종교가 동등하게 공존하는 새로운 시대 환경 속에서, 그 동안 신앙의 대상일 뿐이었던 불교가 처음으로 학문적 탐구의 대상으로 인식되기 시작하였으니, 불교 자체에 대한 비판적 자

---

[71] 사실상 종교를 신앙의 대상이 아닌 탐구의 대상으로 여기고 다른 종교와의 객관적인 비교가 필수적이라는 인식은 서양에서도 19세기 말엽에 와서야 이루어진 것이다. 물론 그것은 세계 각지로부터 수집되는 자료를 통해 이방 민족의 다양한 종교 현상과 만났던 서양 기독교 사회의 문화적 충격과 밀접한 관련이 있다. 그러므로 종교학에서는 자기 종교 전통으로부터 어느 정도 초연할 것, 그리고 타인의 종교적 신앙과 행위에 대해 어느 정도 관심을 가질 것이 하나의 전제조건이 된다.

의식이 싹텄던 것이다.

한편 앞에서도 지적했던 것처럼, 종교학이 객관적이고 과학적인 연구가 되기 위해서는 적어도 세 가지 필수조건, 즉 동기·자료·방법이 충족되어야 하는데, 같은 원리가 불교학에도 적용된다고 본다. 특히 '과학적'인 연구라고 할 때는 방법론의 적용이 중요한 기준이다. 사실상 종교학이란 일단 적절한 동기가 갖추어진 뒤 자료가 축적되면서 그것을 처리할 방법을 모색하는 과정이라고 해도 틀리지 않기 때문이다.72)

종교학 초창기에 가장 각광받았던 방법론으로는 진화론과 비교법을 들 수 있는바, 이것은 불교학에도 그대로 적용되어 나타났는데, 특히 스펜서가 정립한 사회진화론이 사회적인 분위기를 형성해 주었다고 할 수 있다. 따라서 근대 한국 불교학은 한국의 불교를 사회진화론적인 진보사관에 입각하여 연구하는 작업, 즉 역사학적 접근방법에서 출발했다고 볼 수 있다. 당시 사회진화론은 국민들의 역사의식을 고양시켜 박은식·장지연·신채호·정인보 등으로 이어지는 민족주의사학을 발전시켰던바, 불교의 역사학적 연구는 사학계의 이런 움직임과도 맥락을 같이한다고 볼 수 있다.

결국 근대 한국 불교학의 성립은 바로 한국 불교사의 정립이라는 과제로 나타나게 되었다. 이것은 여러 가지 의미를 갖는데, 우선 선성(先聖)이나 조사(祖師)들을 무조건 숭배하고, 역사를 성인시대로부터의 타락이나 퇴보로 여기는 전통적 역사인식의 극복으로 볼 수 있다. 즉 진화론적 역사인식에 따라 퇴보가 아닌 진보라는 개념으로 역사를 파악

---

72) 종교학의 역사는 사실상 방법론 모색의 역사라 해도 과언이 아닌데, 그동안 등장했던 방법론으로는, 역사학적 접근방법, 사회학적 접근방법, 심리학적 접근방법, 그리고 현상학적 접근방법 등이 있다.

94

한 것이니, 한국 불교사를 서술했다는 것 자체가 비판적인 안목을 보여 주는 것으로 불교학의 근대화를 의미한다고 할 수 있다. 또한 종교 연구에서 역사학적 연구는 가장 기본적인 관점으로 종교 연구의 자료원이 된다고 보았을 때, 한국 불교사의 정립이 이후 한국 불교의 과학적 연구에 밑받침이 되었음은 분명한 사실이다.

사실 1,600년이 넘는 한국 불교에서 신라 김대문(金大問)의 《고승전》(失傳), 고려 각훈(覺訓)의 《해동고승전》(海東高僧傳; 일부만 전함), 일연(一然)의 《삼국유사》(三國遺事) 이후로는 그와 같은 훌륭한 불교사 연구자료의 집대성이라는 불교계 내의 성과는 없었다고 할 수 있다. 조선조에 들어와서는 오랜 동안의 억승척불(抑僧斥佛)로 민족불교적 사관은 더욱 찾아볼 수가 없게 되었고, 승과(僧科)의 시험과목이나 스님들이 강학한 이수과목을 보더라도 사미과(沙彌科), 사집과(四集科), 사교과(四敎科), 대교과(大敎科) 어디에도 한국의 불교 역사를 알게 하는 과목이 눈에 띄지 않는다. 조선 후기에 찬자(撰者) 미상의 《동국승니록》(東國僧尼錄)과 정약용 편집으로 알려진 《대동선교고》(大東禪敎攷)와 각안(覺岸)의 《동사열전》(東師列傳) 등 몇 권의 사서류(史書類)가 보이지만, 모두 그 책이름이 보여주는 기대에는 못 미치는 내용들이라고 할 수 있다.73)

이리하여 일제에 나라를 잃은 직후부터 한국 불교사 정립이라는 시대적 과제에 눈 뜬 몇몇 선각적인 지식인들이 먼저 손을 댄 것은 한국 불교사의 서술을 위한 자료의 수집이었다고 할 수 있다. 그것은 개인적인 차원에서 각고의 노력으로 진행된 것이었지만, 1912년에 《조선불교

---

73) 김영태, 〈한국불교사 연구의 회고와 전망〉, 《한국불교사의 재조명》(불교시대사, 1994), 16~18쪽.

월보》(편집 겸 발행인 權相老)가 창간되면서부터는 그러한 지면을 통해서도 고승들의 전기와 옛 비문을 중심으로 다양한 자료가 소개되는 한편, 산만하고 단편적이기는 하지만 불교 역사에 관한 간단한 글들도 발표되었다.

이러한 불교 전문 잡지에 실린 기초 자료와 글들이 종합되어 한국의 불교사를 통사적으로 다룬 단행본들이 나오기 시작했으니, 권상로의 《조선불교약사》(1917)와 이능화의 《조선불교통사》(1918)가 그것이다. 결국 이 두 사람의 저술이 한국 불교사 연구의 단서를 열었다는 점에서 중요한 가치를 지닐 뿐만 아니라, 어떤 점에서는 아직도 그 범위를 뛰어넘는 연구가 나오지 못했다는 점에서 현재까지도 그 활용범위가 넓다고 평가된다.74) 이것은 뒤에 나온 포광 김영수(金映遂)의 《조선불교사고》(朝鮮佛教史稿)와, 일본인 다카하시(高橋亨)의 《이조불교》(李朝佛教; 1929), 누카리아(忽滑谷快天)의 《조선선교사》(朝鮮禪教史; 1930) 등 발전된 연구의 기초가 되었다는 점에서도 의의가 크다. 그리고 《진단학보》 제8집에 실린 김영수의 〈오교양종(五教兩宗)에 대하여〉(1937. 11)는 오늘날의 연구처럼 주(註)를 다는 등 학술논문으로서의 격식을 다 갖추지는 못하였더라도, 우리나라 불교 역사를 다룬 본격적인 학술논문으로는 최초의 사례로 평가받고 있다.75)

이와 같이 근대적인 의미에서의 한국 불교사 연구는 사실상 이능화와 권상로로부터 시작된 것이나 다름없다. 위에서 말한 대표적인 저술 이외에도 그들은 계속해서 한국 불교사의 기초를 튼튼히 하는 논문들을 발표하였다. 이능화는 1923년부터 1924년에 걸쳐 간행되었던 《조선

---

74) 이봉춘, 〈한국불교사 연구의 현황과 과제〉, 《한국의 불교학 연구, 그 회고와 전망》(동국대 불교문화원, 1994), 47쪽.

75) 김영태, 앞의 글, 21쪽.

사》(朝鮮史) 강좌 분류특별강의에 〈조선불교사〉란 제목으로 삼국의 불교사를 다루면서 불교의 종파 및 당토(唐土) 유학승의 연구 등을 예시하였고, 권상로도 한국 불교의 종파에 관한 몇 편의 글을 내놓았다.[76] 최남선이 〈조선불교—동방문화사상에 있는 그 지위〉(《불교》 제74호, 1930. 8)라고 하는 주목되는 논문을 발표한 것도 비슷한 시기의 일이다. 또한 1934년에 중앙불교전문학교 교수 권상로와 에다(江田俊雄)의 공동 작업으로 《조선왕조실록》 가운데서 불교 및 조선 불교사 관계 기사를 발굴, 초록한 《이조실록불교초존》(李朝實錄佛敎鈔存)을 간행하였는데, 이는 조선시대 불교 연구를 위한 매우 중대한 작업으로 평가된다.[77]

결국 1900년대 사회진화론을 수용하여 한국 불교사를 정립한다는 사명으로 시작한 근대 한국 불교학은 1910년대 이능화와 권상로의 한국 불교에 관한 통사 저술로 여명기를 맞았고, 1920년대와 1930년대를 거치면서 일본인 학자와 김영수·최남선 등 선각적 불교학자들의 근대적인 방법론을 적용한 각고의 노력으로 학문적 토대를 튼튼히 다질 수 있었다. 특히 한국 불교 종파의 기원과 법통 문제라든지, 한국 불교사의 시대구분과 같은 문제의식을 학계에 남김으로써 이후 한국 불교학의 방향 정립에 커다란 기여를 했다고 평가할 수 있다.

아울러 1870년대 서양에서 사회진화론의 영향으로 세계의 여러 종교를 비판적인 관점과 역사학적 방법으로 비교연구하는 새로운 학문, 즉 종교학이 태동되었던 것처럼, 근대 한국 불교학의 성립과정을 통해서

---

[76] 권상로는 《불교》 제54호(1928. 11)부터 제61호(1929. 7)까지 〈朝鮮에서 自立한 宗派〉라는 제목으로 '화엄종'(華嚴宗), '염불종'(念佛宗), '율종'(律宗), '조계종'(曹溪宗), '신인종(神印宗)과 총지종(摠持宗)', '천태종(天台宗)과 시흥종(始興宗)'으로 나누어 한국 불교 종파의 연혁을 논구하는 글을 연재하였다.

[77] 이봉춘, 앞의 글, 48쪽.

이른바 '한국 종교학'의 자생적인 태동까지도 살펴볼 수 있을 것으로 기대되는바, 근대 한국 불교학 성립과 관련하여 당시 불교학자들의 종교인식을 중요한 변수로 다루어야 하는 이유 또한 여기에 있다.

Ⅳ. 이능화의 생애와 근대적 종교인식

1. 이능화의 생애와 학문적 업적

이능화는 1869년 1월 19일 충북 괴산군 이도면 수진리에서 이원긍(李源兢)[1]의 3남매 가운데 맏아들로 태어났다.[2] 자(字)는 자현(子賢), 호(號)는 간정(侃亭), 상현거사(尙玄居士), 무무(無無), 무능거사(無能居士), 일소거사(一笑居士), 일소거사(逸素居士), 괴옹도인(槐翁道人) 등으로 불렸다. 8세 때부터 한학을 닦기 시작하였고, 15세 때에는 결혼을 한 뒤 설성(雪城)의 고수(高叟)를 스승으로 모시고 《맹자》, 《대학》 등을 읽었다. 이때에 그의 생애에서 빼놓을 수 없는 만남이 있었으니, 바로 성불사(成佛寺)의 쌍장선사(雙杖禪師)와 만난 것이다. 이 만남으로 그는 불교와 깊은 인연을 맺는다.[3]

10여 년 동안 한학을 공부하던 그는 아버지를 따라 서울에 올라와 1887년 정동(貞洞)에 있는 영어학당에 입학했다. 1888년에는 중국의 장안성(長安城)을 돌아보고 왔으며, 1889년에 영어학당을 마치고 나서 1892년에는 한어(漢語)학교에 입학하여 1894년에 졸업하였다. 1895년에는 관립(官立) 프랑스어(法語)학교에 입학했다. 또한 그 해에 농상공부

---

[1] 그의 집안은 조선의 왕손으로, 임진왜란 때 철령(鐵嶺)을 지키다가 단식 끝에 분사(憤死)한 영의정 이석원(李錫元)의 직계자손이었다. 이원긍은 법부협판(法部協辦)을 지낸 바 있으며, 철저한 개화주의자로서 일찍부터 신학문의 도입을 역설했다고 한다.

[2] 이능화의 생애에 대한 자세한 설명은, 이재헌, 〈이능화의 종교관 연구〉(한국정신문화연구원한국학대학원논문집, 1992), 38~41쪽을 참조할 것.

[3] 이능화, 《조선불교통사》 하편(1918; 보련각, 1979), 1241~1243쪽을 참조할 것.

(農商工部) 주사(主事)에 채용되어 관계(官界)에 첫발을 내디뎠다. 1896년 관직을 물러났으며, 이후로는 영·프·중·일어를 전공하여 뒷날 학문을 할 준비를 갖추는 데에 전념하였다.[4] 1897년에는 아직 졸업 전이었음에도 관립 한성프랑스어학교 교관으로 취임하여 우리나라에서 처음으로 프랑스어를 가르치기도 했다.

1900년 32세 되던 해에 이능화는 큰 깨달음을 얻고 불교에 귀의하게 된다. 즉 프랑스인 통역 겸 고용인 감독으로 중국에 가 있던 동창생 임운(任運)이 귀국길에 북경의 유리창(瑠璃廠)에서 구입한 당판(唐板)《원각경》(圓覺經)과 《지월록》(指月錄) 1부씩 가져다 준 것이다. 이능화는 이 《원각경》을 통해 불법의 광대무외(廣大無外)함을 깨닫고 크게 마음이 기울었고, 《지월록》을 통해서는 전날 쌍장선사(雙杖禪師)가 지어 주었던 〈목우가〉(牧牛歌)를 연상하게 되어,[5] 이 후부터는 그 동안 힘썼던 어학까지 덮어두고 불교 연구에 주력하였다.[6]

이능화는 1905년에 외국어를 좀 더 폭넓게 공부해야겠다고 생각하고 사립 일어야학교에 입학하여 일본어를 공부하면서, 이른바 국문연구소(國文研究所)의 위원직을 맡았다. 1906년 1년 만에 일어학교를 졸업하였으며, 이어 관립 한성프랑스어학교 교장에 취임하였다. 1907년에는 최초의 근대적 불교학교인 명진학교(明進學校)의 2대 교장으로 재직하면서 어학과 종교사를 강의하였고, 정부의 특명으로 일본을 시찰하기도 했다. 1908년 프랑스어학교, 영어학교, 일어학교 등이 통합, 단일화되어 관립 한성외국어학교로 학제가 개편되자, 학감(學監)으로 취임하

---

4) 위의 책, 1243쪽. "大丈夫焉能繫縛于此區區之名利乎 周遊世界 觀風察俗 研究學術 豈非男兒之事業 明日遂辭職 還覺心神爽然 自此專攻英佛漢日等語學 蓋爲遊學之準備也."

5) 〈목우가〉(牧牛歌)의 내용은 다음과 같다. "牧牛兮 明德山之阿兮 白石燦兮 流水淸兮 牛兮牛兮 食肥草兮 牛兮牛兮 勿食稼兮 牛兮鼻空本來撩天 爲甚鼻孔還却穿了."(위의 책, 1243)

6) 위의 책, 1243~1248쪽을 참조할 것.

여 1911년 한일합방 이후 학교가 폐쇄될 때까지 외국어 교육을 통한 인재 양성에 전념하였다.

한일합방 이후 1911년 한성외국어학교가 폐교를 당하자, 1912년 손수 능인(能仁) 사립 보통학교를 세워 3년 동안 교장으로 재직하였다.[7] 한편 그는 한일합방 직후부터 일기 시작한 불교계의 계몽운동에 직접 참여하였고, 1912년에는 불교 변증의 입장에서 여러 종교를 비교연구한 그의 최초의 저서 《백교회통》(百敎會通)을 간행하였다. 1914년에는 30본산의 주지와 50여 명 신도를 중심으로 서울의 각황사(覺皇寺)에서 발족한 불교진흥회(佛敎振興會)의 간사로서 중추적인 산파역을 맡았고, 1917년에는 이사직에 선임되었다. 아울러 《불교진흥회월보》(佛敎振興會月報), 《조선불교계》(朝鮮佛敎界), 《조선불교총보》(朝鮮佛敎叢報) 등 불교 대중잡지의 편집 겸 발행인으로 활약함은 물론, 그 지면을 통해서 거의 100여 편의 불교 관계 논설을 남기기도 하였다. 불교인으로서의 이러한 활발한 활동은 1918년 드디어 그의 대표적 역작 《조선불교통사》의 발간을 가져오게 된다.

한편 일제는 3·1운동 이후 새로이 표방한 문화정책의 일환으로 1922년 '조선사편찬위원회'(朝鮮史編纂委員會)를 조직하고 이능화를 그 위원의 한 사람으로 위촉하였다. 이능화는 여기에 응하여 《조선사》 가운데 주로 제4편(光海君～景宗)과 제6편(英祖～甲午更張)의 집필을 맡았다. 여기서 그는 실학사상에 깊이 심취하였고, 발해사를 조선사에 편입시키는 결정적인 역할을 하였다. 또 건국신화를 포함시킨 것도 그의 강력한 주장에서 비롯되었다고 한다.[8] 무엇보다도 그는 희귀한 자료를

---

7) '능인'(能仁)이란 교명은 자신의 이름에서 '능'을 따고, 부인의 이름 '정인호'(鄭仁鎬)에서 '인'자를 따왔다고 한다. 그러나 능인이란 석가의 다른 이름이기도 하다.

8) 그는 1923년 1월8일에 있은 제1회 위원회에서 동료 이나바(稻葉岩吉)의 "신라 통일시대

손쉽게 구할 수 있는 유리한 위치를 십분 발휘하여, 15년 동안《조선사》편찬위원으로 일하면서 종교를 비롯한 한국학의 전 분야에 걸쳐서 수집한 자료를 연구, 정리하여 정력적인 집필을 해나갔으니, 한국학 발전에 거의 독보적인 위치를 차지하는 그의 저술은 대부분 이 무렵에 집필된 것이다.

1930년 한국학 연구를 위해 한국에 와 있던 일본인 학자를 중심으로 '청구학회'(青丘學會)가 발족되었을 때, 이능화는 평의원(評議員)으로 추대되어 1939년 청구학회가 해산될 때까지 관계를 맺었으며, 또 조선총독부의 보물고적보존회(寶物古蹟保存會) 위원으로도 있었다. 1931년에는 박승빈(朴勝彬), 오세창(吳世昌) 등과 더불어 계명구락부를 설립하여 민족정신의 계몽과 앙양에 앞장서기도 했다. 동국대학교의 전신인 중앙불교전문학교에서 조선종교사를 강의하던 것도 이 무렵이었다.《조선사》편찬이 일단락된 1938년 이후로는 잠시 이왕직(李王職)에 나간 일도 있었으나, 이내 물러나와 연구활동을 계속하던 그는 1943년 4월 12일 운니동(雲泥洞) 자택에서 74세를 일기로 세상을 떠났다.

이상과 같은 그의 일생은 오직 학문으로만 일관한 것이었으며, 그의 불교학 내지 한국학 관계 저서는 오늘날까지도 해당 분야의 독보적인 업적으로 남아 있는 것이 많아 그의 학문적 성실성과 독창성을 가늠케 한다. 그의 학문적 노정을 분석해 보면, 크게 41세(1910년)까지의 학문 수학기와 그 이후 74세로 별세할 때까지의 연구·저술기로 나누어진

당시의 조선은 현대의 조선과는 그 지역이 다르고, 현대의 조선에서 본다면 발해는 한 지방에 국한되었던 명칭이므로……"라는 발언에 논박하되, 한국사 체계에 발해사가 고구려사와 함께 마땅히 들어가야 함을 강력히 주장했을 뿐만 아니라, 건국신화는 민족정신을 발휘하는 것이므로 반드시 수재(收載)하기를 요청한 바도 있었다고 한다. 여기에 대해서는, 안계현, 〈이능화〉,《근대한국인물백인선》(《신동아》부록, 1970), 142~143쪽을 참조할 것.

104

다. 학문수학기는 다시 2기로 나눌 수 있는데, 18세(1887년)까지 향리에서 한학을 수학하던 때와 그 이후 서울로 올라와 영·프·한·일어 등 외국어를 공부하고 이를 가르치던 시기로 구분된다. 그리고 연구·저술기 또한 다시 2기로 나누어지는데, 한일합방 후 불교 계몽 및 연구에 뛰어들어 《백교회통》과 《조선불교통사》와 같은 불교 관계 저술을 집중적으로 발표하던 시기와 53세(1922년)에 《조선사》 편찬위원이 되면서 주로 한국학 관계 저술을 집중적으로 남겼던 시기로 구분된다.9)

그의 생애는 이상과 같이 네 시기로 뚜렷이 특징 지워지는데, 이것은 우연의 결과라기보다는 자신의 문제의식에 따른 자의적 선택으로 보인다. 우선 그의 학문 연구에서 가장 밑바탕이 된 것은 8세부터 19세까지 10여 년 동안 익혔던 한학 실력이었다. 그는 사서삼경 등 과거 준비를 위한 정통 유학 수련의 과정을 두루 거쳤으며, 이러한 한학 실력은 뒷날 그가 한국학에 뛰어들어 연구 및 저술활동을 지속해 나갈 수 있는 기본적인 조건이 되었으며, 그의 수많은 한국학 저서들을 통해 유감없이 발휘된다.10)

그런데 양반의 후예로서 10여 년 동안 과거 준비를 위한 한문 수학을 착실히 해 나가던 그가 이것을 포기하고, 당시만 해도 중인 계급이나 할 일로 알았던 외국어 공부로 돌아서게 된 동기는 무엇이었을까?

그것은 첫째는, 유교의 엄격한 생활문화와 주자학의 독선적 태도에 대한 비판의식이다. 예를 들어 그는 결혼 후 망건을 쓰지 않음으로 해서 이탈망(李脫網)이라는 별명을 얻었는데, 스승의 의관을 정제하라는

---

9) 이 점에 대해서는 양은용, 〈이능화의 학문과 불교사상〉, 《한국근대종교사상사》(원광대 출판국, 1984), 439쪽을 참조할 것.
10) 실제로 《백교회통》과 《조선불교통사》를 비롯한 그의 대부분의 저서나 논문들은 대개 순한문으로 이루어져 있다.

훈계와 주자의 주(註)만 절대시하는 가르침에 의문을 내어 말하기를,

> 머리 밖은 朱天子(明太祖 朱元璋)의 망건이 속박하고, 머리 안은 朱夫子
> 의 망건이 속박하니, 안팎으로 朱氏 망건 때문에 사람 못살겠습니다.[11]

라고 하는 등, 유교의 말폐에 대해서 비판의식을 가지고 있었다. 유교
에 대한 이러한 평소의 비판적인 의식이 결국 그로 하여금 유학을 포기
하고 신학문에 관심을 갖게 했던 것으로 보인다.

둘째는, 격동하는 세계정세 아래에서 과거공부보다는 선진문물 수입
을 위한 외국어 연마가 더 시급함을 절감했던 때문이다. 1876년 일본과
병자수호조약 체결 이후 미·영·독·프 등 서구 열강과 차례로 국교
를 맺음으로써 서구의 새로운 문화가 물밀듯이 밀려드는 마당에 한가
로이 입신양명을 위한 과거공부에 얽매여 있을 수는 없다고 판단했던
것이다. 물론 이러한 판단에는 철저한 개화주의자로 일찍부터 신학문
도입을 역설했던 그의 아버지 이원긍(李源兢)의 영향이 컸을 것으로 생
각된다. 결국 유교에 대한 비판과 근대문화에 대한 동경이 그로 하여금
과감하게 한학을 포기하고 외국어 공부에 매진토록 했던 것이라고 할
수 있다.

그는 서울에 올라와서 당시 서양 세력의 각축과 격동하는 국제정세
를 더욱 피부로 느끼고 중국의 장안성을 돌아보면서, ‘세계도 한번 유
람하여 보고, 학문도 한번 연구하여 보는 것이 남아가 가히 할 만한 일
이다’ 하는 생각을 품게 된다. 그리하여 잠시의 벼슬길도 마다한 채,
‘세계를 어려움 없이 돌아다니고 학문을 첩경으로 연구하려면 우선 어

---

11) 李能和, 〈牧牛歌〉, 《朝鮮佛敎叢報》 제1호(1917. 3); 《韓國佛敎雜誌叢書》 제14권, 45～48쪽.

학을 배워야 하겠다'고 결심한 그는 영·프·중·일 등 4개 국어를 더욱 연마하게 되었던 것이다.[12]

또한 그는 유창한 외국어를 구사하여 당시 이 땅에 와 있던 선교사·외교관 등 외국인들과 친교를 맺을 수 있었다. 외국인과의 교제는 그로 하여금 외국의 견문을 넓힐 수 있는 계기가 되었고, 그들을 통하여 외국의 책자, 한국에 대한 견문록, 외국의 풍물 등을 살펴볼 수 있었다. 특히 그의 부친 이원긍이 투옥되어 있음을 기회로 감옥 안의 서적실에 있던 기독교 및 서양 역사 관계 서적들을 대출해 보기도 하는 등[13] 그는 서양 근대 문화에 대해 깊은 관심을 가지고 이를 습득해 나갔던 것이다.

이러는 과정에서 그는 세계사의 조류에서 낙후된 한국 사회의 현실을 더욱 뚜렷하게 인식하게 되었고, 그 원인 규명과 함께 '민족 근대화의 가능성 모색'이라는 학문적 동기를 자연스럽게 가질 수 있었다. 이것은 그의 일생을 통해 일관되는 문제의식으로 나타나는데, 뒤에 그가 불교를 연구하고, 종교와 민속 등 한국학에 대한 많은 저술을 해 나가는 데서도 일관되게 유지되고 있다.

그런데 서양의 근대 문명 습득과 심오한 학문 연구를 위해서는 외국어의 습득이 필수 불가결하다는 분명한 목적의식을 가지고 외국어 공

---

12) 위의 글, 49∼50쪽.

13) 이원긍은 한말 독립협회 회원으로 1902년 이상재·유성준 등과 함께 일본에 망명중인 유길준과 내통하여 정변을 일으키려 했다는 죄목으로 종로감옥에 수감되었다가 2년여 만에 풀려난다. 그런데 이능화는 아버지를 면회하러 가서는 감옥 안에 설치된 서적실에서 도서를 대출해 보곤 했다는 것이다. 이 점에 대해서는 이광린, 〈구한말 옥중에서의 기독교 신앙〉, 《한국개화사의 제문제》(일조각, 1986), 217쪽∼238쪽과 신용하, 《독립협회의 창립과 조직》(한국문화연구소, 1976), 53쪽, 그리고 연동교회80년사편찬위원회, 《연동교회 80년사》(1974), 33쪽을 참조할 것.

부에 매진하였던 그가 '민족 근대화의 가능성'을 왜 하필이면 불교와 민속 등 전통문화 속에서 찾게 되었는가 하는 점은 하나의 아이러니가 아닐 수 없다. 이것은 아마도 외래문화와 접촉하는 과정에서 체득한 비교문화적 시각이 우리 전통문화에 대한 주체적 자부심을 불러 일으켰기 때문이 아닌가 생각된다.[14] 또한 1900년대 초 우리나라 사상계를 풍미했던 사회진화론과 그에 영향 받아 민족정신 앙양과 실력 배양으로 민족의 생존을 보전하자는 신민사상(新民思想)과 애국계몽운동, 그리고 민족이 처해 있는 역경을 타개해보려는 민족사관의 영향을 많이 받았던 것으로 보인다. 그는 당시 불교계의 대표적인 지식인으로서 이러한 사상계의 동향에 민감하였으며, 그들 개화사상가들과도 깊은 교유를 맺게 된다.

그리하여 그의 학문 연구방법은 흔히 '지식주의적 계몽사학'이라고 불리어진다. 구한말의 정신적 구국운동인 애국적 계몽사학의 흐름이 한일합방을 거치면서, 해외에서는 '민족주의사학'으로 발전하였고, 국내에서는 독립을 표면에 내걸지 못하는 관계로 한국의 옛 역사에 관한 지식을 널리 펴서 대중을 계몽하려는 '지식주의적 계몽사학'으로 변하게 되었던 것이다.[15] 따라서 이능화는 장지연(張志淵)·안확(安廓)과 함께 이러한 지식주의적 계몽사학의 입장에 선다는 것이다.[16] 또한 실학

---

14) 이 점에 대해서는 이재헌, 앞의 글, 42쪽을 참조할 것.

15) ·장효현, 〈이능화의 국학〉, 《우진박병채박사환력기념논총》(고려대 국어국문학연구회, 1985), 774쪽.

16) 이기백, 〈한국사연구에서의 분류사 문제〉, 《한국사학의 방향》(일조각, 1978), 81~86쪽. 그 밖에 이능화의 사학사적 위치에 대한 부정적 평가에 대해서는, 김용섭, 〈우리나라 근대 역사학의 성립〉, 이우성·강만길 편, 《한국의 역사인식》 하(창작과비평사, 1976), 446~449쪽; 홍이섭, 〈이능화 선생의 《조선기독교급외교사》〉, 《한국사의 방법》(탐구당, 1968), 444~445쪽; 이만열, 〈민족주의사학의 성립〉, 《한국근대역사학의 이해》(문학과지성사, 1981), 146쪽 등을 참조할 것.

에서 싹튼 국학적 경향을 계승하였다는 의미에서 신채호·주시경 등과 함께 한말의 3대 국학자로 불리기도 하며,[17] 전시대로부터 전통을 충실히 이어받아서 한국 근대 사학으로 넘기는, 즉 전근대와 근대 사이의 다리 역할을 했다고 평가하기도 한다.[18]

그런데 한국학 가운데에도 이능화가 특히 관심을 두었던 것은 민족문화의 핵심을 이루고 있는 종교문화였다. 그의 방대한 저술은 거의 다 한국 종교사에 대한 것이었고, 또 한국 종교의 거의 전 분야에 접근함으로써 나름대로의 안목을 가지고 '한국 종교사'를 서술하려고 했던 것으로 보인다.

그러나 그의 전통 종교에 대한 비교연구가 단지 상류층 지식인들의 철학적 사변적 종교사상에 대한 연구에 머무르지 않고, 한걸음 더 나아가 일반 민중들의 생활·습속·신앙에 깊은 관심을 보였다는 점이 주목된다. 그의 비상한 종교학적 안목은, 종교사 연구의 보충작업으로서 또 하나의 영역, 즉 사회사 방면에 대한 연구로 나타나고 있다.[19] 그는 사회사를 한국 종교의 본질 규명에 필수 불가결한 것으로 보았는데, 종교적 표상의 기층인 생활 습속 연구를 통해서 한국인의 종교적 심성을 파악하려고 했다는 점에서 근대 종교학과의 방법론적 유사성도 살펴볼 수 있다.

그의 학문적 업적은 불교학과 종교학, 그리고 민속학 등에 걸쳐 있

---

17) 김성균, 〈이능화 — 한국의 얼을 찾아서〉, 《한국의 인간상(4)》(신구문화사, 1965), 521쪽. 또한 장효현은 광범한 문헌 섭렵을 바탕으로 한 이능화의 문헌집성식(文獻集成式) 역사 서술이 실학의 박학적 백과전서적 학풍의 영향이라고 보았다.(장효현, 앞의 글, 777쪽)
18) 김수태, 〈이능화와 그의 사학—특히 《조선기독교급외교사》를 중심으로〉, 120쪽.
19) "拙者는 지난 庚戌年 가을 무렵부터 학교의 교편 잡기를 쉬고, 그 때부터 우리 조선의 宗敎 方面과 社會 事情을 좀 연구하여 보기로 心算을 정하여……"[이능화, 〈佛敎와 朝鮮文化〉, 《이능화전집(속집)》(영신아카데미 한국학연구소, 1978), 587쪽]

다. 우선 불교학 분야의 저술로는 《백교회통》(1912)과 《조선불교통사》(1918), 《이조불교사》[20]가 있고, 종교학 분야의 저술로 《조선기독교급외교사》(朝鮮基督敎及外交史; 1928), 《조선도교사》(遺稿, 1959), 《조선무속고》(1927), 《조선종교사》(연대미상), 《조선유학과 유교사상사》(朝鮮儒學及儒敎思想史; 散逸) 등이 있다. 또한 사회사 방면의 주요 저술로는, 기생의 생활상과 그 주변에 관한 자료를 집대성한 《조선해어화사》(朝鮮解語花史; 1927), 우리나라 고대로부터의 여성에 관한 사회 풍속을 집대성한 《조선여속고》(朝鮮女俗考; 1926), 《춘향전》을 한시로 풀이한 《춘몽록》(春夢錄; 1929), 《조선십난록》(朝鮮十難錄; 散逸), 《조선의약발달사》(朝鮮醫藥發達史; 散逸) 등이 있다.

2. 근대적 종교인식

앞에서 살펴본 바와 같이, 이능화는 외국어와 신학문 습득을 통해서 얻은 비교문화적 시각과 애국계몽주의적인 민족사학의 영향으로, 조선 사회가 근대화에 낙후된 원인 규명과 '민족 근대화의 가능성 모색'을 위하여 한국학 연구의 길로 뛰어들었다. 그런데 그의 한국학 연구가 주로 종교 분야에 집중된 이유는 무엇인가? 그것은 그 자신이 학자이기에 앞서 불교라고 하는 한 종교의 독실한 신앙인이었기 때문이며, 나아가 모든 종교의 근원적 동일성과 한국인의 기층적 종교성을 발견할 수 있

---

[20] 《이조불교사》는 그가 발행 겸 편집인으로 있던 《불교》지에 제1호(1924. 7)부터 제28호 (1926. 10)까지 총20회에 걸쳐 연재했던 것으로, 단행본으로 출간된 책은 아니다.

었던 것도, 그 자신이 독실하면서도 이성적인 신앙인이었기에 가능한 일이었다.

그는 한국 종교를 신교(風流道 및 巫祝 포함), 불교, 도교, 유교, 기독교 등 다섯 개로 파악하였다.[21] 여기서 한국 사회에 가장 많은 영향을 끼치고 있는 3대 종교, 즉 불교·유교·기독교에 대해서는 비교종교학적인 시각을 가지고 여러모로 고찰을 하였고, 신교(巫俗 포함) 및 도교(新宗敎 포함)에 대해서는 민족의 종교 기원과 문화적 기층을 파악한다는 측면에서 역사적 형태론적 분석을 하고 있다. 여기서 그의 종교인식을 살펴보는 일은 그가 왜 한국 불교학의 성립에 뛰어들어 각고의 노력을 기울였는가 하는 원인을 밝힌다는 의미에서 매우 중요한 작업이라고 생각된다.

2.1. 한국 종교의 비교 연구

이능화는 유교·불교·기독교를 당시의 3대 종교로 보면서,[22] 비교종교학적인 시각을 가지고 3교를 비교 고찰하고 있다. 우선 '종교성'을 기준으로 볼 때, 유교를 가장 낮게 보고, 기독교는 그 다음이며, 불교를 가장 높게 보고 있다. 먼저 유교에 대하여는,

儒라 하는 者는 卽政治爲宗敎하는 趣旨이니, ……今世와 如히 政治와 宗

---

21) 李能和, 《朝鮮基督敎及外交史》(朝鮮基督敎彰文社, 1928), 緖言.

22) 그는 〈종교와 시세〉라는 글에서 "現今世界에 儒耶佛 三敎가 鼎足의 形을 成하였으니, 儒에 不歸하면 耶에 歸하고 耶에 不歸하면 佛에 歸하리니……"라고 하였다.[李能和, 〈宗敎와 時勢〉, 《惟心》 제1호(1918. 9), 35쪽]

敎와의 途遝은 判然顯殊함을 不知하고 한갓 經學萬能主義를 固守不變하면 其人은 平生을 誤了함이 아닌가 故로 今者 支那에서는 儒는 非宗敎요 一個 政治學이라고 主唱하는 者가 多有하니라.[23]

고 하면서 그 종교성을 아예 인정하지 않으려 하였고, 더 나아가 사찰령 포교규칙 제1조에 말한바 '본령(本令)에서 종교(宗敎)라 칭함은 신도(神道), 불도(佛道), 기독교(基督敎)를 위(謂)함'이라는 문구를 들어 유교는 단순히 경학을 장려하는 학문적 차원이요, 종교로는 인정될 수 없다고 주장하기도 했다.[24]

그는 유교의 장점을 윤리에서 찾으면서도 종교성에 대해서는 한결같이 부정적인 입장을 취하였으니

儒의 好處는 倫理에 在하나 宗敎的習慣으로는 多神卽祖先神天地山海風雲雷等神을 다 崇敬하니 其結果는 巫祝盲卜을 信치 아니하면 止치 아니하여 民志의 不定은 儒의 無宗敎思想에서 出함이니라.[25]

라고 하여, 유교를 다신교로 규정하였다. 물론 여기서 다신교라 함은 무종교 사상, 즉 종교성의 하급 단계를 지칭하는 것이라고 할 수 있을 것이다. 여기서 우리는 그의 종교관이 기본적으로 진화론에 기초하였음을 쉽게 파악할 수 있다. 즉 진화론적인 방법론에 의거하여 신교(巫俗) → 도교 → 유교 → 기독교 → 불교의 순으로 종교성의 진화 단계를 규정하였다는 것이다.

또한 3교를 교리적으로 비교해서 말하기를,

---

23) 위의 글, 33쪽.
24) 이능화, 〈佛敎와 他敎의 競爭〉, 《朝鮮佛敎界》 제3호(1916. 6), 7~11쪽.
25) 이능화, 〈宗敎와 時勢〉, 35쪽.

112

예컨대 孔敎는 或云言性與天道는 不可得而聞이라 하며 或云天命之謂性
이라 하나 天이 如何命之함은 無明言者로되 天賦靈魂한 始終條理는 耶敎가
孔敎에 比하여 一層明瞭하며, 善則天堂惡則地獄의 因果法律은 불교가 耶敎
에 比하여 百倍明晳하며 一心의 諦理와 萬法의 根源의 說明은 佛敎가 耶敎
와 孔敎에 비하여 百倍了然하니 此等은 宗敎上 無形的競爭을 因하여 哲理
를 調和하며…….26)

라고 하여, 교리적 우수성으로도 역시 불교를 가장 높게 보고, 그 다음
기독교, 유교 순으로 평가하였다.

한편 그는 '민족 근대화의 가능성 모색'이라는 자신의 일관된 문제
의식에 따라 한국의 종교들을 각각 비교 평가하였다. 여기서도 역시 그
가 가장 높게 평가하는 것은 불교였으며, 가장 비판적으로 보았던 것은
유교였다. 그리고 기독교에 대해서는 한국 개화에 공헌한 점을 들어 상
당히 긍정적으로 평가하였다. 우선 그는 조선 양반사회의 다방면에 걸
친 유교의 폐해를 지적하였다. 우선 유교가 극소수 양반들의 전유물로
써 일반 백성들의 종교가 되지 못했음을 비판했는데,

所謂儒敎者는 卽少數兩班之宗敎也오 非一般人民之宗敎也니라.……27)

라 하였고,

고려 말에 유교가 번창하기 시작하여 李朝가 이어 받았으니, 오백년간
禮樂과 文物이 찬연하여 볼 만하지만, 名分과 階級의 엄격함은 양반에게
만 이로움이 되고, 節文과 禮儀의 번거로움은 백성이 그 어려움을 당하였

---

26) 이능화, 〈佛敎와 他敎의 競爭〉, 10쪽.
27) 李能和, 《朝鮮基督敎及外交史》 上編, 40쪽.

으며…….28)

라고 하는 등, 유교가 백성에게 구원이 되기는커녕 오히려 고통만 안겨 주었음을 맹비난한 것이다.

더 나아가 그는 근대 한국의 낙후와 관련하여 모든 죄과를 완고한 유교에 돌렸다. 그는 유교를 이렇게 고체화(固滯化)시킨 것은 조선 주자학의 전횡에 말미암은 것으로 보았다. 그는

　　우리 동방에 유학이 있어온 이래로 程朱學說이 먼저 나라에 들어와, 학자의 뇌 속에는 다만 程朱가 있는 것만 알았지, 다른 학설은 알지 못해 번번히 배척을 가하였다. 李退溪선생이 程朱學說 保守派의 우두머리가 되니, 뒤의 학자가 다 부화뇌동하여 감히 異說을 창시할 수가 없었다.29)

고 하여, 특히 퇴계를 중심으로 하는 조선 주자학파의 학문적 전횡을 비판하였다. 또한 양명학에 대해 논하면서,

　　유교가 일본과 중국에 있어서는 주자학파도 있고 陽明學派도 있어서 對峙·竝行하였으나, 조선에 있어서는 오로지 주자학설만 주장하여, 양명학파에 이르러서는 그 사람이 없지는 않았으나, 주자학파가 정권을 끼고 압박하는 고로 감히 세상에 머리를 들지 못하여, 마침내는 양명학자로 하여금 매몰되어 알려지는 바가 없게 하였으니, 크게 학계의 허전하고 섭섭함이 되는지라.30)

---

28) 위의 책, 緖言. "至于麗末 始倡儒教 李朝承之 五百年間 禮樂文物 燦然可觀 而名分階級之截嚴 兩班專利 節文禮儀之繁縟 百姓受困 奴性之馴養 寔由乎事明義理……."

29) 李能和, 〈朝鮮儒界之陽明學派〉, 《이능화전집(속집)》(한국학연구소, 1978), 693쪽. "吾東自有儒學以來 程朱學說 先入國來 學者腦中 只知有程朱 而不知其他說 輒加排斥 李退溪先生 爲程朱學說保守派之第一首領 後之學者 皆隨聲附和 未敢創異說焉."

114

하였고, 기독교에 대해서는,

> 天主實義·七克及其他科學諸書는 當時新出西洋之學 而言論神奇하고 道
> 理簡明하여 好奇之人이 易以漸染이니 亦人情之當然也라. 但李朝以來로 狹
> 義的儒教ㅣ 主持世道하며 指導人心하여 而束縛頭腦하며 桎梏思想하여 南宋
> 諸儒(周程張朱)之敎訓以外에는 則皆目之以異端邪說할새…….31)

라 하여, 주자학의 독선으로 인해 양명학·서학 등의 다른 사상이 발전
할 수 없었음을 개탄하였다.

그는 우리나라의 유교를 크게 2기로 나누어 주자학 수입 이전의 나
려(羅麗)시대를 사상자유시대, 그리고 주자학이 수입 이후의 조선시대
를 사상속박시대로 규정하면서, 이러한 주자학의 전횡은 학문과 사상
의 자유를 억압함으로써 학문과 예술·문화를 쇠퇴시켰다고 하였다.
그는

> 儒學의 固滯는 다만 拜朱思想에 인연하는 것으로 정권이 相爭하여 붕당
> 의 다툼이 있게 되었다. 검소한 덕을 숭상하였으되 도리어 예술의 쇠퇴를
> 가져왔다.32)

라고 하여, 조선 당쟁과 예술 쇠퇴의 근원을 유교의 경직성에서 찾았
다. 또,

---

30) 李能和, 〈朝鮮儒界之陽明學派〉, 656쪽. "儒敎在日本及支那 則有朱子學派 有陽明學派 對
　　峙立行 而在朝鮮 則專以朱子學說爲主 至於陽明學派 非無其人 而但從前 因朱派之挾政權
　　以壓迫之故 不敢擧頭於世 遂使此學之人 埋沒無聞 大爲學界之缺憾……."
31) 李能和, 《朝鮮基督敎及外交史》 上編, 86쪽.
32) 위의 책, 緖言. "儒學之固滯 只緣於拜朱思想 政權相爭 乃有朋黨之傾軋 儉德是崇 反致藝術
　　之衰退."

이것은 또한 學理上 의견 不一致에 불과하고 그 사이에 크게 중요한 것
이 있는 것도 아닌데, 각각 자기의 의견을 주장하여 서로 배척하고, 심지
어 黨을 나누고 門中을 벌려 원수나 적과 같이 여겼으니, 이것은 黨派의
싸움이지, 學術의 싸움이 아니었다.33)

고 하여, 유학자들의 고루·편벽됨이 결국은 당파 싸움으로까지 비화
되었음을 지적하고 있다. 결국 이러한 편벽된 유교는 숭정학(崇正學)·
벽이단(闢異端)과 존중화양이적(尊中華攘夷狄)을 국시로 삼게 하여 서
교를 배척하고 외인을 거절하는 등 외교상으로 사대주의와 쇄국정책을
가져오게 되었으며, 그 결과 조선 민족으로 하여금 세계의 낙오자요 시
대에 뒤떨어진 민족이 되게 하고 말았으니, 그 허물은 완고한 유교에
돌려야 한다는 것이다.34)

한편 민족의 개화와 관련해서 그가 호의적으로 다루었던 종교는 기
독교였다. 그의 기독교에 대한 관심은 그가 외국어 공부를 하던 때부터
시작되었다. 즉 유창한 외국어 실력으로 선교사 및 외교관들과 교유하
면서 기독교에 대한 지식을 자연스럽게 키워나갈 수 있었다. 또한 아버
지 이원긍(李源兢)의 적극적인 기독교 신앙활동도 그에게 깊은 영향을
주었을 것이다. 이원긍은 종로감옥에 수감되어 있을 때에 미국인 선교
사 번커(Delzell A. Bunker; 房巨, 1853~1932)의 전도를 받아 성경을 읽었
고, 이승만(李承晚)·이상재(李商在) 등과 함께 영세를 받았다고 한다.
또한 1904년 석방된 후 게일(James S. Gail; 奇一, 1863~1937) 목사가 있
던 연동(蓮洞)교회를 잠시 다녔으며, 함태영(咸台永)·조종만(趙鍾萬) 등

33) 李能和, 〈朝鮮儒敎源流〉, 《이능화전집(속집)》, 645~646쪽. "……此亦不過學理上意見不
合處 非有大關鍵大肯繫於其間 而各主己見互相排斥 甚至於分黨裂門便同仇敵 此以黨派之
爭 非學術之爭也……."
34) 李能和, 《朝鮮基督敎及外交史》, 緒言

과 함께 사재를 털어 지금의 봉익동에 분동(盆洞)교회를 세우는 한편,
1911년에는 《신약마태복음주석》, 《마태복음주석》, 《마가복음주석》을
번역·출간하는 등 기독교 전도사업에도 헌신하였다.[35]

이능화의 기독교관은 《조선기독교급외교사》(1928)를 통해서 살펴볼
수 있다. 이 책은 우리나라 사람에 의한 최초의 한국 기독교사 저술이
라는 가치를 갖는다. 더욱이 그 자신 기독교인이 아니요 불교인으로서
이러한 책을 썼다는 것도 주목하지 않을 수 없는 사실이다. 그때까지
한국천주교회사 책으로는 달레(C. H. Dallet)의 저작이 있었지만, 달레의
교회사는 종교적이며 순교적 사실에 치우쳐 한국 교회의 모든 면을 역
사적으로 보여주지 못했고, 한국의 현실에 정통하지 못한 외국선교사
들의 원자료에 오로지 의존함으로써 편견과 오류가 있는 것이 사실이
다.[36] 이 밖에도 조선측 자료를 충분히 참고하지 못한 것과, 더욱이 관
변사료가 거의 도외시되었다는 결정적인 결함이 있었다.

결국 이능화의 《조선기독교급외교사》는 달레의 그러한 불충분한 자
료를 관변측 사료로 보충했다는 점에서 의의를 가진다.[37] 또한 이 책은

---

35) 여기에 대해서는, 李能和, 《朝鮮基督敎及外交史》 下編, 203∼204쪽과 이광린, 〈구한말
　　옥중에서의 기독교 신앙〉, 217∼238쪽을 참조할 것. 그런데 학자에 따라서는 이원긍이
　　기독교인이었다는 것을 근거로 이능화가 기독교에서 불교로 개종했다고 보는 사람도
　　있으나(심우성, 〈한국학의 근대적 개안—이능화〉, 《한국인물대계》(박우사, 1972), 201
　　쪽), 이는 잘못된 견해이다. 왜냐하면 이원긍이 기독교인이 되기 1년 전인 1900년에 이
　　미 이능화는 불교적 종교체험을 통해서 완전히 불교로 귀의하였기 때문이다. 결국 개화
　　주의의 입장에서 의견을 같이했던 두 부자가 이때에 이르러서 1년을 사이에 두고 각기
　　다른 방향으로 신앙의 길을 걷게 되었다고 할 수 있다. 그러나 이능화가 불교를 신앙하
　　면서도 기독교를 상당히 호의적으로 평가하고 있으니, 여기에는 부친 이원긍의 영향력
　　이 상당히 작용했을 것으로 추측되는 것이다.
36) 이원순, 〈한국천주교회사연구소사〉, 《최석우기념교회사논총》(1982), 661쪽.
37) 최석우, 〈한국 교회사는 어떻게 서술되어 왔는가?〉, 《한국교회사의 탐구》(한국교회사
　　연구소출판부, 1982), 231쪽.

한국의 기독교사를 그 당시의 정치 현실이나 사회적인 여러 문제와 연결시켜서 연구한 최초의 저서라고 할 수 있다. 예를 들면 천주교 박해의 원인을 당쟁이나 세도정치 등과 결부시켜 살펴보고자 했던 것이 바로 그것이라 할 수 있다. 그리하여 오늘날 한국 기독교사를 당시의 정치·사회적인 배경과 관련하여 살펴보고자 할진대는 이 책이 독보적인 참고서가 된다.

그런데 기독교사를 한국의 역사와 연결시켜야 이해할 수 있다는 이능화의 이러한 관점은, 바로 1930년대 일본인에 의하여 행해졌던 한국천주교회사 연구에 그대로 반영되고 있다. 오다(小田省吾)·야마구치(山口正之)·아카키(赤木仁兵衛)·이시이(石井壽夫) 등의 연구가 대표적이라 할 수 있다. 사실 한국천주교회사의 근대적 연구를 이끌었다고 평가되는 이들 일본인 학자들보다 앞서서 황무지를 개척하였다는 점에서, 이능화의 업적은 더욱 돋보이는 것이다.[38]

그는 이 책을 저술한 동기에 대해

나는 佛者요 基督敎와는 관계가 없지만, 기독교는 내 아버지가 종사하신 종교이기에 이 책을 纂輯하여 추모의 정성에 부친다.[39]

라고 했다 하니, 그가 기독교 신자였던 그의 아버지 이원긍을 추모하기 위해서 쓴 것이라고 볼 수 있다. 사실 두 사람은 같은 개화주의자로서 한 사람은 기독교요 한 사람은 불교로 갈라졌으니, 두 부자의 신앙상의

---

38) 여기에 대해서는, 이원순, 앞의 글, 665쪽과 김수태, 앞의 글, 113~114쪽, 그리고 홍이섭, 〈한국기독교사연구소사〉, 《한국사의 방법》(탐구당, 1955), 425쪽을 참조할 것.

39) 洪憙, 〈朝鮮基督敎史 敍〉, 《朝鮮基督敎及外交史》. "……公之所自爲言 則曰吾佛者也 固無與於基督敎 而基督敎乃吾先君子之所從事者也 纂輯是書 以寓追慕之誠……"

갈등을 쉽게 생각해 볼 수 있다. 심지어 이원긍은 그의 아들에게, "너는 중놈이니까 교회 일은 아예 돌보아주지도 않을 터이고……"라는 원망 섞인 유언까지 했다고 하니, 자기의 신앙을 따라주지 않는 아들에 대한 불만이 어느 정도였나 잘 알 수 있다.[40] 결국 이능화는 《조선기독교급 외교사》의 저술을 통해서 그 아버지를 추모하는 한편, 아버지와의 사이에서 일어난 종교상의 갈등에 대한 자기의 입장을 좀 더 분명히 밝히려고 했던 것으로 보인다. 즉 기독교 신자인 아버지와 불교 신자인 그가 서로 종교적으로도 모순되지 않고 만날 수 있다는 것이다.[41] 그리하여 이능화는 기독교인이었던 아버지의 제삿날에는 명복을 빌기 위해 불경을 외우기까지 했다고 한다.[42]

앞에서도 보았듯이 그는 조선이 근대화에 뒤쳐진 것은 완고한 유교가 서교를 배척했기 때문이라고 보고, 기독교사를 그대로 신앙과 관련한 종교사의 한 부분으로 서술하여 편찬하는 데 그치지 않고, 근대 한국의 낙후와 관련지어 보려고 하였다.[43] 그는 기독교의 박해와 관련하여

純祖辛酉西敎之獄 雖屬神聖之戰이나 實爲朋黨之爭이라.[44]

라고 하여, 천주교에 대한 유교의 박해가 종교적 신념에서라기보다는 사실상 양반 유학자들의 당쟁에서 기인하는 것으로 보았다. 그가 당쟁, 세도정치 등 당시의 정치 현실과 관련시켜 기독교사를 연구하였다는 점은 상당히 주목할 만한 점이라고 하겠다.

---

40) 안계현, 앞의 글, 141쪽.
41) 김수태, 앞의 글, 101쪽.
42) 안계현, 앞의 글, 142쪽.
43) 홍이섭, 〈이능화 선생의 《조선기독교급외교사》〉, 446쪽.
44) 李能和, 《朝鮮基督敎及外交史》 上編, 127쪽.

또한 그는 기독교가 한국에 수용됨으로써 나타난 긍정적인 측면에
대해서 논하였는데,

西敎에 들어가게 되면 계급 차별이 이로써 없어지고…….45)

라 하여 기독교는 유교와 같이 극소수의 양반만을 위한 종교가 아니라
일반 백성과도 관계되는 모든 사람의 종교임을 강조하고 있다. 즉 이능
화는 기독교가 우리나라에 들어오게 되면서 신분이나 지역의 차별이
해소되어 평등해짐으로써, 피지배세력이 역사의 담당자로서 더 많이
참여하게 되었다는 사실을 강조하고자 했던 것이다.46)
  그는 더 나아가 기독교가 한국 사회의 개화를 위해 커다란 역할을 하
고 있음을 높게 평가하였다. 예를 들어

현재로써 보면 西敎 諸派의 신도수는 적어도 수십만이 되는데, 우리 사
회와 직접적으로 큰 관계가 있고 간접적으로도 영향이 있으니, 즉 풍속과
습관을 바꾸고, 민족의 정신을 개조하는 데 있는 것이다.47)

라 했고, 당시 기독교의 포교방법을 들어서

이 派의 傳敎 방법은 天堂의 복음을 廣布하는 동시에 학교, 병원 등의
공익사업을 병행하여 신문명의 공기를 조선인의 머리에 불어넣으니, 일반

---

45) 위의 책, 164쪽.
46) 김수태, 앞의 글, 119쪽.
47) 李能和,《朝鮮基督敎及外交史》下編, 201쪽. "……到今觀之하면 西敎諸派信徒之數는 不
    下數十萬 而與我社會로 大有直接關係 間接影響者하니 卽在移易風俗習慣하고 改造民族之
    精神이라.……"

> 의 사회는 이를 환영하여 교회의 발전은 舊派보다 일층 속도를 보이니
> 라.48)

라고 하여, 그들의 포교활동이 당시의 한국 사람들을 개화시키는 데 커
다란 역할을 하였다는 점을 높이 평가하고 있다.

그러나 그는 기독교의 급속한 세력 확대에 대하여 어느 정도 경계심
을 가지고 있었던 것 같다. 즉

> 미래에 일반의 신자는 그 교리를 信服하기보다 세력을 더 의뢰하는 경
> 향이 있을 것이다. 저 西敎의 선교사들은 이러한 기미를 이용하여 예수교
> 만능주의를 고취하니라. 방관적 위치에 있는 사람으로서 냉정한 눈으로
> 이를 간파하기가 용이하였느니라.49)

라고 하여 서양 제국주의 세력과 함께하는 기독교의 포교방법에 대해
경고를 던지고 있다.

이상에서 이른바 3대 종교, 즉 유교·불교·기독교에 대한 그의 비
교 관점을 살펴보았다. 결국은 불교의 우월성을 전제로 하고 있다는 점
에서 완전히 객관적인 입장에 서 있지는 못하다고 할 수 있다. 다만 그
가 불교 신자이기는 해도 완전히 배타적인 호교론에 빠져 있는 것은 아
니고, 타종교의 존재를 인정하는 가운데 어느 정도 각각의 장점은 인정
하고 있으며, 늘 비교적인 관점을 잃지 않았다는 점에서 어느 정도 객
관성을 유지하려는 노력을 보였다고 생각한다. 특히 불교를 무조건 숭
배하는 것이 아니라, 조국 근대화 가능성의 모색이라는 그의 일관된 문

---

48) 이능화, 〈宗敎와 時勢〉, 35쪽.
49) 위의 글, 35쪽.

제의식에 따라 선택적으로 평가를 내렸다는 점에서 자기 자신까지도 객관화시켜 볼 수 있는 가능성을 보였다고 하겠다.

2.2. 한국 종교의 기원 탐색

이능화의 종교 연구에서 중요한 점은 그가 불교를 중심으로 경쟁 상대라고 할 수 있는 유교, 기독교 등 3대 종교를 비교 고찰함과 동시에 한국 종교문화의 기원을 추구하는 데에 남다른 노력을 기울였다는 점이다. 그는 불교·도교·유교·기독교 등 외래종교가 수입되기 이전 한국 종교의 기원을 탐색하고자 했는데, 그는 이러한 한국의 원시종교를 '신교'(神敎)라 하였다. 그는 이 신교가 천신(天神), 또는 신인(神人)인 천왕환웅(天王桓雄)과 단군왕검(檀君王儉)에서 비롯되었다고 하였고, 예(濊)의 무천(舞天), 가야(駕洛)의 계락(稧洛), 백제(百濟)의 소도(蘇塗), 부여(夫餘)의 영고(迎鼓), 고구려(高句麗)의 동맹(東盟)도 모두 단군신교의 유풍과 여속(餘俗)이 아닌 것이 없다고 하였다. 그런데 인문이 진화되고 유·불·도교가 잇따라 들어옴에 따라 우리의 고유한 풍속은 사회의 배척을 받아, (외래종교나 新唱 宗敎의) 동렬에 나란히 서지 못하게 되었다는 것이다.[50]

결국 그는 신교를 인문이 진화되기 이전의 원시종교로 보고 거기에서 우리 종교의 기원을 탐색하고자 했던 것으로 보인다. 그런데 수많은 세월이 흘러간 오늘날 그 신교의 전모는 파악할 수 없으되, 그 전승으로서 사회문화의 기층을 이루고 있는 무속을 통해서 보면 우리 종교의

---

50) 이능화, 〈朝鮮巫俗考〉, 《啓明》 19호(1927. 5. 10), 1쪽.

기원을 파악할 수 있다는 것이다. 다음의 글들을 보면 무속에 대한 그의 기본적인 관점이 잘 나타나 있다. 즉

　　오늘날에 이르러 조선 고대 神敎의 연원과 조선 민족의 신앙 사상 및 조선 사회의 변천 상태를 연구하려면, 무속에 착안하여 관찰하지 않을 수 없다.[51]

　　조선 무속은 곧 原始 宗敎가 전해져 온 것인 까닭에 옛 것을 살펴보려는 사람에게는 가장 좋은 연구 자료가 된다.[52]

　　오늘날에 있어서 閭巷의 巫俗은 이 또한 檀君 神敎의 계통이다.[53]

라고 하는 등 오늘날의 무속이 고대 신교의 잔류물임을 분명히 하고, 이것을 탐색하면 우리 민족의 종교 기원과 변천 상태를 알아낼 수 있다고 생각하였다. 이것은 종교인류학자들의 종교 기원 탐구와도 같은 맥락의 착안이라고 할 수 있는데, 당시 유행했던 사회진화론을 수용한 당연한 결과로 생각된다.

　더욱이 그가 신교를 연구하는 데 필수적인 자료원으로서 《삼국유사》의 가치를 높이 평가했다는 점에서 그의 종교학적 안목의 탁월성을 지적하지 않을 수 없다.

---

51) "至乎今日 研究朝鮮古代神敎淵源 朝鮮民族信仰思想 及朝鮮社會變遷狀態者 不可不於巫俗着眼觀察也."(위의 글, 1쪽)
52) "朝鮮巫俗 卽是原始的宗敎之傳來者也 故最爲考古者之硏究資料也."(위의 글, 41쪽)
53) "在今日 閭巷巫俗 亦是檀君神敎之系統也."[李能和,〈朝鮮神敎源流考〉,《史林》8-1 (1923), 142쪽]

　　오늘날 사가들이 옛날 신교 풍속을 고찰하고자 할진대는, 《三國遺事》
가 아니면 고찰할 곳이 없다.54)

라 하여 《삼국유사》의 자료적 가치를 높이 평가하면서, 《삼국유사》에
실린 단군신화가 결코 일연의 위찬(僞撰)이 아닌, 유구한 민족 전승임을
강조했다는 점에서 신화의 종교적 가치를 중시하는 그의 안목을 엿볼
수 있다고 하겠다.
　　한편 김열규(金烈圭)는

　　무속을 이 땅 문화 전통과 사회구조의 기층이라고 잘라 말한 최초의 학
문적 발언을 단행한 사람이 바로 이능화다.55)

라고 말한 바 있는데, 그런 점에서 이능화의 《조선무속고》는 한국 민
속학의 효시를 이룬다 해도 과언이 아닐 것이다.
　　그는 무속 가운데에서 우리의 참다운 민속문화를 찾아볼 수 있다고
확신하고, 무속에 관한 사료를 모아 정리하였을 뿐만 아니라 학적인 연
구를 깊이 하였다. 우리나라 고대 무속의 유래에서부터 시작하여 고구
려·백제·신라의 무속과 고려·조선의 무속에 이르기까지의 무속의
역사, 제도, 신격(神格)과 의식 등을 해부했고, 또 서민사회의 무속과 지
방의 무속을 역사적 문헌을 통하여 세밀히 정리하였으며, 나아가 중국
과 일본의 무(巫)에 대한 연구까지를 곁들였으니, 금상첨화가 아닐 수
없다.

---

54) "今之史家 欲爲考古之神敎風俗 非三國遺事 無可考處也."[이능화, 〈朝鮮神敎源流考〉, 《史
　　林》 7-4(1922), 105쪽]
55) 김열규, 〈이능화와 조선무속고〉, 《한국의 민속·종교사상》(삼성출판사, 1981), 543쪽.

《조선무속고》 이외에 그의 무속 이해를 알아볼 수 있는 것으로 《조선종교사》가 있다. 《조선무속고》가 주로 무속의 시대적 흐름을 통해 한국의 무속에 접근한 것이라면, 《조선종교사》에서는 그것을 양태별로 부류를 지어 이해하려 했다는 것이 특징이다. 이것은 진화론과 같은 통시적 종교 연구가 아니고, 공시적으로 비교와 분류를 통해 유형을 정립하려는 시도의 일단이라고 생각된다. 김종서는 이러한 그의 종교 연구에 대해 '단순한 문헌 중심 종교사학적 관심을 넘어서, 이제 새로운 이론적 성향의 종교양태론적(좀 더 과감히 말한다면 넓은 의미의 현상학적) 안목을 초대하고 있는 것'이라고 말한 바 있다.[56]

결국 이능화는 한국인으로서는 최초로 무속을 한국의 기층신앙으로 확실히 보고 이를 학문적 연구의 대상으로 정립시켰다는 데 큰 의의가 있다.[57] 더욱이 그의 무속을 통한 한국 기층문화 탐색이 편협한 국수주의에 머무르지 않고, 인류문화의 보편성 추구에로까지 나아가고 있음을 주목하지 않을 수 없다. 다만 그의 무속 연구에서 한계점을 지적하지 않을 수 없는데, 그것은 자료 선택의 임의성과 신교 개념의 모호성이다. 즉 이능화는 그가 신교 관계 기록이라고 생각한 많은 문헌자료들을 정리, 제시함으로써 자신의 견해를 뒷받침하려 했지만, 제시하는 자료의 다양성은 오히려 신교의 성격 등에 관한 논지 전개를 모호하게 한 감이 있다. 아울러 현지조사를 배제한 문헌연구의 한계를 드러내었다고 볼 수 있다.[58]

한편 무속을 통해서 한국의 종교 기원과 문화적 기층을 파악할 수 있다고 보았던 그의 종교학적 안목은, 같은 맥락으로 현재의 무속에 섞여

---

56) 김종서, 〈한말 일제하 한국 종교 연구의 전개〉, 294쪽.
57) 위의 글, 292쪽.
58) 서영대, 〈한국원시종교연구사 소고〉, 《한국학보》 30(1983년 봄), 163쪽.

있는 도교 신앙의 모습을 살펴보는 작업으로 나아가지 않을 수 없게 하
였다. 그의 도교관을 살펴볼 수 있는 저서로는 《조선도교사》가 있는데,
이것은 그의 종교학적 관점에 입각하여 도교 관계 자료들을 집대성한
이 분야 최초의 저술이다.[59]

그는 이 책에서 도교 신선설(神仙說)의 근원지가 한국임을 밝히고자
하였다. 즉 단군의 '군'(君) 자는 동군(東君)·제군(帝君)·진군(眞君) 등
과 같은 선가(仙家) 용어이며, 삼신산(三神山)은 우리나라에 있는 태백
산(太白山)이고, 진(秦)의 방사(方士)인 서시(徐市)와 한종(韓終)이 불사약
을 구하러 우리나라에 온 사실, 그리고 장량(張良)이 진시황을 죽이려고
우리나라에 와서 창해역사(滄海力士)를 데려갔다는 등의 사실을 통해
도교적 사상과 우리나라의 관계를 밀착시키고, 나아가 우리나라가 도
교의 시원국이라는 주장을 펴고 있다. 종교 연구를 통해 민족 자긍심을
일깨워보려는 그의 애국계몽적인 주체적인 사관이 잘 드러나는 대목이
라고 하겠다.

또한 흥미로운 것은 도교사의 말미에, 그 당시에 새로이 등장한 신종
교들을 포함시켜 논하고 있다는 점이다. 그는 당시의 신종교에 대해서,

> 근자 십 년간에 있어서는 雜敎가 여러 가지로 생겨서 반드시 자기네가
> 말하기를, 儒佛仙을 통합하여 하나의 宗旨를 만든다고 하니, ……그 실지
> 를 따지고 보면 儒敎도 아니요, 佛敎도 아니요, 또한 仙敎도 아니다. 묵은
> 말을 주워 모아서 秘記에 맞도록 만든 데 불과한 것인데, ……야비하고 속
> 됨이 이를 데 없고, 천하고 누함이 또한 많다.[60]

---

[59] 이 책은 이능화 생존시에는 출판되지 못하고 원고본으로 있던 것을 1959년 동국대학교
에서 영인본으로 발간한 것이다.
[60] 이능화 저/이종은 역, 《조선도교사》(보성문화사, 1977), 319쪽.

라고 하여 이들의 유불선 합일주의를 비판적으로 보고 있다. 다른 저술에 나타나는 그의 선구적인 종교학적 안목에 비추어 볼 때, 여기서 그가 신종교들을 비판적으로 언급하고 있는 것은 좀 이해가 안 가는 측면이 있다. 이것은 아마도 진화론적인 사고방식에서 연유한 것으로 보인다. 즉 신종교를 진화의 단계상 낮은 수준에 있는 종교로 보고, 여기서부터 차차 고등종교로 진화해 간다는 생각을 가졌던 것 같다. 그러나 어쨌든 이들 신종교들을 도교적 흐름 속에 놓고 있다는 것은, 새로운 관점으로서 한번 새겨봐야 할 부분이라고 생각된다.61) 결국 여기서 우리는 그의 도교와 신종교 연구가 무속 연구를 통한 한국 종교의 기원과 문화적 기층 탐색이라는 그의 일관된 작업과 같은 안목에서 이루어졌음을 알 수 있다.

요컨대 이능화는 한국 사회가 근대적 개화에 뒤떨어진 죄과를 유교에 돌렸기 때문에, 지배자 중심의 유교적 역사 서술을 극복하여 조선 양반사회에서 억압받고 소외되었던 피지배세력을 회복한다는 뚜렷한 의도를 가지고 그의 종교 연구를 지속해 나갔다고 할 수 있다. 그가 민족 개화에 공헌하였다 하여 기독교를 높이 평가한 점이나, 무속·도교·신종교 연구를 통해서 민족의 종교 기원과 문화적 기층을 파악하려고 했던 것도 다 같은 맥락으로 볼 수 있다.

그의 이러한 확고한 문제의식은 종교 연구에 대한 보충작업으로서의 또 하나의 영역, 즉 사회사 연구로도 나타나는데, 혼제사(婚制史)를 중심으로 하여 역대 여성의 지위와 역할을 살핀 《조선여속고》(1927), 기생의 기원과 신분, 활동을 탐구한 《조선해어화사》(1927) 등도 모두 조

---

61) 흔히 말하기를, 한국에는 도교가 교단의 형태로 발전하지 못했다고 하는데, 이들 신종교들을 교단 도교의 흐름 속에 놓고 보면 어떨까 하는 생각이 든다.

선 사회에서 천시되었던 대표적인 세력에 대한 연구로서 커다란 의의
를 갖는다고 할 수 있다.

2.3. 종교학적 관점

지금까지 살펴본 바와 같이 이능화의 학문적 여로는 불교에서 시작
하여 한국 종교문화의 기층을 이룬 무속신앙에서 끝나고 있다. 여기서
우리는 불교인의 처지에서 시작한 그의 종교 연구가 단순한 호교론이
나 역사적 서술에 머무르지 않고, 비교와 분류를 통한 유형의 정립과
일반 이론의 정립까지 시도하였다는 점에서 그의 높은 종교학적 안목
을 지적하지 않을 수 없다. 결국 그는 종교학 초창기의 2대 방법론인
'진화론'과 '비교법'을 정확히 이해하고 종교 연구를 해 나갔음이 주목
되는 점이라고 하겠다. 진화론의 수용은 무속을 통한 한국 종교의 기원
과 사회 기층 탐색이라는 방향으로 나타났고, 비교종교학적인 시각은
종교 유형론의 정립과 인류 종교문화의 보편성을 추구하는 데로까지
나아가고 있었다.

그는 세계 각 종교의 비교연구를 통해서 유형 정립을 시도하였다. 예
를 들어 〈다신교, 일신교, 무신교〉라는 논문에서 그는 다신교의 대표적
유형으로 유교를 들었고, 일신교는 경교(景教; 기독교), 무신교는 불교
를 말한다고 하였다.[62] 또한 〈다처교, 일처교, 무처교〉에서는 유교와
이슬람교(回回教)를 다처교로 보고, 경교는 일처교, 불교는 무처교라 하

---

62) 李能和, 〈多神教, 一神教, 無神教〉, 《佛教振興會月報》 제4호(1915. 6); 《韓國佛教雜誌叢
書》 제16권, 299~307쪽.

는[63] 등 나름대로의 비교종교학적 안목을 바탕으로 독특한 유형론을 펼쳤다. 여기서 한걸음 더 나아가 그는 "세계 각국의 종교지원(宗敎之源)은 무불개자신화이시(無不皆自神話而始)라"[64]고 하는 등 일반 이론의 정립까지도 시도하였다.

이러한 작업은 결국 인류 종교문화의 보편성을 탐색하는 방향으로 나아가지 않을 수 없었다. 먼저 그는 이규경(李圭景)의 《오주연문장전산고》(五洲衍文長箋散稿)에서

도가의 학문은 노자에서 나온 것으로 三淸이라 하는 것이다. 대개 釋氏의 三身이란 것을 모방한 것으로서…… 지금에 그 종교를 믿는 사람은 三像을 만들어 나열하니, 이미 그 본뜻이 잘못된 것이다.

라고 하여 도교를 비판적으로 언급한 데 대해 논평하기를,

불교의 三身說과 도교의 三淸說은 각각 그 진리가 서로 맞지 않는다고 함부로 경솔히 논평할 수 없다 하겠다. 이는 비단 도교와 불교만 그런 것이 아니라 예수교에서도 또한 聖父·聖子·聖神이 三位一體라고 한다. 이것이 어찌 도교와 불교를 모방한 것이 아니랴. 한갖 예수만 그런 것이 아니라 고조선 단군의 강생설에도 말하기를, 天帝·天神·神人이란 것이 있으니, 三一神事는 어찌 또 불법을 모방하지 않았다 하겠는가. 종교는 각각 자기 설에 따를 뿐이다.[65]

---

63) 李能和, 〈多妻教, 一妻教, 無妻教〉, 《佛教振興會月報》 제5호(1915. 7); 《韓國佛教雜誌叢書》 제16권, 394~403쪽.
64) 李能和, 〈多神教, 一神教, 無神教〉, 299쪽.
65) 이능화 저/이종은 역, 앞의 책, 153~154쪽.

라고 하여, 모든 종교의 존재 자체를 인정하는 태도를 보이고 있다. 이러한 태도는 그의 저술에서 많이 보이는데, 예를 들어 맹인을 청해《옥추경》(玉樞經)을 읽어서 안택(安宅)을 하는 것에 대해서도 이 경이 참이냐 거짓이냐는 물을 필요도 없다고 한 것과 같은 맥락이다.[66] 이것은 모든 종교 현상들을 선입관을 배제한 채 '있는 그대로'(religion as it is) 보려고 하는 종교현상학적인 시각을 보여주는 것으로 평가된다.

여기서 한걸음 더 나아가 그는 여러 종교의 근원적 동일성을 추적하기도 하였다. 즉 그의 기층문화 탐색이 편협한 국수주의에 머무르지 않고, 인류 종교문화의 보편성 추구로까지 나아갔기 때문이다. 즉 그는 조선 신교의 원류를 세계 종교사의 테두리 속에서 이해한 것이다. 그는 세계 각국의 신도설교(神道設教)의 원칙을 예를 들고 나서,

이상 여러 나라들이 받드는 神이 그 이름은 비록 다르나 그 뜻은 같으니, 원초 민족의 종교 사상이 하나에서 나왔음을 알 수 있다.[67]

라고 하여 모든 종교가 그 기원은 하나라는 그의 입장을 분명히 했으며, 더 나아가

도가 이미 합하지 아니하여 서로 도모함이 없으니, 다만 조금도 개의치 아니하고 각각 그 설을 주장한 것이라. 그러나 원래 一圓이 나뉘어져 百方이 되는 것이거늘, 오늘날 사람들이 이것을 알지 못함으로써 分別이 스스로 생기게 되는 것이니, 물과 젖은 기약하기 어렵고, 矛盾은 근심이 된다.[68]

---

66) 위의 책, 276쪽.
67) 이능화, 〈조선신교원류고〉,《동명》제2권, 제8호(1923), 31면. "以上諸國所奉之神이 其名은 雖殊나 其義則同하니 可見原初民族宗教思想이 出於一轍也ㅣ 니라."

라 하면서, 종교는 원래가 하나인데, 이것이 갈라져서 여러 가지의 종교가 되었음을 확실하게 주장하였다.

한편 그는 당시 한국의 종교 현상에 대한 언급에서 당시를 이른바 신교자유시대라고 규정하면서, 조선인 1200만 가운데에 신교·구교의 크리스트교와 동학·남학의 토산종교, 그 밖에 고유의 대종교(大倧敎), 그리고 금광교(金光敎)·신리교(神籬敎) 등의 신도(神道)가 대략 수백만의 신도를 가졌고, 그 밖에 공자왈, 맹자왈 하는 유교도가 있으나 형식만 남았을 뿐이니, 1천만인은 무종교 상태라 하여도 과언이 아니라고 본다. 그리하여 미래에 불교가 1천만 정신을 지배하게 될 것이라는 말이다.[69] 물론 여기서 결론은 불교에 대한 호교론적 주장으로 끝을 맺었지만, 주목할 만한 점은 그가 타종교의 존재를 인정하고 있다는 점이다. 즉 그의 신앙이 이미 '여럿 가운데 하나'임을 전제하였고, 나아가 그런 다종교 상황에서 적극적인 포교의 필수성을 인식하였다는 점이다. 또 여기서 더 나아가

옛날 인도에 佛日이 한번 출현하니, 96가지 道가 풀 위의 이슬같이 사라졌다. 그러나 지금 우리나라에는 屈指의 종교가 10여 種이 있으며, 또한 조선인이 創敎한 것도 또한 적지 아니하여, 머지않아서는 사람마다 하나의 종교를 갖게 될 것이다. 이런 때에 누가 內敎며 누가 外道리오?[70]

---

68) "道旣不同이라.不相爲謀 ㅣ 니 祇可任他하여 各主其說이라. 雖然如是나 元以一圓으로 分成百方이어늘 世間之人이 由因不知하여 自生分別하니, 水乳는 難期오 矛盾은 是慮라." [李能和, 《百敎會通》(佛敎書館, 1912), 序文]

69) 李能和, 〈禪敎兩宗과 講學布敎〉, 《佛敎振興會月報》 제7호(1915. 9); 《韓國佛敎雜誌叢書》 제16권, 530~534쪽.

70) "昔於印度에 佛日이 一出하니 九十六道 ㅣ 如草上露하여 皆消化矣라. 然今宇內에 屈指之敎 ㅣ 有十數種하며 且朝鮮人所創之者도 亦屬不少하여 不久에 將見人各一敎라. 當此之時하여 誰爲內敎며 誰爲外道리오.……"(이능화, 《백교회통》, 序文)

라고 하였는데, 이제 더 이상 하나의 종교가 배타적인 권리를 누릴 수 없음을 분명히 인식하고 있었다는 점에서 그가 단순한 종교다원적 현상의 인식을 넘어서 이른바 오늘날의 종교다원주의와도 비슷한 생각을 가졌다고 볼 수 있다. 바로 이러한 점을 바탕으로 그의 불교 연구는 전통적인 회통론(會通論)의 경지를 뛰어넘어 객관적이고도 과학적인 불교 연구, 즉 근대 불교학으로 발돋움할 수 있었다.

V. 불교의 정체성 확립과 불교 계몽

앞에서 살펴본 바와 같이 이능화는 독실한 불교 신앙인으로서, 새로운 시대에 걸맞는 불교의 위상을 정립하고자 타종교와 비교연구를 펼쳤다고 할 수 있다. 그는 조선 500여 년 동안 너무나 혹독한 탄압을 받았기에 풍부한 가능성이 열려 있는 새로운 시대를 맞이했음에도 진취적이고 적극적인 태도를 보이지 못하는 불교계의 가장 큰 문제점은 무엇보다도 자신감의 부족이라고 보았다. 그런 점에서 타종교와 비교를 통해서 불교의 정체성을 확립하고 자신감을 회복하는 작업에 몰두하는데, 이는 불교의 발전을 위해 불가피하면서도 중요한 의미가 있는 작업이었다.

따라서 그의 불교 연구는 타종교에 대한 불교의 우월성 확보를 전제로 하고 있다는 점에서 전통적인 불교회통론과 큰 차이가 없어 보이기도 한다. 그렇지만 그가 완전히 호교론에만 빠져 있는 것은 아니고, 타종교의 존재를 그대로 인정하는 종교현상학적인 관점과 종교다원주의적인 개방적 사고의 소유자로서 불교를 여러 종교 가운데 하나로 놓고 될 수 있는 한 객관적으로 보려는 노력을 견지했다는 점에서 확실히 전통 불교학의 수준을 뛰어넘었다고 생각한다. 더 나아가 종교학 초창기의 2대 방법론인 '진화론'과 '비교법'을 정확히 이해하고 있었으며, 비교와 분류를 통한 유형의 정립과 일반 이론의 정립까지 시도하는 등 과학적인 방법론을 가지고 불교를 연구하였다는 점에서, 여러 가지 한계가 있지만 근대 불교학의 선구자로 평가할 만하다 하겠다.

이제 그의 근대적인 불교사상과, 불교학을 근대적 학문으로 정립하기 위한 학문적 노력, 그리고 불교의 과거를 비판하고 새로운 불교상을 정립하려는 교계에서의 노력 등을 살펴봄으로써, 그의 불교학이 갖는 근대성을 조명해 보고자 한다.

1. 불교 연구의 동기와 중도적 평등주의

조선 사회가 근대적 개화에 낙후된 원인 규명과 '민족 근대화의 가능성 모색'이라는 분명한 목적의식 아래 전통문화 연구의 길로 뛰어든 이능화가 우선적으로 불교에 빠져든 동기는 무엇이었을까?

첫째는 개화사상의 영향이고, 둘째는 세계적으로 발전된 일본 불교학에 대한 문화적 충격, 셋째는 두 번에 걸쳐 일어난 독특한 불교에 대한 종교적 경험을 들 수 있다. 이를 구체적으로 살펴보기로 한다.

첫째는 개화사상의 영향인데, 이능화는 개화사상가들과 마찬가지로 불교의 사해평등사상에서 유교적인 양반지배체제를 극복할 수 있는 논리를 발견하였고, 그럼으로써 불교에서 민족 근대화의 가능성을 보았다는 것이다. 불교는 기독교와 더불어 서구 문물 수입의 통로로서 개화사상 형성에 일정한 영향을 미친 것이 사실이다.[1] 1884년의 갑신정변을 전후한 시기에 개화파가 불교사상을 만난 것은 불교가 실천적 종교로서 주목되어 개화파 인사들의 관심의 대상이 된 데서 비롯되었다. 물론 불교사상이 개화·개혁사상에 직접 연결되는 것은 아니지만, 유교

---

[1] 강돈구, 《한국 근대종교와 민족주의》(집문당, 1992), 104쪽.

사상과 비교해 볼 때 현실적으로 실천적인 면에서 국가 이익에 통한다고 보았던 것이다.[2] 특히 개화승 이동인(李東仁)에게서 영향을 받은 유대치(劉大致)는 근대적 개혁을 위해서는 봉건사회의 이념인 유교에 대신하여 실천적인 종교로서 불교를 채택하여 근대화를 기해야 한다는 불교국익론(佛敎國益論)을 주장하기도 했다.

이능화가 불교에 관심을 갖게 된 것도 이들 개화사상가의 영향이라고 생각한다. 우선 그는 당대에 가장 뛰어난 외국어 실력을 갖춘 인물 가운데 하나로 자연스럽게 개화주의자들과 어울릴 수 있었을 것이고, 다음으로 철저한 개화주의자였던 아버지 이원긍의 영향 또한 컸으리라고 생각한다.[3] 물론 그의 아버지는 기독교인으로 신앙은 달랐지만 개화주의에 대한 관심만은 같았고, 더욱이 그를 외국어 공부와 신학문 탐구로 이끈 것은 아버지의 격려와 지도에 힘입은 바가 컸기 때문이다.

그런데 이능화를 개화주의 가운데서도 불교계로 이끈 하나의 계기는 1906년에 설립된 최초의 근대적 불교학교인 명진학교와의 인연이 아니었을까 싶다. 명진학교는 이보담(李寶潭)·홍월초(洪月初) 등이 불교연구회를 조직하면서 추진했던 사업이다.[4] 동대문 밖 창신동의 원홍사(元興寺)에 설립하였는데, 교수과목은 근대 학문의 기초학과, 또는 예비

---

2) 김창수, 〈한국 근대불교계의 개혁운동〉, 《불교사학논문집》(동국대, 1988), 309쪽.

3) 두 부자가 처음에는 개화주의의 입장에서 의견을 같이했으나, 1900년 무렵에 한 사람은 기독교, 또 한 사람은 불교로 나뉘어 각기 다른 길을 걷게 된다. 이 점에 대해서는 앞의 Ⅳ장 주 36) 참조.

4) 불교연구회는 '先進 日本의 발달된 布敎 方式을 도입하여 近代化를 기하자'는 목적에서 설립된 것이다. 근대적 포교, 교육체제를 갖춘 일본 불교에 대한 충격으로 근대식 불교학교 설립에 착수하니, 그것이 바로 명진학교이다. 명진학교의 설립과 변천 과정에 대해서는, 남도영, 〈구한말의 명진학교—최초의 근대식 불교학교〉, 《역사학보》 90(1981), 39~69쪽과 〈근대불교의 교육활동〉, 《근대한국불교사론》(민족사, 1992), 209~263쪽을 참조할 것.

과로서 이른바 보통과를 위주로 하였으니, 불교학 이외에 종교학, 철학, 산술, 역사 및 지리, 일어, 이과, 측량학, 경제학 등이 교수되었다고 한다. 입학자격은 엄격하여 강원에서 사교(四敎)·대교과(大敎科)를 수료한 13세에서 30세까지의 승려로서 수사찰(首寺刹; 中法山, 本寺)의 추천을 받은 자로 규정하였고, 학비는 수사찰에서 부담하되, 추천은 2명으로 제한하고 지·필·묵·서책 등 학용품은 불교연구회가 담당하였다.

이 명진학교에서 이능화는 제2대 교장과 종교사·어학 강사로서 활약했다. 그런데 위에서 언급한 바 있듯이 이보담은 개화당의 일원으로서, 1879년 봉원사에서 김옥균·서광범·박영효·서재필 등과 함께 이동인으로부터 일본에서 가져온 서양의 신문물과 개화사상에 대한 교육을 받기도 했다.[5] 이러한 정황들을 종합해 볼 때, 이능화는 이보담을 만나고, 명진학교에서 강의한 경험 등을 통해서 불교계의 개화주의에 강한 매력을 느꼈고, 자신도 같은 방향으로 학문적 길을 걷게 되었던 것으로 보인다. 그런 점에서 그를 '불교적 개화주의자'라고 불러도 좋을 것이다.

한편 그를 불교적 개화주의로 이끈 또 하나의 계기는 1907년 3개월 동안의 일본 시찰이었다. 그는 정부의 특명으로 30인 일본 시찰단의 일원이 되어 각 관청 사무와 학교의 교육 규모, 그리고 공장의 운영 상황 등을 돌아볼 기회를 갖게 된다. 사실 불교인의 일본 시찰은 제국주의 일본 불교의 한국 불교 포섭공작의 일환으로 추진되었던 것으로, 일본 측에서는 조선주답군사령관(朝鮮駐劄軍司令官) 하세가와(長谷川好道)가 직접 시찰단을 인솔했고, 천황을 만나게 하는 등의 후의를 보여 시찰단으로 하여금 상당히 좋은 인상을 갖게 하였다.

---

[5] 남도영, 〈근대불교의 교육활동〉, 212쪽.

138

이능화는 자신의 시찰 경험을 회상하는 글에서

> 나는 동경 100일의 好紀念이 지금토록 心中에 不泯하며 好利益이 지금
> 까지 現前에 適用되는 터이라.[6]

라고 하여 일본 시찰의 경험이 그에게 얼마나 좋은 인상으로 남았는가
를 술회하고 있다. 특히 그는 근대화된 문명의 발달 속에서도 세계적으
로 발전된 일본 불교에 대해 일종의 문화적 충격을 받았던 것으로 보이
는데,

> 內地佛敎는 어찌하여 世界上에 제일 지위를 점령하였는가? 연구하여 보
> 면 규모의 詳密함과 制度의 完美함에 在함은 無論이어니와 규모의 상밀과
> 제도의 완미는 결코 一朝一夕의 事가 아니요 先人의 已行軌範을 後人이 연
> 속 承張한 積累成功이 아니면 美好한 결과가 없을지라.[7]

라고 하여, 일본 불교가 규모로나 제도로나 세계적으로 발전한 원인을
전통의 계승·발전에 두었음을 알 수 있다. 결국 그는 일본 시찰 과정
에서 근대화와 전통 불교가 양립할 수 있다는 확신을 얻었고, 이를 계
기로 전통 불교의 근대적 체계화 작업에 매진할 수 있었다. 그리하여
일본에서 돌아온 직후부터 한국 불교계의 천박한 역사의식을 극복하고
자 낙후되어 있는 한국 불교사 정리에 착수하였다.[8]

---

6) 李能和, 〈內地에 佛敎視察團을 送함〉, 《朝鮮佛敎叢報》 제6호(1917. 9); 《韓國佛敎雜誌叢
書》 제14권, 313쪽.
7) 위의 글, 314쪽.
8) 그가 《조선불교통사》의 자료 수집에 착수한 것은 1907년부터라는 그의 언급이 이러한
사실을 뒷받침해 준다.[李能和, 〈朝鮮佛敎通史에 就하여〉, 《朝鮮佛敎叢報》 제6호(1917.

그를 불교 연구에 헌신케 한 결정적인 계기는 그의 불교에 대한 독특한 종교 경험에서 찾아야 할 것이다. 첫 번째 경험은 어렸을 적 쌍장선사(雙杖禪師)와의 만남이다. 그는 사숙에서 한문 공부를 하면서 유교의 고루한 인습에 대해 비판적인 생각을 가지고 있었는데, 성불사(成佛寺) 중창화주(重創化主) 산해계봉(山海繼奉; 雙杖禪師)과의 만남을 통해서 자기가 모르던 불교의 새로운 세계관을 접하고 강한 인상을 받았던 것이다.

쌍장선사와의 만남은 두 번 있었는데, 첫 만남은 유년 시절에 이루어진다. 즉 쌍장선사가 모연권선문(募緣勸善文)을 가지고 집에 들렀는데, 그의 아버지가 얼마의 돈을 보시하고 아들의 장수를 축원하기 위해 그 명자(名字)를 선사에게 팔았다는 것이다.[9] 두 번째 만남은 10여 세 무렵인데,[10] 그는 쌍장선사와 강을 사이에 두고 양 강변에 서서 다음과 같은 선문답을 나누었다고 한다.

　　스님은 거기[彼岸] 계시고 나는 여기[此岸] 있으니, 나의 거기가 스님의 여기요 스님의 거기가 나의 여기라. 스님이 나를 건네시려면 어디에 배를 대시겠습니까? 여기가 옳습니까? 거기가 옳습니까?

---

8); 《韓國佛教雜誌叢書》 제14권, 347쪽]

[9] 李能和, 〈萬事萬理를 自心自性에 求하기 爲하야〉, 《佛教》 제50·51호(1928. 9), 60쪽.

[10] 그는 자신의 불교 신앙 내력을 설명하는 글에서, "나이 10세에 미쳐 문자를 自讀할 만한 정도에 家中藏書를 열람하다가 《事文類聚》〈釋道卷〉에 至하여 黃梅五祖弘忍大師가 六祖慧能大師에게 衣鉢傳法하든 神秀偈 '身似菩提樹 心如明鏡臺 時時勤拂拭 勿使惹塵埃,' 慧能偈 '菩提本無樹 明鏡亦非臺 本來無一物 何處惹塵埃'의 機緣語句를 보고 心中에 奇特想을 내어 '대저 佛法이란 것은 이상하다'고 하였다"고 말하였는데, 그가 쌍장선사와 선문답을 나눈 것도 대개 이때, 즉 나이 10세 전후였던 것으로 추정된다.(위의 글, 60쪽 참조)

여기에도 대지 않고 거기에도 대지 않고 가운데도 대지 않고, 이렇게 대지.11)

10여 세 소년의 대화 내용이라고는 믿기지 않을 만큼 수준 높은 문답이지만, 어쨌든 이능화 자신이 불교에 대한 첫 감상으로 불교의 중도(中道)사상을 내세우고 있음은 주목할 만하다.

그런데 이러한 중도사상이 인간관계의 원리로 적용될 때, 그것은 또한 평등주의가 된다. 어디에도 걸림이 없다고 하는 중도의 원리는, 곧 인간이라면 누구나 똑같이 존귀하다는 평등주의와 통한다고 볼 수 있기 때문이다. 따라서 중도가 체(體)라면 평등주의는 그 용(用)으로서 동전의 양면처럼 서로 통하는 것이다. 그는 불교를 정의하여 말하기를

佛이란 깨달음이요, 敎란 先覺이 後覺을 깨닫게 해 주는 것이다. 선각이란 누구인가? 부처이다. 후각이란 누구인가? 중생이다. 부처와 중생이 깨달음은 하나이되, 선후일 따름이라.…… 그러니 부처이자 凡夫요, 범부이자 부처라. 앞선 것이 뒤진 것이요, 뒤진 것이 앞선 것이다. 앞선 것이 앞섬이 없으며, 뒤진 것 또한 뒤짐이 없다. 범부를 범부라 할 것이 없고, 부처를 부처라 할 것이 없다. 남[生] 또한 남이 없고, 빠름[速]은 본래 빠를 것이 없는 것이다. 體를 體라 할 것이 없고, 깨달음[了]을 깨달음이라 할 것이 없다. 본래 스스로 미혹함이 없고, 지금 또한 깨달음도 없다. 열어 보이는 자는 누구이며, 깨달아 들어가는 자는 누구인가.12)

---

11) 李能和, 〈牧牛歌〉, 48~49쪽.

12) "佛者覺也 敎者以先覺覺後覺也 先覺者誰也 佛也 後覺者誰也 衆生也 佛與衆生 覺卽一也 先後而已…… 然則佛也凡也 凡也佛也 先之後之 後之先之 先旣無先 後亦無後 無凡可凡 無佛可佛 生亦無生 速本無速 無體可體 無了可了 本自無迷 今亦無悟 開示者誰 悟入者誰……"[李能和, 〈發刊詞〉, 《佛教振興會月報》 제1호(1915. 3), 《韓國佛教雜誌叢書》 제16권, 7쪽]

라고 하여 불교의 평등주의를 분명히 하고 있다.

그는 〈여시관〉(如是觀)이라는 논문에서 동·서양의 세계관과 사회관을 비교하면서, 서양이 오늘날 부강한 것은 자유와 기독교의 평등 정신에 말미암은 것이고, 동양이 문약(文弱)에 흐르게 된 것은 요순주공(堯舜周孔)의 교훈에 기초하는 계급차별주의 때문이라고 하였다. 더 나아가 오늘날 세계는 서양 문명의 조류로 평등주의를 구가하는데, 동양인은 누천 년 습관이 된 계급예속을 하루아침에 내버리고 서양인을 모방하려고 하는 데서 갈등이 생겨난다고 보았다. 그런데 이러한 동서의 문명을 절충하고 동서의 법속을 조화하여 사회의 안녕을 지키며 인류의 행복을 누리려면 불교의 정신을 갖지 않으면 안 되겠다고 한다. 왜냐하면 석가모니는 지혜를 주로 하여 세계를 평등으로 관찰하고, 사회를 평등으로 관찰하고, 중생을 평등으로 관찰하였는데, 이러한 석가의 교훈은 온화평순하여 예수와 같이 위격(危激)치 않고, 공씨와 같이 번쇄(繁瑣)하지 않다는 것이다.13)

여기서 그는 민주주의의 평등 이념으로 동·서 문명을 비교하고 있는데, 동양이 근대화에 낙후된 원인을 유교에 돌렸고, 상대적으로 기독교가 근대화에 끼친 영향을 긍정적으로 보았다는 점에서 그의 기본적인 종교관이 잘 드러나 있는 언급이라고 생각된다. 다만 그는 근대화의 사상적 기초를 서양사상에 두지 않고, 전통 불교사상 속에 담긴 평등주의를 현양(顯揚)하려 했다는 점에서 불교인으로서의 그의 주체 의식을 잘 나타내 주었다고 생각된다. 요컨대 이능화는 서양에서 들어 온 민주주의 평등 이념의 원초적 형태를 불교사상 속에서 발견하고자 했던 것

---

13) 李能和, 〈如是觀〉, 《朝鮮佛教叢報》 제17호(1919. 9); 《韓國佛教雜誌叢書》 제15권, 455~
456쪽.

이라고 할 수 있다. 실제로 그는

 彼쓴乾國에 悉達太子는 決定出家하여 雪山修道하여 漆桶의 無明을 打破하고 菩提의 正果를 증득한 결과 당시 인도의 四族의 정신을 통일하여 계급을 평등하니 국왕대신이나 巨富長者이나 農主商客이나 如是乃至冶工屠戶까지라도 釋尊의 법문을 一聽하면 평등성과 齊平理를 悟得證得하여 快活自在치 아니한 자가 無하였도다.14)

라고 하여 석가모니의 가르침이 역사적으로 인도의 카스트 제도 아래에서 계급의 평등을 선포하여 사족(四族)의 정신을 통일하고, 인간의 존엄성을 드높였음을 강조하였다.

이상을 종합하면 결국 그의 불교사상은 중도적 평등주의라고 말할 수 있다. 이것은 그가 32세 되던 1900년에 이루어진 두 번째 종교 경험을 통해서도 나타나는 점이다. 즉 그는 친구가 선물한 《원각경》(圓覺經), 《화엄경》(華嚴經), 《지월록》(指月錄) 등의 불경을 읽고 크게 깨달음을 얻었는데, 특히 《원각경》에 나오는 다음의 구절에서 큰 감명을 받았다는 것이다.

 이때에 세존께서 淸淨慧菩薩에게 말씀하시되, 일체 障碍는 곧 究竟의 깨달음이요, 생각을 얻음과 잃음이 解脫 아님이 없으며, 法을 이룸과 깨뜨림을 다 涅槃이라 이름하며, 지혜와 어리석음이 모두 般若가 되며, 菩薩과 外道가 성취하는 法이 똑같이 菩提이며, 無明과 眞如의 경계가 다르지 않고…….15)

---

14) 李能和, 〈朝鮮僧侶와 社會的 地位〉, 《朝鮮佛敎叢報》 제20호(1920. 3); 《韓國佛敎雜誌叢書》 제15권, 670쪽.
15) "爾時世尊 告淸淨慧菩薩言 一切障碍 卽究竟覺 得念失念 無非解脫 成法破法 皆名涅槃 智

그리하여 전날 쌍장선사와 나눈 선문답이 연상되면서 불법의 광대무외함에 기울어져 이로부터 프랑스어와 같은 학문은 모두 내던져버리고 불심을 연구하는 데 매달리게 되었다.[16]

이상과 같이 그가 불교에 귀의한 동기와 불교에 대한 그의 생각을 종합할 때, 결국 그는 불교의 중도사상과 평등주의에서 유교의 계급 차별적인 전근대적 이데올로기를 타파할 수 있는 가능성을 찾음은 물론, 서구의 민주적인 평등이념의 원초적 형태를 찾음으로써 불교에 대한 신앙과 학문적 체계화의 길로 나아가게 되었던 것이라고 할 수 있다.

2. 불교의 정체성 확립

한국 불교를 연구하면서 그가 제일 먼저 착수했던 것은 무종(無宗)·무맥(無脈)의 산중불교시대를 거치면서 자신감을 잃고 방황하는 한국 불교의 정체성을 확립하는 작업이었다. 이것은 '신교의 자유'라는 새로운 시대 상황에 따라 모든 종교가 대등하게 경쟁하게 된 마당에, 당시 유행했던 사회진화론의 우승열패, 생존경쟁이라는 법칙에 따라 불교의 생존과 발전을 담보하려는 시급하고도 불가피한 과제였다고 하겠다.

먼저 그는 교리적인 비교를 통해 불교의 우수성을 확인하려고 했는데, 이러한 입장은 그가 여러 잡지에 남긴 논설들 속에 확연히 나타난다. 그는 기독교와 유교의 장점을 어느 정도 인정하면서 불교의 우수성을 강조하여 말하되

慧愚癡 通爲般若 菩薩外道所成就法 同是菩提 無明眞如 無異境界……."
16) 李能和, 《朝鮮佛教通史》 下編, 1246쪽.

今世의 허다한 종교에 어느 종교가 좋지 않은 것은 아니다. 戒銘, 福音
을 信從하야 장래 천당의 복락을 希覬하는 기독교도 좋고, 도덕 윤리를 창
명하야 현재 人世의 안락을 도모하는 孔子敎도 좋다. 그러나 能和는 萬事
萬理를 自心自性에 求하는 佛法을 제일 좋은 것으로 看取하였다.[17]

라고 하여, 기독교의 목표는 천당의 복락(福樂)이요, 유교는 현세의 안
락을 도모하는 등 나름의 장점이 있지만, 자심자성(自心自性)의 깨침을
구하는 불교가 가장 좋은 것이라고 판단하고 있음을 알 수 있다.

타종교에 대한 불교의 우수성을 자성의 깨침에서 구하는 그의 불교
관은 다음의 말에도 나타난다.

今精神界에 天을 對象으로 하는 數三宗敎는 혹은 上帝를 敬拜하여 彼天
國의 永生을 希覬하며 혹은 天命을 倡說하여 其性道를 率修하며 혹은 天主
를 시봉하여 其造化를 永世에 불망하는도다. 然而我佛所說에 依하면 천지
만물이 皆備於我라하니, 換言하면 上天下地 삼라만상은 卽皆吾人의 自心所
造라. 此亦所謂天上天下에 唯我獨尊이니 何以故오 하면 心卽是佛이오 佛卽
是心이라. 吾人이 心性을 수양하여 法道를 悟徹하면 蒲團上을 不離하고 大
天界를 洞見할지라.…… 세간에 종교가 허다하지만은 영구적 정신을 수양
하려 하면 我佛敎에 귀의함만 不如하니 我佛敎에 귀의한 연후에야 天堂亦
地獄, 地獄卽天堂의 진리를 悟得할지로다.[18]

여기서도 타종교, 즉 유교와 기독교가 상제(上帝)·천명(天命)·천주
(天主) 등을 신봉하고 있지만, 심즉시불(心卽是佛)이요 불즉시심(佛卽是

---

17) 李能和,〈萬事萬理를 自心自性에 求하기 爲하야〉, 60쪽.
18) 李能和,〈堂獄布敎說〉,《朝鮮佛敎叢報》 제16호(1919. 7);《韓國佛敎雜誌叢書》 제15권,
    373~377쪽.

心)을 내세우는 불교가 그 가운데에서 가장 우수하니, 불교에 귀의해야만 영구적 정신을 수양할 수 있고, 천당·지옥이 모두 마음의 조화라는 사실을 깨달을 수 있다는 것이다.

한편 그가 불교의 우수성을 주장하는 논리에는 종교적 교리에 관한 것도 있지만, 한국 문화에 끼친 불교의 지대한 영향, 또는 불교의 대사회적 유용성에 관한 부분도 있어 보인다. 우선 그는 한국 역사와 문화에 끼친 불교의 영향에 대하여 자부심을 가지고 있었으니, 다음의 글에서 그의 이러한 자부심을 엿볼 수 있다.

佛敎가 海東에 수입된 이래로 1500년에 國敎가 되어 人心에 깊이 사무쳐서 그 거대한 위력과 넓고 넓은 덕화가 실로 不可思議한 바가 있으니, 오늘날 표면상 현저한 것만 말하더라도 경주의 石窟庵은 동양 미술에 제1의 지위를 점하며, 陜川 海印寺의 藏經板은 세계의 珍寶로 일찍이 비할 데 없는 찬사를 들었고, 뿐만 아니라…… 정부가 보관하는 古蹟이 하나도 佛家에 있고, 둘도 佛家에 있으며 十百千萬이 모두 불가에 있으니, 따라서 조선의 역사를 佛蹟으로 主要를 삼지 않을 수 없으며, 조선 域內 名勝地에 一山一峰과 一岩一石이 하나도 佛菩薩의 이름을 하지 않은 것이 없으니, 따라서 조선 지방을 佛土로 인정하지 않을 수 없으며, …… 歌曲之譜는 靈山이라 이름했으니 조선의 樂章이 佛道에서 나왔으며, 諺文之法은 온전히 梵書를 모방했으니 조선의 문화가 佛敎에서 나왔으며, 4월 8일에 萬民娛樂之節과 7월 보름에 百種遊戲之事는 곧 조선의 風俗이 많이 佛事에서 나왔음이니, 해동 조선에 이와 같은 일이 있는 것은 다른 것이 아니라 1500년의 老大한 宗敎이기 때문이니, 歷史도 이와 관련이 있고 文化도 여기에 있으며 人物도 여기서 나왔으며 風俗도 여기에서 나온 것이로다.[19]

___

19) 李能和, 〈佛敎信仰의 過去時代와 佛敎信仰의 現今時代를 論함〉, 《佛敎振興會月報》 제4호(1915. 6); 《韓國佛敎雜誌叢書》 제16권, 287~288쪽.

조선의 문화는 거의 대부분 불교에서 나왔다는 것이니, 그의 불교의 우월성에 대한 확신을 분명히 보여주는 말이라고 하겠다. 또한 그는 불교의 대사회적, 또는 미래 세계문명에 유용함을 확신하여 말하되,

蔽一言하고 佛氏의 교의를 침잠반복하면 何世界, 何社會, 何時代를 毋論하고 通而不滯하고 活而不死하여 데모크라시에도 적합하고, 쏘시알리즘도 無妨하며, 기타 世界主義, 個人主義까지도 적당치 않은 것은 萬無하다. 세계의 문명이 발달될수록 佛義는 益益 채용될 줄로 確信하는 바이로다.[20]

라고 하여, 불교는 어느 시대, 어느 사회를 막론하고, 또 어떤 이데올로기나 미래 문명사회에도 더욱 유용한 종교라는 것이다.

이렇게 볼 때, 불교의 우수성을 확인하려는 그의 노력 속에서 조국 근대화의 가능성 모색이라는 그의 학문적 주제를 또 다시 발견할 수 있다. 즉 그가 왕공대신(王公大臣)의 신앙보다는 일반 대중의 문화를 중심으로 불교의 역할을 논하는 점이나, 불교의 자력신앙에서 타종교의 장점을 발견하는 것, 그리고 민주주의·사회주의와의 관련성을 모색하는 것도 결국은 '중도적 평등주의'라는 그의 불교사상의 표출이며, 결국은 불교사상을 통해서 조국 근대화의 논리를 끌어낼 수 있다는 확신의 표현이라는 점이다.

이러한 이능화의 기본입장이 집대성되어 나타난 저술로 우리가 빼놓을 수 없는 것이 그의 최초의 저서인 《백교회통》(百敎會通; 1912)이다. 이 책은 우리나라 최초로 세계 종교들를 비교의 시각에서 본격적으로 다루었다는 점에서 한국 종교학사에서 중요한 업적이라고 할 수 있다. 그는 비교종교학의 관점과 어려서 쌓은 박식한 한학 실력을 동원하

---

[20] 李能和, 〈如是觀〉, 456쪽.

여 불교와 여러 종교들을 비교 고찰하고 있다. 책은 크게 세 부분으로 나누어지는데, 대조(對照)와 불교요령(佛敎要領), 그리고 대변(對辨)이다. 대조에서는 11개의 종교를 각각 불교와 비교하고 있는데, 여기서 대조된 종교로는 도교, 귀신술수(鬼神術數)의 교, 신선교, 유교, 기독교, 이슬람교, 바라문교, 태극교, 대종교(大倧敎), 대종교(大宗敎), 천도교(天道敎)가 있다. 그가 여러 종교를 비교하는 방법은

> 이에 여러 종교의 강령을 對照·相竝하여 같고 다른 점을 밝히며, 인용하여 會通하며, 성훈은 존중하여 조금도 바꾸지 아니하며, 한글 토를 달아서 보기 편케 하니, 각 敎의 교리와 실천이 손바닥을 가리키는 것처럼 명료하다.[21]

라고 하여 각 종교의 역사와 교리, 수행법 등에서 나름대로의 주제를 세워 뽑아 그에 대한 간략한 서술을 하고, 이에 대비될 만한 불교의 교설을 붙여서 하나씩 대조해 나갔다. 특히 대단한 한문 실력으로 주로 여러 종교의 경전들을 인용하여 비교의 재료로 삼고 있음이 주목된다.

　이러한 대조작업의 결론으로 그는 모든 종교를 총합하여 불교와 대조해 보았는데, 그가 대조의 기준으로 삼은 것은 '하늘'[天]에 대한 믿음이다. 그는 보통 옛부터 하늘이란 4종으로 구분되어 왔다고 하면서,[22] 유교에서 말하는 하늘은 네 가지가 다 있고, 기독교·이슬람교·

---

21) "爰將諸宗敎之綱領하여 對照相竝하여 同異發明하며 引而證之하야 會而通之하며 毫不變易하여 尊重聖訓하며 諺解句讀하여 以便閱覽하니 各敎理行이 瞭若指掌이라."(李能和, 《百敎會通》, 序文)

22) 여기서 제일종천(第一種天)이란 형체로서의 하늘을 말하는 것이니, 창천(蒼天), 천복(天覆) 등을 말한다. 제이종천(第二種天)이란 주재(主宰)하는 것으로서의 하늘을 말하는 것이니, 천제(天帝), 황천(皇天) 등이 그것이다. 제삼종천(第三種天)이란 명운(命運)으로서의 하늘을 말하는 것이니, 곧 '하늘이지 인간이 능히 하는 바가 아니다' 하는 등이다. 제사종천

148

바라문교·대종교(大倧敎)·대종교(大宗敎)·천도교 등에서 말하는 하늘은 주로 제2종천이라고 본다. 그는 불교에도 이 네 가지 하늘이 다 있으나, 부처님은 이 네 가지를 뛰어넘은 까닭으로 하늘 중의 하늘[天中天]이라고 한다. 그리고 제1종의 하늘, 즉 창천 같은 것은 부처님께서는 다만 허공을 가리킬 뿐 하늘로 치지도 않는다고 하였다.[23]

그가 이 책을 저술한 목적은 무엇인가? 그것은 여러 종교에 견주어 불교의 우수성을 확인하려는 것이었다고 볼 수 있다. 사실 역사적으로 유불(儒佛)·도불회통론(道佛會通論)이나 삼교합일론(三敎合一論)은 불교의 세력이 강할 때는 나타나지 않았다. 다른 종교의 불교에 대한 공격이 강력하여 불교의 입지가 약화되었을 때 다른 종교의 공격에 대한 방어적 수단으로서, 또는 경쟁이 치열할 때 경쟁에서 상대방을 제어하기 위한 이론적 수단으로서 불교측이 만들어낸 논리가 바로 회통론이었다.

조선시대 함허득통(涵虛得通; 1376~1433)의 《현정론》(顯正論)이나 《유석질의론》(儒釋質疑論), 그리고 청허휴정(淸虛休靜; 1520~1604)의 《삼가귀감》(三家龜鑑) 등이 전자의 입장이라면, 이제 신교의 자유와 우승열패의 종교경쟁이라는 새로운 시대적 환경 아래에서 이능화의 백교회통론은 후자의 입장, 즉 종교다원주의적 입장에서 여러 종교와의 경쟁에서 우월성을 확보해 보려는 이론적 시도라고 규정할 수 있을 것이다.

이러한 입장은 이 책의 두 번째 부분인 '불교요령'과 세 번째 결론 부분인 '대변'에서 확실히 드러난다. 그는 불교요령에서 불교의 교설을 스무 가지로 나누어 요약 설명하였고, '대변'에서는 그가 이 책의 서문에서

(第四種天)이란 의리(義理)로서의 하늘을 말하는 것이니 천리(天理), 천도(天道) 등이다.
[23] 위의 책, 56~57쪽.

> 끝 부분의 對辨에 대해서는, 나는 佛者인 고로 불교를 비방하는 자에 대
> 하여 辨明할 따름이오, 다른 것이 있는 것은 아니다.[24]

라고 분명히 밝혔듯이, 세인의 불교 비판에 대해서 11개항에 걸쳐 변증
을 함으로써 불교인으로서 그의 기본입장을 분명히 하였다.

그러나 이러한 기본입장이 있음에도, 이 책에는 그의 근대적인 종교
인식이 여러 군데서 나타남을 간과해서는 안 될 것이다. 우선 그가 종
교다원주의적인 사고방식을 가졌다는 점은 이미 앞에서 밝힌 바 있지
만, 여기서 더 나아가 그의 비교연구가 모든 종교의 근원적 동일성을
탐구하는 데로 나아갔음을 주목하지 않을 수 없다.

바로 이러한 점에서 그가 전통적인 회통론의 맥락을 잇고 있다고 주
장하기도 하지만, 이능화의 관점은 분명 새로운 시대적 상황과 종교인
식을 바탕으로 하였다는 점에서 이를 뛰어넘었다고 생각된다. 그는 이
책의 서문에서

> 儒者가 그것을 보면 儒道라 이르고, 佛者가 보면 佛道라 이르며, 他敎人
> 도 이와 같아서, 心性을 설함에 남을 알고 나를 알아서, 스스로 결정하여
> 선택하며, 다 같이 도리에 어긋나는 일을 행치 아니하기를 소망하는 것이
> 오.[25]

라고 하였는데, 이는 다원적 종교 상황 속에서 모든 종교인으로 하여금
자기 신앙의 객관화와 이성적 신앙을 촉구하고, 나아가서는 종교간의

---

[24] “至若末章對辨諸文하야는 余는 佛者故로 對謗佛者하여 辨明而已오 非有他耳라.”(위의
책, 序文)

[25] “儒者見之하면 謂之儒道하며 佛者見之하면 謂之佛道하며 他敎之人도 亦復如是하여 說
心說性에 知彼知己하여 自爲決擇하며 竝行不悖를 是所望焉이오……”(위의 책, 序文)

창조적이고 개방적인 대화의 광장으로 인도할 것을 목표로 하였다는 점에서 근대적인 종교인식으로 볼 수 있다.

결과적으로 이능화는 《백교회통》에서 새로운 시대를 맞아 불교의 유용성과 우수성을 전통적인 회통론의 형식을 빌려 구명함으로써 자신감을 잃고 방황하는 한국 불교의 정체성을 확인하려고 했던 것이라고 할 수 있다. 또한 이 책은 그의 뛰어난 비교종교학적인 안목과 종교다원주의적인 사고방식이 잘 드러난다는 면에서 한국 종교학의 성립에 선구적인 업적으로 평가되지만, 이런 새로운 방법론과 종교학적인 안목으로 불교학을 새롭게 재구성하려 했다는 점에서 한국 근대 불교학의 성립에서 빼놓을 수 없는 중요한 업적이라고 생각된다.

다만 어떤 종교를 비교하면서 종교의 전모를 밝히는 관점 없이, 대개 교리와 역사적 사실을 중심으로 경전을 인용하면서 대조하는 데 그침으로써, 의례와 현실적 조직에 대한 대조가 이루어지지 못했으며, 가치중립적인 입장보다는 상당히 불교 변증적인 방향으로 기울어지고 있다는 점이 한계로 지적될 수 있다.[26] 또한 서술방식에서도 순한문체로 일관하고 있어서 그의 희망대로[27] 대중들을 교화하고 전도하는 데 이용되기는 어렵고, 독자가 유식(有識)계층에 한정되고 만 것이 아쉬운 점이다. 이것은 그의 불교학이 어느 정도 근대성을 확보하고는 있으나, 아직까지는 전통적인 한계가 많이 남아 있어서 완전히 근대적인 것이라고는 볼 수 없는 한계를 갖는다고 하겠다.

---

[26] 이재헌, 〈이능화의 종교관 연구〉, 《한국학대학원논문집》 제1집, 1992, 48~49쪽.
[27] 그는 책의 제목을 '引經相照 傳道必携 百教會通'라 하여 포교 의도를 분명히 하고 있다.

3. 진보적인 한국 불교사의 서술

《백교회통》을 저술함으로써 다른 종교에 대한 불교의 교리적 우수성을 확인한 이능화가 다음으로 착수한 것은 한국 불교의 역사적 체계화 작업이다. 불교의 우수성 확인은 다종교사회에서 불교의 자신감과 존재 근거를 확보해 보려는 정체성 확인 작업이었던바, 만일 여기에만 머물렀다면 그의 불교 연구가 결코 근대성을 확보했다고 평가되기는 어려웠을 것이다. 그가 이것을 뛰어넘어서 한국 불교를 역사적으로 조명했다는 점이 그를 근대 한국 불교학 성립의 공로자로 볼 수 있는 중요한 단서이다.

물론 한국 불교의 역사적 체계화 작업은 앞에서도 말했듯이 여러 종교가 공존하는 것이 당연시되는 이른바 종교다원주의시대에, 불교를 신앙의 대상에서 학문적 탐구의 대상으로 삼게 되면서 싹튼 비판적 자의식을 바탕으로 하고 있다. 또한 이것은 당시 일반적인 사조로 유행했던 불교개혁론을 통해서 조성된 새로운 학문 기반에 바탕을 둔 것이기도 하다.

결국 불교를 신앙의 관점이 아닌 어느 정도 객관적인 시각에서 바라볼 수 있는 여건이 조성됨과 함께, 이번에는 그 도구, 즉 방법론이 필요하였는데, 여기에 초기 종교학의 대표적인 방법론이었던 진화론과 비교의 방법이 중요한 분석틀로 등장한다. 그리하여 한국의 불교를 진화론적인 진보사관에 입각하여 연구하는 작업, 즉 한국 불교의 역사학적 연구방법이 새로운 불교학의 과제로 등장하는데, 이를 가장 먼저 시도한 것이 바로 이능화였다.

152

그가 불교사 연구에 뛰어든 것은, 종교는 시대와 사회와의 밀접한 관련 속에서 다양한 변화 양상을 보여주기 때문에 교리 연구만으로는 각 종교를 제대로 이해할 수 없고, 역사를 제대로 이해해야 각 종교를 정확히 이해할 수 있다고 보았기 때문이다.[28] 물론 더 발전된 방법론을 적용한 철학적 과학적 불교 연구는 한참 뒤에야 나오게 되지만, 그러한 발전된 연구를 가능하게 해 주는 자료의 체계적 정리라고 하는 측면에서 한국 불교사의 정립은 커다란 의의를 가지며, 바로 여기서 근대 한국 불교학의 여명은 밝았다고 할 수 있다.

더욱이 한국 불교사의 정립은 사회진화론을 바탕으로 역사와 현실을 구명한다는 양계초(梁啓超)의 이른바 신사학(新史學)에 영향 받아 한국사를 재구성하려 했던 민족사학자들의 학문적 노력과 그 궤를 같이한다. 즉 그의 한국 불교사 정리는 박은식(朴殷植)·장지연(張志淵)·정인보(鄭寅普)·신채호(申采浩) 등과 맥을 같이하는 것으로, 이능화에게 불교정신은 그들의 이른바 민족정신과도 통하는 것이라고 할 수 있다. 그리하여 그는 한국의 역사 속에서 불교가 다른 종교와 경쟁하면서 어떻게 발전해 왔는가를 추적하였는데, 그런 작업의 결정체가 바로 《조선불교통사》(1918)이다.

따라서 이 책에서 일관되게 나타나는 방법론적 특이성은 크게 두 가지로 요약된다. 즉 사회진화론적인 진보사관에 의하여 통시적인 안목을 견지하면서도, 또 공시적 비교의 관점을 잃지 않았다는 것이다. 전자는 주로 한국 불교의 원류를 파악하려는 다양한 시도로 나타났고, 후자는 한국의 역사 속에서 불교와 영향을 주고받았던 다른 종교문화와 어떤 관련성이 있는지를 밝히려는 노력으로 나타났다고 하겠다.

---

28) 김수태, 〈이능화의 한국기독교연구사〉, 《종교연구》 9, 117쪽.

그는 자신이 직접 〈조선불교통사에 취(就)하여〉[29]라는 논문을 써서 이 책의 집필동기라든지 자료수집의 과정, 책의 구성, 그리고 출판의 경과 등을 밝혀 놓았다. 우선 그가 이 책을 집필한 동기는, 그가 승려 입성 해금 이후 무차(無遮)대회에 참가하고 불교연구회에도 참여하던 중에, 승려마저도 조선 불교의 역사를 알지 못하고, 조선 불교 1500년 이래로 계통적 역사가 절무(絶無)함을 안타까이 여겨, 조선 불교에 대한 참조자료를 제공한다는 동기로 자료수집에 착수하였다고 한다.

그가 자료수집에 착수한 것은 1907년 무렵이라고 하니, 일본 시찰에서 돌아온 직후 명진학교에서 강의를 하면서부터라고 할 수 있다. 그는 일본·상해·북경 등에서 참고서적을 구입함은 물론, 고승의 비장(碑狀), 사원의 지기(誌記), 선교(禪敎)의 종파, 산문의 관속(慣俗) 등을 막론하고 조선 불교사에 관계된 것이면 무엇이든 수집하였고, 주야로 불서만 연구하였다고 한다. 자신이 스스로 진귀한 자료라고 자부하는 것으로 태고국사(太古國師)의 행적과 어록, 세조가 언문으로 불교 대승경전을 번역하여 세상에 유통했던 모든 사적, 범자(梵字)에서 모방한 훈민정음의 원시자체(原始字體) 같은 것이 있다.

이 책은 한국에 불교가 전래된 고구려 소수림왕 2년으로부터 다이쇼(大正) 5년(1916)까지의 편년 서술인 '불화시처'(佛化時處)와 각 종파의 원류를 밝힌 '삼보원류'(三寶源流), 그리고 한국 불교에 관련된 다양한 사항을 변증한 '이백품제'(二百品題)의 상·중·하 3편으로 되어 있다. 먼저 상편 '불화시처'에서는 불교가 수입된 차례로 고구려·백제·신라의 3국으로부터 고려·조선·조선총독부시대에 이르기까지의 무릇 1,544년 동안에 불교를 봉사(奉事)한 사적을 기록한 것이다.

---

29) 李能和, 〈朝鮮佛敎通史에 就하여〉, 346~355쪽.

역사 서술의 방법은 편년체를 기본으로 하되 강목(綱目)의 형식을 빌렸다. 즉 연도를 따라 간단한 사적을 기록하여 강(綱)으로 삼고, 그에 대한 설명으로 '비고'(備考)와 '참고'(參考)를 두어 목(目)으로 삼았다. 여기서 비고는 주로 강문(綱文)의 인용한 출처를 증명하는 글이요, 참고는 비슷한 유의 일들을 증거로 열거하는 글이다. 그리고 강목의 선정원칙과 서술방법 등은 범례에 따로 적고 있다. 결국 그는 강목체로 조선 불교사를 서술함으로써 자신의 사관을 따로 밝히기보다는, 강목의 서술 그 자체에서 춘추대의(春秋大義)의 포폄을 드러내는 형식을 취한 것으로 평가된다.

그가 범례에서 스스로 말하고 있는 표기원칙 가운데 무엇보다 주목되는 것을 몇 가지 지적하면 다음과 같다. 첫째, 불기(佛紀)를 사용하면서 일반 예에 따라 불멸(佛滅)을 기준으로 하지 않고, 불탄(佛誕)을 기준으로 하여 주소왕(周昭王) 26년 갑인(甲寅)으로 기원을 삼고 있다는 것이다.[30] 이에 따라 그는 이 책이 출간되는 1916년을 불기 2943년으로 적고 있다. 둘째, 기년을 쓰면서도 역대 사서처럼 먼저 중국의 기년을 쓰고 그 다음에 우리나라의 기년을 쓰는 것이 아니라, 이를 바꾸어 우리나라의 기년을 먼저 쓴 다음에 다른 나라의 기년을 씀으로써 민족의 주체성을 강조하였다는 것이다. 이것은 그의 애국계몽적인 민족사관을 잘 드러내는 대목이라고 하겠다. 셋째, 사회진화론적인 역사인식에 따라 진보적인 역사관을 분명히 나타내었다는 점이다. 예를 들어

---

30) 불출세입멸연시(佛出世入滅年時)에 대해서는 이설(異說)이 모두 33종이나 된다고 한다. 그런데 이 책에서는 우리나라에 옛부터 내려오는 설에 따라 주소왕(周昭王) 갑인(甲寅)에 탄강(誕降), 주목왕(周穆王) 임신(壬申)에 입멸(入滅)을 기준으로 했다는 것이다. 여기에 대해서는 李能和, 《朝鮮佛敎通史》 下編, 3쪽을 참조할 것.

編年의 法을 用하였는데, 每年條外 書頭에 佛紀何何年을 特書하여 釋尊 降誕日로부터 敎化進展됨을 참조함에 편리케 하고…….31)

삼국에 불교가 처음 들어오던 시대에 神異하고 荒誕한 이야기들을 작은 것까지 모두 수록하여 宗敎進化의 정도와 信仰思想의 원인을 증험하게 하였다.32)

라고 하는 등 여러 곳에서 그의 진보적 역사관을 분명히 하고 있다는 점에서 주목된다고 하겠다.

한편 중편 〈삼보원류〉(三寶源流)는 불·법·승(佛法僧) 삼보의 발달 역사를 기록한 것이다. 〈석가여래응화기실〉(釋迦如來應化記實)은 불보에 관한 기록이요, 〈삼장결집제론분피〉(三藏結集諸論紛披; 印度)와 〈전역경론찬술장소〉(傳譯經論撰述章疏; 支那)는 법보에 해당한다. 〈인지연원나려유파〉(印支淵源羅麗流派)와 〈특서임제종지연원〉(特書臨濟宗之淵源), 그리고 〈조선선종임제적파〉(朝鮮禪宗臨濟嫡派)는 승보에 관한 기록이다. 여기서 나타나는 그의 의도는 한국 불교의 원류를 분명히 밝히고자 했던 것이라고 할 수 있다. 즉 석가에서 시작한 불교가 인도와 중국을 거치면서 어떻게 발전해 왔고, 또 한국에는 어떤 형식으로 수용되어 어떻게 발전해 나왔는가 하는 점이다. 물론 앞의 불보 및 법보에 관한 글들은 한국에 불교가 들어오기 이전의 역사에 관한 것이고, 한국 불교사와 관련하여 그의 역사인식을 나타내 주는 것은 승보에 관한 기록들이라고 할 수 있다.

---

31) 李能和, 〈朝鮮佛敎通史에 就하여〉, 349쪽.
32) "三國佛敎 初入時代의 擧多神異荒誕之說을 不避冗瑣하고 一槪收之하여 以驗宗敎進化之程度와 信仰思想之因由云爾……."(李能和, 《朝鮮佛敎通史》, 凡例)

먼저 〈인지연원나려유파〉에서는 인도에서 중국을 거쳐 우리나라에 들어온 불교 종파를 간단히 소개하고 있다. 여기에 등장하는 종파로는 구사종(俱舍宗)·성실종(成實宗)·삼론종(三論宗)·섭론종(攝論宗)·열반종(涅槃宗)·천태종(天台宗)·법상종(法相宗)·지론종(地論宗)·진언종(眞言宗)·정토종(淨土宗)·율종(律宗)·화엄종(華嚴宗)·선종(禪宗)의 13종이다. 여기서 특히 주목되는 점은 우리나라 선종의 원류에 대한 고찰이다. 그는 선종의 전등사(傳燈史)를 밝히는 글의 말미에서 고려의 선종에 대해 서술하고 있다.

> (고려) 중엽에 이르러 佛日普照國師가 松廣寺에서 崛起하여 定慧社를 열고, 무리를 모아 禪을 닦아 宗風을 闡揚하니 이 이가 曹溪宗의 開祖가 된다. 師가 稟承한 바가 없으나 《六祖壇經》과 《大慧書狀》에 따라 홀로 깨달음에 들어 大道를 發明하였다.[33]

여기서 보조지눌(普照知訥; 1158~1220)이 조계종의 개조(開祖)임을 단언하고 있다.[34] 그렇다면 불교 전등사에서 한국 불교의 적파(嫡派)라고 할 수 있는 임제종과는 어떤 관계인가? 그는 조계종과 임제종의 관계에 대해서 다음과 같이 설명하였다.

> 曹溪는 마침내 禪宗의 總名詞가 되었는데, 무릇 禪에 속하는 승려는 비

---

[33] "逮至中葉佛日普照國師 諱知訥者 崛起於松廣寺 創定慧社 集衆修禪 闡揚宗風 是爲曹溪宗之開祖也 師無所稟承 而從六祖壇經 及大慧書狀 獨自悟入 發明大道……."(위의 책, 中編, 91쪽)

[34] 그는 이 책의 하편에 〈보조후시설조계종〉(普照後始設曹溪宗)이라는 품제를 따로 두어 조계종의 개조(開祖)가 보조지눌선사임을 분명히 논술하고 있다.(위의 책, 下篇, 336~377쪽을 참조할 것)

록 他宗이라도 모두 曹溪宗師의 徽號를 썼다. 이 曹溪宗은 실로 海東에서 自創한 最特色이 되었다. 고려 末에 禪에 二波가 있었으니, 하나는 曹溪派요 하나는 臨濟派라. 이에 이르러 臨濟宗은 曹溪의 이름에 맡겨졌고, 曹溪의 실상은 臨濟派에 가리어졌으니, 즉 臨濟嫡傳인 石屋珙 下의 太古普愚와 平山林 下의 懶翁慧勤이 그들이다. 慧勤이 妙嚴無學을 얻고, 無學이 涵虛得通을 얻었으나 그쳐서 전하지 않고, 普愚가 幻庵混修를 얻고 混修가 龜谷覺雲을 얻었으며, 覺雲이 碧溪正心을 얻고 正心이 碧松智嚴을 얻었으며, 智嚴이 芙蓉靈觀을 얻고 靈觀이 淸虛休靜과 浮休善修를 얻었으니, 曹溪六祖下의 南嶽讓과 靑原思와 유사함이 있는 것 같다.[35]

요컨대 조계종이라는 명칭은 보조지눌에서 비롯된 한국 선종의 독창적인 명사인데, 뒤에 임제종의 적전(嫡傳)인 태고보우(太古普愚; 1301~1382)와 나옹혜근(懶翁慧勤; 1320~1376)의 선파(禪派)가 이 명사를 빌려 썼다는 것이다. 즉 이름은 보조지눌의 조계종이로되, 실상은 태고보우의 임제종파라는 것이다. 학계에서 논란이 많은 조계종의 종조(宗祖)가 누구냐 하는 문제에 대해 가장 적절한 해답이 될 수 있는 논리라고 평가된다.[36] 더욱이 임제파의 적전으로 태고와 나옹 두 선사를 같이 언급

---

35) "曹溪遂爲禪宗之總名詞 凡屬禪僧 雖是他宗 皆冒曹溪宗師之徽號焉 此曹溪宗 實爲海東自創之最特色者也 高麗之末 禪有二派 一爲曹溪派 一爲臨濟派 至是臨濟之宗 托於曹溪之名 曹溪之實 掩於臨濟之派 卽臨濟嫡傳石屋珙下之太古普愚及平山林下之懶翁慧勤是也 勤得妙嚴無學 學得涵虛得通 遂止不傳 愚得幻庵混修 修得龜谷覺雲 雲得碧溪正心 心得碧松智嚴 嚴得芙蓉靈觀 觀得淸虛休靜浮休善修 有似曹溪六祖下之南嶽讓靑原思矣."(위의 책, 中篇, 92쪽)

36) 한국 불교에서 조계종과 임제종의 관계에 대한 더 분명한 논설은 하편의 〈태고나옹임제적손〉(太古懶翁臨濟嫡孫)에서도 나타난다. 그는 보조국사가 송광(松廣)에서 굴기(崛起)하여 조계종을 별립(別立)했는데, 음수사원(飮水思源) 격으로 우리나라의 선파(禪派)가 조계에서 발원하지 않음이 없으니, 이 명사를 사용하여 본보기로 삼았는데, 그 뒤에 태고나옹 양 선사가 임제파에서 법을 얻었음에도 조계종사라는 법칭을 쓰게 되었다는 것이다. 또한 이 조계종이라는 명칭은 보조국사 이후의 임제 법손만 그렇게 쓴 것이 아니

함으로써 이후 조계종의 종조 논쟁에서 나옹혜근을 종조로 주장하는 설에 하나의 근거로 작용했고 보인다.

이어 그는 〈특서임제종지연원〉에서 선종의 전등사를 임제종을 중심으로 살펴보고 있다. 비파시불(毘婆尸佛)·시기불(尸棄佛)·비사부불(毘舍浮佛)·구류손불(拘留孫佛)·구나함모니불(拘那含牟尼佛)·가섭불(迦葉佛)·석가모니불(釋迦牟尼佛) 등의 과거칠불과 석존 하 제일조인 마가가섭(摩訶迦葉)으로부터 제27조인 반야다라(般若多羅)까지의 인도 전등사, 그리고 중국에서의 초조(初祖)인 보리달마(菩提達摩)로부터 육조혜능(六祖慧能)까지와 육조 하 제일세인 남악회양(南嶽懷讓)으로부터 마조도일(馬祖道一), 백장회해(百丈懷海), 황벽희운(黃檗希運)을 거쳐 임제종 초조(初祖)인 임제의현(臨濟義玄)까지를 다루고 있으며, 이어 임제 하 제일세인 흥화존장(興化存獎)으로부터 18세인 석옥청공(石屋淸珙)과 평산처림(平山處林)에 이르기까지의 중국 전등사를 밝혀 놓았다. 또한 그는 〈조선선종임제적파〉에서 태고보우가 석옥청공(石屋淸珙)을 잇고, 나옹혜근이 평산처림(平山處林)을 이음으로써 임제 하 제19세 조사가 되었다 하여 두 선사의 행장과 어록을 자세히 소개하고 있으며, 태고 하 제일세인 환암혼수(幻庵混修)와 나옹 하 제일세인 무학자초(無學自超)로부터 태고 하 제6세인 청허휴정(淸虛休靜)과 부휴선수(浮休善修)까지의 14선사들을 다루고 있다.

이상의 중편에 나타난 그의 의도를 종합해 보면, 그는 한국 선종의 법맥과 연원을 더욱 분명히 밝히기 위해 논지를 펴 나갔음을 알 수 있

___

라, 보조 이전의 임제 법손도 조계종이라고 칭하는 자가 있었다고 한다. 이상을 종합해 보면, 결국 보조국사가 조계종을 세운 것은 나름대로의 독창적인 업적으로 인정할 수 있는 것이지만, 우리나라 선종은 모두 태고와 나옹의 법손임에 틀림없다는 것이다.(위의책, 下篇, 500~514쪽을 참조할 것)

다. 즉 그는 한국 불교, 특히 선종이 이름은 조계종이라고 하나 실은 임제의 법맥을 잇고 있으며, 오늘날 한국의 모든 납자(衲子)들은 임제의 적전(嫡傳)인 태고보우의 적손(嫡孫)이라는 것이다. 이러한 그의 선종 법맥의 확인은 조선조 500년의 불교 탄압으로 인해 선교 양종이라고는 하나 사실은 형해화(形骸化)된 한국 선종에 대하여 실참실구(實參實究)의 간화선풍(看話禪風)을 진작시키려는 것으로, 불교개혁의 실천적 토대를 마련해 보려는 학문적 작업이었다고 평가할 수 있다.

즉 모두 다 입으로는 선종의 청허선사(清虛禪師) 법손(法孫)임을 내세우면서도 실제로 참선 수행은 하지 않고, 간경(看經)과 염불(念佛)만 일삼는 당시 승려들의 풍조에 대하여 간화선을 중시하는 임제종 법맥을 확실히 해둠으로써 선종으로서의 본질적인 반성의 계기를 마련코자 했다는 것이다. 이것은 앞에서도 보았듯이 모든 불교개혁론자들의 입각처(立脚處)와도 통하는 공통 부분이라고 하겠다.

하편 '이백품제'는 《삼국유사》와 대장일람(大藏一覽)의 체제를 모방하여 1개 품제를 세우고 그 제목 아래에 사실 전문과 논평을 붙인 것으로, 조선의 모든 종교에 관한 사항, 그리고 불교에 관련된 모든 잡항(雜項) 등을 기록한 것인데, 특히 일본 15종파의 시말까지 기록하고 있으니,37) 실로 한국 불교사에 관한 백과사전인 셈이다. 또한 품제를 세우는 데서도 팔자타개(八字打開)로 양구(兩句)를 대련하여 외우기 좋게 한 것이 특징이다.

우선 〈입동방이백구품제〉(入東方二百句品題)에서 그는 1,500여 년의 한국 불교사를 5개의 시대로 나누었는데, 한국 불교사를 바라보는 그

---

37) 이것은 〈부상불교시자백제〉(扶桑佛教始自百濟)라는 품제로 실려 있다.(위의 책, 106~
116쪽을 참조할 것)

의 기본관점을 알 수 있어 주목되는 부분이다. 제1은 경교창홍시대(經
敎創興時代)라 했으니, 고구려·백제·신라가 차례로 불법을 받아들인
이후에 모든 경전이 들어오지 않은 것이 없고, 전해지지 아니한 종(宗)
이 없어서 불방대광명(佛放大光明)이 동방을 비추게 되었다는 것이다.
제2는 선종울홍시대(禪宗蔚興時代)로서 신라 헌덕왕(憲德王) 이후 고려
초까지 대략 200년 동안 선종이 크게 일어나 교종 이하 다른 종파는 모
두 가리어졌으니, 불교가 변천되는 일대전기가 되었다는 것이다. 제3은
선교병융시대(禪敎並隆時代)로서 고려시대 약 400여 년 동안 불교가 독
성(獨盛)하여 양종오교(兩宗五敎)의 구별이 있게 되었다는 것이고, 제4
선교통일시대(禪敎統一時代)는 조선 초 세종이 모든 종파를 선교양종으
로 병합하였고, 청허(淸虛)가 나와 선교를 통일시켰으니 조선 초 150년
동안은 선교쇠미시대(禪敎衰微時代)였고, 그 뒤 350년 동안은 선교통일
시대(禪敎統一時代)로서 또한 쇠미하고 부진하였다는 것이다. 마지막으
로 제5는 선교보수시대(禪敎保守時代)이니, 사찰령 반포 이후에 각 사찰
이 선교 양종의 이름 아래 사법(寺法)을 제정하고, 연합 기관을 두며, 중
앙학림을 설립하여 일면은 보수역사적 종지로써, 또 다른 일면은 시의
적 교육으로써 법려(法侶)를 기르고 있으니, 이후의 조선 불교를 그는
선교보수시대로 규정한다는 것이다. 다만 앞으로 선교가 진흥할 것인
지 아니면 타락하고 말 것인지는 모두 사람에게 달려 있는 것이니, 여
래의 사명을 지고 있는 사람으로서 그 책임이 무겁다고 끝을 맺고 있
다.38)

요컨대 그는 그가 살던 당시의 한국 불교를 선교 양종이 각각 명맥을
유지하며 존재를 지켜나가는 것으로 보았음을 알 수 있다. 물론 선교

---

38) 위의 책, 4~7쪽.

양종 가운데서도 한국 불교의 법맥을 유지해 내려온 것은 선종, 그 가운데서도 임제종으로 보고 있다는 것은 앞에서도 밝힌 바 있다. 다만 그는 당시의 한국 불교가 겉으로는 임제종이면서도 그것은 이름뿐이요 실제로는 교종이 더 많은 세력을 차지한다고 보았다. 1910년 원종(圓宗)과 임제종의 대립을 묘사한 〈범어일방임제종지〉(梵魚一方臨濟宗旨)라고 하는 품제에서

> 오늘날의 조선 僧界를 차례로 살펴보면, 혹은 戒律로써, 혹은 講授로써 혹은 禪學으로써 혹은 事功으로써 혹은 異行으로써 각각 그 長技를 擅斷하여 이른바 禪敎 兩宗을 형성하였으되, 지금 30본산 住持와 그 밖의 주요한 禪講 諸僧들의 행적을 간단히 살펴보아 그 宗旨를 시험해 보면 經敎者가 제일 많아 매일 혹은 念佛이요 혹은 誦經, 誦呪요, 參禪者는 極少하니…….39)

라고 하여 조선 불교에 참선자보다는 경교자(經敎者)가 더 많음을 묘사하고 있다.

계속해서 그는 한국의 불교계를 선·교로 나누어 살폈는데, 30본산의 전후 주지 50여 명 가운데에서 선종에 속하는 자는 서너 명에 지나지 않고 나머지 거의 대부분이 교종에 속하며, 전체 승려 7천 명으로 보더라도 8, 9할이 교종에 속하고 선도 아니요 교도 아닌 자가 실은 다수를 점한다고 보았다.40)

---

39) "第觀今日 朝鮮僧界 或以戒律 或以講授 或以禪學 或以事功 或以異行 如是各各擅其所長 形成所謂禪敎兩宗 今列三十本山住持 其他重價禪講諸僧 所行履略 驗其宗旨 則經敎者最多 而其日用 或念佛 或誦經誦呪 而參禪者則極少……."(위의 책, 951쪽)

40) 위의 책, 951~962쪽. 그는 교종으로 계율위최(戒律爲最)의 김환응(金幻應)·서해담(徐海曇), 강학위주(講學爲主)의 서진하(徐震河)·김경운(金擎雲)·서월화(徐月華)·진진응(陳震應)·박한영(朴漢永)·송종헌(宋宗憲)·나청호(羅晴湖)·곽법경(郭法鏡)·김혜옹(金慧翁)·홍보룡(洪莆龍), 사공위주(事功爲主)의 이회광(李晦光)·강대련(姜大蓮)·김구

그는 임제종, 즉 조선의 선종이 이렇게 쇠락하게 된 이유 가운데 하나로 근대 한국 선종의 중흥조(中興祖)인 경허의 무애행(無碍行)을 지적하면서 비판하고 있다. 그는 경허에 대한 평가에서

> 세인이 鏡虛和尙에 대해 이르기를, 말재주가 있어서 그 설법이 비록 옛 조사도 그보다 나을 수 없다고 하나, 방탕하여 걸림이 없어서 婬과 殺을 범하여도 개의치 않을 정도이니, 세상의 禪流가 다투어 모방하여서, 심지어 飮酒, 食肉도 菩提에 장애가 되지 않고, 도둑질과 음란한 행동도 般若에 거리끼지 않는다고 함부로 말하니, 이것을 일러 大乘禪이라고 운운하고 있다. 無行의 허물을 가리고 꾸미려고 하는 자가 모두 다 옳다 하니, 대개 이러한 弊風은 실로 鏡虛로부터 시작된 것이다. 叢林이 이것을 魔說로 지목하였으되, 나는 아직 鏡虛禪師의 悟見處를 감히 알지 못하나, 佛經이나 禪書를 가지고 논한다면 似요 옳은 것은 아니다.[41]

라고 하여 경허로부터 시작된 폐풍(弊風)이 선종을 나쁜 방향으로 몰아가고 있음을 비판한 것이다. 그는 《지월록》(指月錄)과 《능엄경》(楞嚴經)을 인용하여 경허의 이른바 대승선(大乘禪)을 비판하면서, 불교중앙학림의 학승들이 배움을 마치고 각기 본산으로 돌아가서는 《벽암록》(碧巖錄) 등의 선서(禪書)를 제창하여 임제종을 일으켜주기를 소망하는

하(金九河), 개혁위주(改革爲主)의 권상로(權相老)·한용운(韓龍雲), 강설위주(講說爲主)의 김보운(金寶雲)·김종래(金鍾來)·백학명(白鶴鳴)·백초월(白初月)·김포광(金包光) 등이 있고, 그 밖에도 김남파(金南坡)·이설월(李雪月)·홍월초(洪月初)·강구봉(姜九峰) 등이 있다고 한다. 한편 선종으로는 백용성(白龍城)·신혜월(申慧月)·박성월(朴性月)·송만공(宋滿空)·전수월(全水月) 등이 있다고 한다.

41) "世人謂鏡虛和尙 有辯才 其所說法 雖古祖師 無以過之 雖然 蕩無拘檢 至犯婬殺 不以介意 世之禪流 爭相效之 甚至倡言飮酒食肉 不礙菩提 行盜行婬 無妨般若 是謂大乘禪云云 欲爲 揜飾其無行之過者 滔滔皆是 蓋此弊風 實自鏡虛 始作俑也 叢林以是 指爲魔說 余未敢知 鏡虛禪師 悟處見處 而若以佛經禪書論之 則似非是……."(위의 책, 962쪽)

간절한 기원을 나타내고 있다.

한편 한국 선종의 특색으로 그가 지목하여 자세한 내력을 설명하고 있는 것은 조사선(祖師禪) 우위의 사상과 그 근거가 되는 '진귀조사설' (眞歸祖師說)에 대한 것이다. 그는 〈설산진귀시불조사〉(雪山眞歸是佛祖師)에서 이 설에 대한 유래를 밝혀 놓았다. 즉 조사선이라고 하는 것은 부처가 성도(成道) 후에 설산(雪山)의 진귀조사(眞歸祖師)를 찾아보고 조인(祖印)을 전해 받고 조종지(祖宗旨)를 얻음으로 해서 조사선이라고 이름 한다는 것이다. 그런데 이 진귀조사설은 그 유래가 고려 천책(天頙) 의 《선문보장록》(禪門寶藏錄)[42)에 있다는 것이다. 즉 이 책에서 《해동 칠대록》(海東七代錄)에 나오는 이야기, 즉 신라의 범일(梵日; 810~889) 이 진성왕에게 선과 교에 대해 답하면서 《달마밀록》(達磨密錄)을 끌어다 고증한 것을 인용했는데, 이것이 남상(濫觴)이 되었다는 것이다. 그런데 설두유형(雪竇有炯; 1824~1889)이 이 설을 근거로 《선원소류》(禪源溯流)를 지은 이후부터 우리나라 선려(禪侶)들은 금과옥조로 받들어 다시 이의를 제기하는 자가 없었다는 것이다.[43)

이능화는 이 진귀조사설을 대체로 비판적으로 보았다. 그는 한국 선종이 조사선을 숭봉하여 조사를 부처보다 우위에 두니, 한국 선종은 불교라고 하기보다는 차라리 조교(祖敎)라고 할 수 있다고 말한다.[44) 즉 세존의 오도(悟道)가 미진극(未臻極)하여 진귀조사(眞歸祖師)를 찾아보고야 비로소 현극(玄極)한 가르침을 얻었다는 것이니, 이것은 여래선(如

---

42) 《선문보장록》(禪門寶藏錄)은 고려 후기의 승려 천책(天頙)이 1293년에 지은 책으로 전래의 선서 가운데에서 장절(章節)을 뽑아 3권으로 편집한 것이다. 이 가운데는 현재 전하지 않는 것도 있어서 고려시대의 불서, 특히 선적(禪籍)을 이해하는 데 귀중한 자료가 된다.

43) 이능화, 《조선불교통사》, 234~238쪽.

44) 위의 책, 234쪽.

來禪)이 오히려 조사선보다 못하다는 말로서, 불교의 교주(教主)인 석가
여래를 부인하는 말이 된다는 것이다. 결국 불교가 무엇이냐 하는 근본
적인 의문을 낳게 되었다는 것이다. 이것은 유교인이 정주(程朱)만 숭배
할 줄 알았지 공자를 잃어버린 것과 같고, 기독교인이 베드로만 숭배할
줄 알았지 예수를 잃어버리는 것과 같다는 것이다.[45] 결국 이능화는 조
사선 우위 사상에 대한 비판을 통해서 석가를 교주로 하는 불교의 본래
면목을 회복시키려 했던 것으로, 이러한 그의 의도는 중편에서 삼보의
원류를 추적해 내려갔던 작업과도 일맥상통하는 점이라고 할 수 있다.

한편 앞에서도 언급한 바 있듯이 그가 《조선불교통사》를 집필하면
서 가장 중시한 목표 가운데 하나는 한국 불교의 원류를 파악하는 일이
었다. 하편에서도 그러한 노력이 많이 보이는데, 우선 선종의 원류에
대해서는 〈선원유파개자조계〉(禪源流派皆自曹溪)라는 품제에서

선종 연원이 釋迦로부터 시작하여 迦葉에게 咐囑하여 心印을 비밀히 전
하니, 正法眼藏이 돌고 돌아 주고받으며 曹溪六祖에 이르렀다. 육조 이후
에 또 二派·五宗으로 나누어졌으니, 海東의 禪源은 또한 모두 曹溪에서
나온 것이다. 新羅 高麗 兩代에 해동의 승려들이 중국에 들어가 祖師의 心
印을 지니고 돌아온 자가 이루 다 기록할 수 없을 정도인데, 가장 끝에
太古普愚가 石屋淸珙의 법을 잇고, 懶翁慧勤이 平山處林의 법을 이었다. 珙
林 兩師가 모두 臨濟宗이니, 조선불교는 실로 曹溪의 正脈을 전한 것이
다.[46]

---

45) 위의 책, 511쪽.

46) “禪宗淵源 始自釋迦 咐囑迦葉 密傳心印 正法眼藏 輾轉授受 至于曹溪六祖 六祖以後 又分
二派五宗 海東禪源 亦皆出於曹溪 羅麗兩代 海東之僧 入于支那 佩祖師心印而歸者 不可勝
記 至于最後 太古普愚嗣法石屋淸珙 懶翁慧勤嗣法平山處林 珙林兩師皆臨濟宗 故朝鮮佛教
實傳曹溪之正脈者也.”(위의 책, 7쪽)

라고 하였고, 〈태고나옹임제적파〉(太古懶翁臨濟嫡派)에서는

> 朝鮮禪宗이 이름은 비록 臨濟이나 단지 《臨濟語錄》만 제창하는 것이 아
> 니요, 《傳燈錄》, 《禪門拈頌集》으로써 敎科를 삼고, 朝鮮敎宗이 비록 華嚴
> 을 위주로 하지만, 또한 능히 法華・涅槃・楞嚴・圓覺・維摩・彌陀 諸經을
> 兼修하니, 이것은 오늘날 조선불교가 禪敎兩宗이라고 칭하면서도 또한 臨
> 濟 一派의 兒孫으로서 모두 禪敎兩宗의 주인이 된 연유이다. 太古禪師의 願
> 望했던 바가 高麗 당시에는 행해지지 않았고, 오늘날 조선에서 성취를 얻
> 음이라.47)

여기서 그는 태고보우와 나옹혜근이 전한 임제종을 한국 선종의 정
맥으로 파악하는 관점을 다시 한번 분명히 한 것이라고 할 수 있다. 뿐
만 아니라 오늘날의 한국 불교가 선교 양종이라고 하지만, 모두 임제와
태고의 법손임을 강조한 것이다. 태고의 소원이 오늘날 성취되었다고
하는 것은, 선교일체론(禪敎一體論)을 주장했던 그의 학설대로 오늘날
선교 양종이 선종을 중심으로 통일되었음을 말하는 것으로 보인다.
　다음으로 교종의 원류에 대해서는 특히 화엄종을 중심으로 파악하고
있음이 주목된다. 그는 〈교림결과내어잡화〉(敎林結果迺於雜花)에서 불
교 13종을 열거하면서

> 오직 禪宗 하나만이 格外無法의 法이요, 그 나머지는 다 經論에 의지하
> 여 宗을 세운 것이다. 중국에서 創宗되어 모두 해동에 전해졌는데, 해동에

 “朝鮮禪宗 名雖臨濟 非專提唱臨濟語錄 而以傳燈拈頌 皆爲敎科 朝鮮敎宗 雖主華嚴 亦能
　　兼修法華涅槃楞嚴圓覺維摩彌陀諸經 所以今日朝鮮佛敎 稱名禪敎兩宗 而亦以臨濟 一派之
　　兒孫 總爲禪敎兩宗之主人矣 太古禪師之所願望者 不實行於當時高麗 而得成就於今日之朝
　　鮮也.”(위의 책, 513~514쪽)

있어서 敎에 속하는 諸宗 가운데에 始終 빛이 나고 큰 것은 오직 華嚴宗일
따름이다.[48]

라고 하여 화엄종이 교종을 대표하여 한국 불교사상 가장 빛이 났음을
확언하고 있다. 이어 그는 신라의 원효법사(元曉法師)가 화엄경소(華嚴
經疏)를 지어서 원돈(圓頓)의 교를 크게 홍통(弘通)시켰으며, 의상대사
(義相大師)가 지엄(智儼)의 학문을 전수하고 귀국하여 홍통시켰다고 하
여 한국 화엄종의 시초로 삼았으며,[49] 이어 조선 말의 환성지안(喚醒志
安), 연담유일(蓮潭有一), 묵암최눌(默菴最訥), 인악의첨(仁岳義沾), 백파
긍선(白坡亘璇) 등에 이르기까지 역사상의 대화엄종주(大華嚴宗主)들을
소개하고 있다. 그는 오늘날 제산법려(諸山法侶)의 대교과(大敎科)에서
화엄경을 최고로 치는 것은 그만한 유래가 있으니, 이런 화엄종주들의
활약 때문이라고 주장하였다.[50]

한편 이러한 한국 불교의 원류 파악과 함께 《조선불교통사》의 또 다
른 방법론적 특이성으로 지적할 수 있는 것은 불교와 다른 종교의 비
교, 또는 공시적(共時的) 분류에 의한 유형론의 정립이라고 할 수 있다.
이러한 관점이 나타난 대표적인 품제로는 〈도량미신실지태다〉(道場媚
神失之太多) 등을 들 수 있다. 이것은 다신교, 일신교, 무신교와 같은 유
형을 가지고 유교와 기독교, 불교를 비교 고찰한 글로서, 그의 종교학
적 안목을 뚜렷이 나타내는 것이라고 할 수 있다. 이 밖에도 〈조선고대
신교이행〉(朝鮮古代神敎已行)은 한국 역사에서 불교와 영향을 주고받

---

48) "惟禪之一宗 乃是格外無法之法 其餘皆依經論立宗 創於支那 盡傳海東 而海東敎下諸宗之
　　中 始終光大者 其惟華嚴宗乎."(위의 책, 43쪽)
49) 그는 〈원효의상화엄초조〉(元曉義相華嚴初祖)라고 하는 품제에서 한국의 화엄종이 원효
　　와 의상에서 비롯되었음을 확실히 하고 있다.(위의 책, 119~125쪽을 참조할 것)
50) 위의 책, 43~49쪽.

왔던 여러 종교에 대한 비교이고, 〈무녀새신선무삼불〉(巫女賽神扇舞三佛)은 우리나라 무속의 원류에 대한 글이다.

이 책은 2,300쪽에 이르는 방대한 양이며, 정사(正史)와 야사(野史)를 포함한 모든 우리 쪽 사료뿐만 아니라, 《사기》(史記), 《고승전》(高僧傳) 등 중국의 사료와 《일본서기》(日本書紀), 《원형석서》(元亨釋書) 등 일본 측 사료에 이르기까지 거의 모든 전적을 총망라하여 아직까지도 한국 불교 연구의 근본이 되고 있다. 이보다 10년 뒤 간행되었던 일본인 다카하시(高橋亨)의 《이조불교》(李朝佛敎)와 누카리야(忽滑谷快天)의 《조선선교사》(朝鮮禪敎史)에도 적지 않은 영향을 미쳤다.

사실 이 책은 권상로(權相老)의 《조선불교약사》(朝鮮佛敎略史)와 함께 한국 불교에 대한 최초의 통사라는 점에서 기념비적인 저서이다. 이들이 근대 불교의 모두(冒頭)에서 최초로 한국 불교사를 서술했다고 하는 것은, 선성(先聖)이나 조사(祖師)들을 무조건 숭배하고 역사를 성인(聖人)시대로부터의 타락이나 퇴보로 여기는 전통적 역사인식의 극복으로 볼 수 있다. 즉 진화론적 역사인식에 의해 퇴보가 아닌 진보라는 개념으로 역사를 파악한 것이니, 한국 불교사를 서술했다는 것 자체가 비판적인 안목을 보여주는 것으로, 불교학의 근대화는 여기서부터 그 여명이 밝았다고 할 수 있다. 더욱이 종교를 연구하면서 역사학적 방법론에 입각한 자료의 집성은 또 다른 방법론에 의한 비교연구를 가능하게 하는 기초적인 작업이라는 점에서 방법론의 근대성 또한 높이 평가할 수 있다.

다만 몇 가지 아쉬운 점이 있다. 첫째, 강목체(綱目體)의 서술이라고는 하나 사관이 뚜렷하지 않아 역시 자료집으로서의 성격이 강하다는 것이고, 둘째, 중요한 자료(예를 들면 〈彌勒佛光寺事蹟〉 등)의 전거를 밝히지 않은 것이 많다는 것이고, 셋째, 순한문체의 서술이기 때문에 '통사'로서의 대중성을 갖기 어렵다는 점,[51] 그리고 넷째, 사료의 엄밀한 고증과 객관적 검토보다는 논자의 주관적 견해를 주장·설명하는 주입식 서술의 관념적인 논설이 많다는 점이라고 하겠다.

4. 불교계몽활동: 거사불교운동(居士佛敎運動)

이상에서 살펴본 바와 같이 이능화의 학문은 민족의 근대화에 대한 관심에서 시작되었는데, 그것이 그로 하여금 중도(中道)사상을 표방하는 불교신앙으로 빠져들게 하였으며, 이후 종교다원주의시대에 불교의 정체성을 확립하고 불교의 역사를 체계화하는 작업에 매진하게 했던 것이라고 할 수 있다. 그런데 민족 근대화의 가능성 모색이라는 명제 아래 불교의 정체성 확립과 역사적 체계화 작업에 매진하는 가운데, 이능화는 당시 불교계 인사들과 폭넓은 인연을 맺어 나갔다.

첫번째 인연은 1906년 홍월초(洪月初)·이보담(李寶潭) 등이 조직한 불교연구회(佛敎硏究會)를 통해서 이루어졌다. 그는 불교연구회에서 설립한 명진학교(明進學校)의 2대 교장을 역임하는 한편, 스스로 어학과 종교사를 가르치기도 했다.[52] 또한 그가 불교계의 30인 일본 시찰단의 일원이 되어 일본을 직접 돌아본 것도 이때의 일이다.

다음으로 그가 불교계 인사들과 더욱 폭넓은 교유를 하게 된 것은 불교연구회를 이어 당시의 유일한 교단 통할기구로 조직된 원종(圓宗)을

---

51) 이 책은 근대의 〈사찰령〉과 〈30본사본말사법(本寺本末寺法)〉 및 기타 법령, 규칙 등을 국한문 혼용으로 기재한 것 이외에는 거의 모두 순한문으로 되어 있다.
52) 남도영, 〈근대불교의 교육활동〉, 233쪽.

통해서였다. 무엇보다 그는 1910년 원종이 각황사(覺皇寺)에서 실시한 불법 설교를 듣고 불교에 대한 확신을 더욱 굳힌다. 그는 여기에 대해

> 京城에 유학한 이래 學課의 공부에 專心하고, 또는 仕途에 進取를 有意하였다. 統言하면 塵勞에 골몰하여 宗敎란 것은 염두에도 없었다. 그런데 去庚戌年 秋間에 우연히 전동(금 수송동) 覺皇寺의 佛法 설교를 듣게 되었다. 其時의 布敎堂의 主務(院主)는 姜大蓮 和尙이요 布敎師는 李晦光 和尙이었다. 본래 心中에 不忘하던 佛法을 이제야 만났구나 하고 매일요일 설교에 參聽을 不怠히 하였다. 그래서 覺皇寺를 我의 發心地로 삼았다. 거기서 30본산 주지 宋曼庵, 金九河, 李雪月, 池石潭, 白翠雲 諸和尙과 徐震河, 李雲坡, 金慧翁, 金東宣, 金萬愚, 李萬愚, 金擎雲, 金石翁, 陳震應, 朴漢永, 李愚隱, 洪蒲龍, 權相老 諸講師와 白龍城, 金南泉, 康道峯, 宋晩空, 吳惺月 諸禪師 등의 薰陶와 感化를 받고 나의 佛法에 대한 信念은 더욱 견고하여졌다.[53]

라고 당시의 상황을 술회하였다.

한편 그는 당시 원종종무원(圓宗宗務院)과는 대립적인 위치에 있던 임제종중앙포교당(臨濟宗中央布敎堂)과도 관계를 맺는다. 즉 원종 주최로 각황사에서 거행된 석가세존 성도기념일(成道記念日; 1. 26)과 열반재(涅槃齋; 4. 2) 및 석탄일 행사에 찬연(讚演)으로 나가는 한편, 임제종 중앙포교당의 개교식(開敎式; 5. 26) 행사에도 찬연으로 나선 것이다.[54] 또한 1912년에는 조선불교 선교 양종 30본산 주지회의소의 결의에 따라 사립 능인(能仁)보통학교를 세워 3년 동안 교장으로 재직하기도 한다. 결국 그는 당시 불교계의 대립에 대하여 중립적인 자세를 가지면서 거사(居士)·학자(學者)로서의 길을 걸었던 것이다. 이러한 그의 처신을

---

53) 李能和,〈萬事萬里를 自心自性에 求하기 爲하여〉, 60~61쪽.
54) 《朝鮮佛敎月報》 제1·4·5호의 〈雜報〉를 참조할 것.

두고 어떤 이는 그가 기회주의적인 태도를 보였다고 말하기도 한다. 요컨대 친일과 항일의 갈림길에서 명확한 입장 표명을 보여주지 못했다는 것이다.

어쨌든 그는 불교계에서의 이러한 활발한 활동을 통하여 불교에 대한 신앙을 더욱 확고히 다져 나갔고, 당대 불교계 최고의 지식인으로서 불교의 사회적 이미지를 쇄신하고 타종교 및 일반인의 비판에 대해서 불교를 옹호하기 위한 불교계몽운동을 주도적으로 펼쳐 나갔다. 그리하여 그는 1914년 이회광(李晦光)이 중심이 되고 30본산 주지 및 거사들이 참여하여 각황사에서 발족을 본 불교진흥회(佛敎振興會)에 적극 참여하였다. 이 단체는 대개 친일적 성격을 갖는 단체라고 알려져 왔다. 즉, 친일 권승(權僧) 이회광이 라이벌 강대련(姜大蓮)과 종권(宗權) 다툼의 와중에서 이 단체를 조직하였으며, 나중에 총독부의 지시에 따라서 '을사오적'으로 민족의 규탄을 받는 이완용(李完用)·권중현(權重顯) 등에게 넘어가 불교옹호회(佛敎擁護會), 불교협성회(佛敎協成會)로 변신하였다는 점이 이러한 주장을 뒷받침한다.55)

그러나 이 단체가 이능화, 최동식(崔東植), 이명칠(李命七), 양건식(梁建植), 장지연(張志淵), 송헌석(宋憲奭) 등이 중심이 되어 일으킨 거사불교운동의 중심지 역할을 했다는 점 또한 간과되어서는 안 될 것이다. 원종과 임제종의 대립이 일제의 사찰령에 의해 일단 해소되고, 여기에 체제 타협적인 30본산 주지들에 의해 조선선교양종이라는 통합 종단이 설립되자, 불교계의 대립을 우려하던 보수적인 불교 지식인들은 이 불교진흥회를 중심으로 불교계몽운동을 펴나갔다.

이들은 대개 구한말 정부가 설립한 외국어 학교를 나온 근대적 지식

---

55) 임혜봉, 《친일불교론》(민족사, 1993), 90~99쪽을 참조할 것.

인으로서 한학적 교양과 외국어 능력을 겸비하였고, 당시 불교계의 여론을 이끌 만한 실력과 경륜을 갖춘 인사들이었다. 이들은 전통 불교 속에서 근대적 개혁의 가능성을 발견했고, 일제의 발전된 근대 불교학에 대한 반작용으로 한국 불교의 지적 전통을 확인하려 했다. 이는 식민지 현실에 대한 자기 나름대로의 대응작업이기도 했다. 이들은 《불교진흥회월보》(佛敎振興會月報)에 불교의 사회적 이미지를 높이고 불교를 감싸는 글을 발표하면서 집단적인 문화운동을 펼쳐 나갔다.

원래 거사(居士)라 함은 재가인(在家人)의 남자로서 출신가문이 훌륭하고 상당한 재산을 가진 인물로서 항상 수행정진하는 사람을 말한다. 그 거사의 전형적인 이상은 《유마경》(維摩經)의 주인공인 유마거사(維摩居士)라고 할 수 있다. 우리나라 역사에서 많이 알려진 거사로는 고려시대 청평거사(淸平居士) 이자현(李資玄; 1061~1125), 백운거사(白雲居士) 이규보(李奎報; 1168~1241), 조선 초기 괴애거사(乖厓居士) 김수온(金守溫; 1410~1481) 등이 있고, 조선 후기에는 거사를 자칭하는 재가불교 지식인들이 많이 활약했는데, 백용성(白龍城) 스님은 그 가운데에서 가장 대표적인 인물로 완당거사(阮堂居士) 김정희(金正喜; 1786~1856), 월창거사(月窓居士) 김대현(金大鉉; ?~1870), 그리고 이건창(李建昌; 1851~1898)을 꼽고 있다.[56] 그 밖에도 추금거사(秋琴居士) 강위(姜瑋; 1820~1884), 대치거사(大致居士) 유홍기(劉鴻基; 1831~?) 등이 근세 불교거사를 대표하는 인물로 지목된다.

한편 이능화의 《조선불교통사》 하권 '이백품제'에는 이들 거사 가운데 특히 두 사람에 대해 따로 품제를 두고 소개하였는데, 〈백장몽언불교정신〉(百章夢言佛敎精神)은 꿈을 가지고 인간의 모든 정신작용을 해

---

[56] 白龍城, 《歸源正宗》, 《龍城大宗師全集》 권8(동국대), 46쪽.

172

설한 《술몽쇄언》(述夢瑣言)을 저술한 월창거사 김대현을 소개한 글이
고, 〈사상학설인품성정〉(四象學說人稟性情)은 사상의학(四象醫學)을 완
성한 한의학자(韓醫學者) 동무(東武) 이제마(李濟馬; 1838~1900)를 소개
한 품제이다. 그는 이 두 사람의 학설을 세계적 철학이라고 할 만큼 높
이 평가했는데,[57] 전통문화 속에서 근대화의 가능성을 찾는 그에게 이
두 사람의 업적은 바로 그가 새로이 추진하려고 했던 거사불교운동의
모범으로 비춰졌다고 할 수 있다.

　이상과 같이 거사불교운동의 이념을 정립하고, 이를 실질적으로 이
끈 사람이 바로 이능화라고 할 수 있다. 그는 불교진흥회의 간사로서
중추적인 산파역을 맡았고, 1917년에는 이사직에 선임되기도 했다. 또
한 그는 《불교진흥회월보》의 편집 겸 발행인으로 활약하며 거사불교
운동의 이념적 기초를 세우는 데 앞장섰다. 그는 《불교진흥회월보》에
기고한 한 논설에서 당시 30본산 주지들을 유마거사 회상(會上)의 30보
살로, 그리고 여러 거사들을 유마거사의 화현(化現)으로 비유하였다.[58]
유마는 불교사에서 가장 이상적인 거사라고 볼 때, 결국 이능화가 주도
한 거사불교운동은 《유마경》에 입각한 거사불교의 한국적 전개라고
할 수 있을 것이다.[59]

　거사불교운동의 동기는 이처럼 불교계몽에 있었다. 그리하여 불교계
지식인으로부터 상당한 호응과 기대를 받았던 것이라고 할 수 있다. 이
점은 당시 이 운동에 직접적으로 참여하지는 않았지만 이미 《조선불교
월보》의 사장을 지내는 등 당대의 대표적인 불교 지식인으로 활약했던

57) 李能和, 《朝鮮佛敎通史》, 凡例.
58) 李能和, 〈論佛敎振興은 三十菩薩과 無數 維摩居士〉, 《佛敎振興會月報》 第2號(1915. 4);
　　《韓國佛敎雜誌叢書》 제16권, 98~106쪽.
59) 고재석, 《한국근대문학지성사》, 44쪽.

권상로(權相老)의 다음 글에서도 나타난다.

積陰之餘에 陽春이 自在하고 洪水之後에 霽色이 快怡이라. 藥香幢蓮이 湧
出香海하니 無數刹種이 同時建立하고 白象日輪이 降自兜率하시니 無量諸天
이 同時下生하야 群賢이 畢集하고 群英이 共會하야 濟濟한 光景과 彬彬한
威儀는 而今에 朝鮮佛敎振興會之諸大居士也로다. 朝鮮佛敎는 其振興乎인져
朝鮮佛敎는 其振興乎인져.[60]

즉 불교진흥회를 중심으로 하는 거사불교운동에 대해 교계 지도자로
서 상당히 커다란 기대를 걸고 있음을 알 수 있다.

그러나 불교진흥회 자체의 강한 친일적 성격과 함께, 종단 조직에 대
한 비판을 달가워하지 않던 보수적인 주지들이 외면함으로써 대중의
폭넓은 지지와 참여를 이끌어내지 못하고, 다만 소수의 지식인과 승려
에 한정된 운동으로 끝나고 만다. 아울러 근대적인 관점에서 볼 때 이
들의 중대한 한계로 지적할 수 있는 것은, 이들이 대개는 한문체를 고
집함으로써 문체 개혁에 소홀했다는 점이다. 그러나 한일합방 초기의
암담했던 시기에 이들이 전통 종교인 불교의 학문적 체계화를 통해 우
리 문화의 우월성과 보편성을 확인하고, 나아가 일제에 대한 정신적 대
응으로서 국학의 전통을 이어나갔다는 점은 주목할 만한 사실이라고
하겠다.

또한 이 거사불교운동은 1920년 '조선불교회'(朝鮮佛敎會) 조직을 통
해 그 맥이 이어졌다. 〈조선불교회 취지서〉를 보면 이능화를 비롯한 29
명의 거사들이 발기인으로 참여하였고, 〈조선불교회 선전서(宣傳書)〉에

---

60) 權相老, 〈朝鮮佛敎와 諸大居士〉, 《佛敎振興會月報》 제5호(1915. 7); 《韓國佛敎雜誌叢書》
     제16권, 386쪽.

174

는 강령으로,

    一. 朝鮮의 佛教를 發展
    一. 社會의 精神을 指導
    一. 習俗의 虛僞를 改良
    一. 感化의 事業을 振作
    一. 吾人의 生活을 向上

등을 들고 있다.[61] 결국 일제가 후원하는 불교진흥회를 중심으로 거사불교운동을 펴 나가던 여러 거사 학자들은 1917년 불교진흥회가 해체되어 이완용·권중현 등의 불교옹호회로 넘어가면서 더욱 친일의 성격이 강해지자, 자발적인 민간단체로서 이 조선불교회를 조직하여 거사불교운동을 지속적으로 추진하였던 것으로 보인다.

한편 그는 불교진흥회를 중심으로 거사불교운동을 실질적으로 이끌며, 이후 10여 년 동안에 걸친 정력적인 불교 관계의 저술활동을 계속해 나가고 있다. 그의 저작은 1912년(43세)부터 1943년(74세, 別世)까지 30여 년 동안 총 250여 편에 이르는데, 그 가운데에서 110여 편이 1912년부터 1920년까지에 저술되어, 이 기간에 그가 가장 왕성한 집필활동을 하였음을 알 수 있다. 또한 이 시기에 저술된 110여 편 가운데에는 불교 관계 저술이 100여 편이나 되고, 이후 저술된 140여 편 가운데에는 30여 편에 불과해, 그의 불교 연구는 이때에 집중적으로 이루어지고, 그가 조선사편찬위원으로 참여한 1922년 이후부터는 종교사와 사회사 연구에 몰두했음을 알 수 있다.[62]

---

[61] 《朝鮮佛教叢報》 제21호(1920. 5); 《韓國佛教雜誌叢書》 제15권, 737~743쪽.

[62] 이하중·신광철 편, 〈이능화 저작목록〉, 《종교연구》 9(한국종교학회, 1993), 205~215쪽

특히 당시의 불교계는 근대적 교육기관의 설립과 포교의 대중화를 위한 불교 잡지의 간행이 당면 과제였던바, 그는 불교진흥회의 기관지인 《불교진흥회월보》(1915. 3〜12, 통권9호), 이것을 개제(改題)한 《조선불교계》(朝鮮佛敎界; 1916. 4〜1916. 6, 통권3호), 《조선불교총보》(朝鮮佛敎叢報; 1917. 3〜1920. 4, 통권21호) 등 불교 대중 잡지의 편집 겸 발행인으로 활약하면서 그 지면을 통해 스스로 50여 편의 불교 관계 논설을 발표하기도 하였다.

결국 그의 거사불교운동과 활발한 사회적 활동은 모두가 '민족 근대화'라는 그의 일관된 학문적 주제의 또 다른 표현이라고 할 수 있다. 사실 그의 학문적 노정에서 불교 연구 그 자체가 주요 테마였던 것은 아니었다. 그의 주요 학문적 테마는 '민족 근대화'였고, 불교 연구는 다만 민족 근대화의 가능성을 찾는 한 시도로써 행해진 것이라고 할 수 있다. 또한 거사불교운동은 사부대중(四部大衆) 가운데 출가승(出家僧) 위주의 한국 불교에 대한 비판으로서, 불교를 현실에 맞게 개혁하려는 불교개혁의 정신을 담고 있었다. 이것은 오늘날의 생활불교운동과도 통하는 선구적인 불교운동이라고 평가할 수 있다.

아무튼 그가 불교사상 속에서 민족 근대화의 가능성을 찾았고, 이를 한국 불교의 역사적 체계화와 여러 종교와 비교연구를 통해서 학문적으로 조명하였으며, 나아가 거사불교운동과 대중포교를 위한 불교 잡지 간행 등을 통해서 정력적인 불교계몽운동을 펼쳐 나갔다는 점은 불교의 근대적 변용에서 간과할 수 없는 커다란 공로라고 하겠다.

을 참조할 것.

VI. 근대적 종교인식과 불교학적 공헌
- 권상로의 불교학과 비교

1. 권상로의 근대적 종교인식과 불교개혁사상

1.1. 학문적 업적과 종교관

1.1.1. 학문적 업적

권상로는 우리나라에서 최초의 불교 월간 잡지인 《조선불교월보》(朝鮮佛敎月報)를 창간(1912)하여 편집 겸 발행인으로 활약했다. 한용운의 《조선불교유신론》(朝鮮佛敎維新論; 1913)보다 앞서서 〈조선불교개혁론〉(朝鮮佛敎改革論; 1912)을 써 그 뒤 나온 불교개혁론의 선봉이 되었으며, 이능화의 《조선불교통사》(1918)보다 앞서서 우리나라 최초의 불교 통사인 《조선불교약사》(朝鮮佛敎略史; 1917)를 썼다. 또 해방 후 1953년에는 종합대학으로 승격한 종립(宗立) 동국대학의 초대 총장을 역임하는 등 불교학에 관한 그의 저서나 불교계 안에서의 활약상은 어느 것 하나 선구적이지 않은 것이 없다.

그리고 일제하에 간행되었던 많은 불교 잡지 가운데서도 가장 오랫동안 명맥을 유지했던 《불교》(佛敎; 1924. 7~1933. 8)의 창간호부터 통권83호(1931. 5)까지 7년여 동안 편집 겸 발행인으로서 활약하면서 그 지면을 통해 100여 편의 논설을 남겼으며, 한국 불교사 자료의 집성에 주력하여 《이조실록불교초존》(李朝實錄佛敎鈔存)을 비롯한 방대한 자료집을 내는 등 당시 한국 불교계에서 그의 활약상은 참으로 눈부시며, 당시 불교 지성계를 이끌었음을 알 수 있다.

그는 일평생 손에서 책을 놓은 적이 없고, 박람강기(博覽强記), 무불통지(無不通知)의 해박을 자아내어 자전(字典)과 사전(辭典)이요, 사전이 무색한 학해(學海)라는 찬탄을 누렸다고 한다.[1] 사실 불교학이나 한문학을 다룬 사람치고 그의 훈수를 받지 않은 이가 없을 정도여서 '자학(字學)의 최남선(崔南善), 작문의 정인보(鄭寅譜), 해석의 권상로(權相老)'라는 추앙까지 나돌았다고 한다.[2] 그의 주요 업적들은 1990년에 그의 문도(門徒)들이 간행한 전10권의 《퇴경당전서》(退耕堂全書)에 많이 실려 있고, 그 밖에 《조선불교월보》(朝鮮佛敎月報), 《불교진흥회월보》(佛敎振興會月報), 《조선불교총보》(朝鮮佛敎叢報), 《유심》(唯心), 《불교》(佛敎), 《불교시보》(佛敎時報), 《신불교》(新佛敎) 등 불교 잡지에 300여 편의 글이 실려 있다. 그리고 《퇴경당전서》에 미처 실리지 못한 저서도 많아 세밀한 조사가 필요하다.

그의 학문적 업적은 불교학과 종교학·문학·역사·지리학 등에 걸쳐 있다.[3] 우선 그의 학문적 본령이라고 할 수 있는 불교학 분야의 주요 저술로는 불교사로서 《조선불교약사》, 《한국사찰전서》(韓國寺刹全書; 《退耕堂全書》 제2·3권 所載), 《신찬조선불교사》(新撰朝鮮佛敎史), 《한국선종약사》(韓國禪宗略史), 《조선불교사개설》(朝鮮佛敎史概說; 이상 제8권) 등이 있고, 불교 자료집으로는 《이조실록불교초존》(李朝實錄佛敎鈔存; 제4·5권), 《한국불교자료초》(韓國佛敎資料鈔; 제6·7권), 《삼국사기불교초존》(三國史記佛敎鈔存), 《증보문헌비고불교초존》(增補文獻備考佛敎鈔存), 《고려불교초존》(高麗佛敎鈔存; 이상 제4권)이 있고, 불

---

[1] 〈退耕堂權相老大宗師 事蹟碑 碑文〉, 《退耕堂全書》 제1권(1990), 11쪽.

[2] 이병주, 〈퇴경당 권상로〉, 《대원》 제36호(1985. 11), 30쪽.

[3] 그의 학문세계에 대한 평가는 이병주, 위의 글, 28~33쪽과 역시 이병주가 쓴 〈퇴경당 권상로선생의 학문세계〉, 《동대신문》 1987. 4. 21을 참조할 것.

경번역서로는 《관음예문강의》(觀音禮文講義), 《불설아미타경강의》(佛說阿彌陀經講義), 《불설선생경강의》(佛說善生經講義), 《선재구법》(善財求法; 이상 제9권), 《부모은중경》(父母恩重經) 등이 있다. 그 밖에도 각종 불교 잡지에 실었던 그의 글을 모아 놓은 《질려원고》(蒺藜園藁; 제8권)[4]와 그가 서울 연화사(蓮華寺)의 일요법회에서 행한 설법을 모아 놓은 《광명의 길》(제8권), 공역인 《신편 불교성전(佛敎聖典)》 등이 있다.

종교학 분야의 저술로는 《조선종교사초고》(朝鮮宗敎史草稿; 제8권)가 대표적이며, 그 밖에도 종교사에 관계되는 자료집으로서 〈종교사료〉(宗敎史料), 〈유(儒)에 관한 잡초(雜抄)〉(이상 제3권), 〈사전산입〉(四田散粒), 〈한국 고대신앙의 일련(一臠)〉(이상 제10권) 등이 있다. 기타 분야의 대표적 저술로는 《한국지명연혁사전》(韓國地名沿革事典)과 《조선문학사》(朝鮮文學史; 이상 제10권), 《역해(譯解) 삼국유사》, 《퇴경당잡기》(退耕堂雜記; 이상 제9권), 《퇴경역시집》(退耕譯詩集; 제8권), 《악부》(樂府) 5권, 《자학관규》(字學管窺; 이상 제7권), 《(실록으로 본) 사명대사》, 《(역해) 삼국사기》, 《석균여전(釋均如傳) 역주》 등이 있다.

여기서 그의 불교학과 종교학 분야 저술에 대한 설명은 다음 장으로 미루고, 기타 분야의 저서들을 간단히 살펴보기로 한다. 우선 《한국지명연혁사전》(1961)은 우리나라 지명의 변천과 유래를 밝힌 책으로, 특히 고지명의 변천사를 연구하는 데 필수적인 책이다. 《동국여지승람》(東國輿地勝覽)을 주로 삼아 '가나다' 순으로 카드를 만들고, 다시 《삼국사기》, 《삼국유사》, 《고려사》, 《증보문헌비고》(增補文獻備考), 《세

---

4) 《질려원고》(蒺藜園藁) 속에는 〈조선불교혁명론〉(朝鮮佛敎革命論), 〈관등(觀燈)의 조선적 고사(故事)〉, 〈불교의 원리〉, 〈조선문학에 나타난 승려의 성생활(性生活) 박의(駁議)〉 등의 논문과 〈심춘〉(尋春), 〈세알삼배〉(歲謁三拜) 등 두 편의 소설, 그리고 20여 편의 논설 및 취지서 등이 포함되어 있다.

종실록지리지》(世宗實錄地理志), 《대동수경》(大東水經), 《사원》(辭源), 《여유당전서》(與猶堂全書) 등 각종 역사서와 지리서, 문집 등을 참조하여 원문을 그대로 옮겨 적는 식으로 편집하였다. 또한 〈부록〉의 〈역대지리연혁일람표〉(歷代地理沿革一覽表)는 각 도별로 삼국시대부터 대한민국까지 각 지명이 변천한 모습을 일목요연하게 표로 정리했으며, 신라 및 고려, 조선과 대한제국의 행정구역도를 수록하는 등, 참고할 만한 자료가 많아 매우 중요한 책으로 평가된다.

《조선문학사》(1947)는 혜화전문 당시 강의 교재로 쓴 한국 문학사 개요인데, 다른 국문학사나 국문학 개설서와는 달리 한문학의 비중의 큰 것이 특징이다. 김태준(金台俊)의 《조선한문학사》(朝鮮漢文學史)와 《조선소설사》(朝鮮小說史), 그리고 조윤제(趙潤濟)의 《조선시가사강》(朝鮮詩歌史綱) 등에도 적지 않은 영향을 끼쳤다고 한다. 광복 직후 안자산(安自山)의 《조선문학사》와 함께 널리 읽혀 여러 번 간행되었고, 동국대학교 교재로 쓰이기도 했다.[5] 그러나 국문학과 한문학의 분별적 의식을 가지지 못했고, 학사(學史)로서의 사적 의식이 결여되어 단순한 문헌학적 자료 수집과 단편적인 해제라는 흠을 면하지는 못하였지만, 그의 박람(博覽)한 자료를 인용하여 우리에게 많은 교시와 과제를 주는 소중한 유저(遺著)인 것만은 틀림이 없다고 하겠다.[6]

《퇴경역시집》(退耕譯詩集; 1966)은 당시(唐詩)를 한글 시조로 번역한 〈이태동잠집〉(異苔同岑集)과 우리나라 시조를 한역(漢譯)한 〈지귤이향집〉(枳橘異香集)을 묶어 출판한 것이다. 〈이태동잠집〉은 원래 〈이태동근집〉(異苔同根集)이었고, 〈지귤이향집〉은 〈영언만역〉(永言漫譯)이었는데, 그가 돌아간 1965년에 추도특집호로 꾸며진 《동악어문논집》(東岳

---

5) 이병주, 〈퇴경당 권상로〉, 31쪽.
6) 이동영, 〈권상로의 《조선문학사》 일고〉, 《국어국문학》 제64호(1974), 131∼132쪽.

語文論集) 제2·3집에 옮겨 실으면서 제목이 바뀌었다. 〈지귤이향집〉은 권상로 자신이 〈시조한역〉(時調漢譯)이란 제호로 《동대신문》(東大新聞)에 그 일부를 연재한 바도 있다고 한다.

이 밖에도 그의 저술들을 세밀하게 분석해 보면, 교학승으로서 내전교과(內典敎課)를 연구하면서도 외전(外典)인 유학에도 밝아 〈이태동잠집〉과 〈지귤이향집〉을 비롯한 수많은 한시와 개인문집 성격의 글을 많이 남겼음이 주목할 만하다고 하겠다. 이는 조선조 이래의 전통으로, 시대적 조류인 유교의 학문적 요청에 부합하기 위해 선종의 선사도 내전교학은 물론 외전인 유학까지 수학하였던 것이다. 또한 조선시대 선사들은 어록보다는 문집이라는 명칭으로, 그 내용도 오언절구, 오언율시, 칠언절구, 칠언율시 등의 시구를 비롯하여 서장(書狀), 기(記), 발(跋), 소(疏), 권문(勸文), 제문(祭文), 상량문(上樑文), 중수문(重修文) 등의 잡저와 행장 등이 수록되었다. 권상로의 경우에도 어려서 쌓은 풍부한 한학 실력을 바탕으로 이런 잡저류의 글들을 많이 남겼다.

그는 일생을 오직 승려로서 불교에 대한 독실한 신앙과 포교, 그리고 교육 및 저술로 살았다고 할 수 있다. 그는 만 네 살 때 이미 한시를 지었고, 6세부터 서당에 들어가 10여 년 동안 과거를 위한 경사(經史)와 시부(詩賦)에 전념하였으니, 기본적으로 전통 한학 및 유학에 대한 조예가 깊었다. 그러다가 집안의 우환을 계기로 출가를 결심했고, 이후 10여 년 동안은 불교 전문 강원에서 대교과(大敎科)까지 이수함은 물론, 인근 사암(寺庵)을 찾아다니며 불교 경전은 물론, 《주역》(周易), 《도덕경》(道德經), 《남화경》(南華經) 등 외전(外典)까지 섭렵하게 된다. 한문으로 다다를 수 있는 전통 학문의 거의 모든 분야를 섭렵한 셈이니, 그의 스칼라십은 전통 종교의 핵심인 유불도 3교를 통하고 있다고 해도 과언이 아닐 것이다.

그러다가 27세 때 명진학교 입학을 계기로 신학문을 접하기 시작하였으니, 당시 양계초의 《음빙실문집》(飮氷室文集)을 통해 우리나라에 전해져 지식인 사이에 크게 유행했던 사회진화론과 종교학 및 세계종교사에 대한 지식을 습득할 수 있었다. 그러나 어디까지나 그는 전통학문에 바탕을 둔 불교 교학승으로서 신학문에 기울어지기보다는 서양문화의 급속한 침투를 경계하였고, 오히려 그들의 새로운 방법론을 이용하여 타종교에 견주어 불교, 그리고 서양문화에 견주어 전통문화의 우수성을 구명하는 학문적 노력을 기울였다고 하겠다.

1.1.2. 불교와 다른 종교의 비교연구

권상로는 한국의 종교를 여섯 가지로 분류하였다. 즉 '첫째는 고종교(古宗敎), 둘째는 불교, 셋째는 선교(仙敎), 넷째는 유교, 다섯째는 기독교, 여섯째는 신흥종교'라는 것이다.[7] 물론 여기서 그가 가장 중시한 것은 불교이지만, 상대적으로 고종교에 깊은 관심을 보였고, 외래 종교에 대해서는 상당히 부정적으로 경계하였다. 그는 타종교와 비교 고찰하여 불교의 우수성을 드러내고자 하였고, 고종교에 대해서는 종교 기원 탐색을 통해서 우리 민족의 문화적 주체성을 확립한다는 측면에서 여러모로 논급하였다.

그는 비교종교학적인 관점에 입각하여 한국의 종교들을 비교 고찰하였다. 물론 그의 비교종교 연구가 불교를 전제로 한 호교론적인 입장에 치우쳐 있고, 또 이능화의 《백교회통》(百敎會通)처럼 한 권의 책으로 종합해 내지는 못했지만, 어쨌든 그가 한국 종교 전반을 비교적인 관점에 입각해서 고찰하였다는 점은 주목할 만한 일이라고 생각한다.

---

7) 權相老, 〈朝鮮宗敎史草稿〉, 《退耕堂全書》 제8권(1990), 853~855쪽.

184

먼저 그는 한국 불교가 '멸륜(滅倫)의 종교'라는 등의 전통적인 불교 비판에 대하여는, 부처님이 효제충신(孝悌忠信) 등을 말씀하신 것은 유교와 조금도 다르지 않지만 그 위에 인과응보, 즉 연기설(緣起說)을 말씀하신 것은 유교나 그 밖의 다른 종교에서는 듣지도 못하는 것이라고 주장한다. 그리하여 심성에 극진하도록 불교를 배우는 사람이라야 능히 윤리에 극진하도록 유교를 행할 것이요, 반대로 윤리에 극진하도록 유교를 행하는 사람이라야 능히 심성에 극진하도록 불교를 배울 수 있다고 보았다. 예를 들어, 고금에 큰 충신 큰 효자라든지, 또는 유교의 심법(心法)을 찾아내고 크게 발달시킨 성현들이 모두 불교를 연구하여 깊이 닦고 깨우치지 않은 이가 없으니, 불교와 유교는 합쳐 행하면 쌍으로 아름답지만 갈라놓으면 서로 손해가 나는 법이라고 하였다. 그러므로 불교를 알고자 하면 먼저 성현의 말씀과 행실을 본받아야 하는 것이니, 만일 성현의 언행을 본받지 못하여서 잘못되는 점이 있고 윤리에 어긋남이 있다면 세간 명교에도 죄인을 면치 못하는데, 어떻게 부처님 제자가 될 수 있겠는가라고 반문하였다. 요컨대 불교가 아무리 출세간법(出世間法)이지만 윤리에 모자람이 있다면 불교가 아니요, 윤리에 극진해야만 그것이 곧 불교요 불법이라고 보았다.[8]

더 나아가 유교와 불교는 회통(會通)한다는 점을 여러 가지 교리를 예로 들어 설명하였다. 즉 인과응보는 불교의 설이지만, 유교의 성인들도 인과응보를 많이 말했으니, 《서전》(書傳)에 있는 '착한 일을 하면 많은 복이 내리고, 착하지 않은 일을 하면 많은 재앙이 내린다'(作善 降之百福, 作不善 降之百殃)는 말이나, 《주역》에 나오는 '선을 쌓는 집에는 반드시 많은 경사가 있고, 불선을 쌓는 집에는 반드시 많은 재앙이 있

<hr>

8) 權相老, 〈光明의 길〉, 《退耕堂全書》 제8권(1990), 529~531쪽.

다'(積善之家 必有餘慶 積不善之家 必有餘殃)는 말이 모두 인과응보의
설이라는 것이다. 그리고 '계(戒)는 이름이 효(孝)라'고 〈범망경〉(梵網經)
에서 말한 그대로, 계가 곧 충(忠)이요, 나아가 우애, 정조, 신의, 염치,
측은, 사양, 수오(羞惡), 시비 등등이 모두 계라는 것이다. 결국 부처님
과 다른 성인 사이에도 마음은 다르지 않을 것이니, 따라서 진제(眞諦)
와 속제(俗諦)가 둘이 아닐 것이요, 불교와 유교가 하나임을 단언할 수
있다는 것이다.

또한 공자의 말씀에 '효제는 인을 행하는 근본이다'(孝悌也者 爲仁之
本與)라 하시고, 부처님도 자비·불살생을 오계(五戒)의 첫머리에 두셨
으니, 이것으로만 보아도 하늘과 성인의 마음이 다르지 않고 성인의 베
푸신 교의 이념도 같지만 다만 의식방법만 조금씩 차이가 있을 뿐이라
는 것이다. 그런데 이와 같이 유교와 불교가 털끝만치라도 다르지 않은
데, 불교를 배척하는 사람들은 쓸데없는 선입견으로 불교를 모르는 것
이고 믿지 않는 사람은 아무것도 몰라서 유교도 모르는 사람이라고 할
수밖에 없다는 것이다. 따라서 한퇴지(韓退之)가 불골표(佛骨表)를 지어
바치고 조주(潮州)로 귀양 간 것을 어떤 사람들은 부처님을 비방하고
벌을 받은 것이라고 하지만, 그것은 알지 못하는 말을 했기 때문에 자
연히 세상의 배척을 받은 것이요, 태전선사(太顚禪師)를 만나서 낱낱이
굴복하고 그 제자 삼평(三平)에게 법문을 듣고서야 비로소 불교를 알게
되었다는 것이다. 또한 주자(朱子)도 속으로는 가만히 불교를 쓰면서 겉
으로만 배척한다는 시비를 들었으니, 결국은 불교를 잘 알아야 유교도
잘 읽을 것이요, 불교 계율을 잘 지켜야 유교윤리도 잘 행한다고 단안
내린다는 것이다.[9]

---

[9] 위의 글, 676~689쪽.

이상에서 살펴본 그의 언설들은 대개 전통적인 호불론적 유불회통론의 논리를 그대로 따르는 것 같다. 다만 이렇게 타종교의 불교 비판에 대한 수동적인 변증에 머무르지 않고, 타종교보다 불교가 우수한 점을 여러 가지로 논술하고 있는데, 이것은 새로운 종교 상황에 대한 인식을 바탕으로 하는 것으로서, 이능화가 불교의 정체성을 확립하고자 이론적인 비교연구를 해 나갔던 것과 일맥상통한다고 할 수 있다.

우선 그는 여러 종교의 장·단점을 살핀 바탕 위에 불교가 그 가운데에 가장 우수한 종교라는 점을 내세우려 한다. 그는 〈광명의 길〉이라는 설법집에서,

원래 불교는 유교나 예수교처럼 다만 인격적인 天神이나 혹은 성현만을 숭배하는 것과도 같지 않고, 또는 道敎처럼 다만 영구적인 자연법칙으로 의지를 삼는 것과도 같지 않아서, 삼보에 귀의하는 것은 곧 사람과 법, 두 가지를 하나로 통일하여서 신앙을 내는 이상을 삼는 것이다.…… 유교는 사람으로서 처세하여 立功, 立德하는 데는 독특한 좋은 점이 있지만 찬란미묘한 광명이 없으므로 능히 일반사람의 마음을 고무하여 광명한 앞길로 향하여 매진하도록 하지 못하며 다른 종교들은 일종의 攝引하는 힘은 있으나 사람으로 하여금 向上, 向善에 노력하게는 못한다.[10]

라고 하여 불교는 인격신을 믿는 종교와 비인격적 법칙에 의지하는 종교를 포괄하여 인격신과 법 두 가지를 모두 신앙하는 종교라는 것이다. 이는 불교가 자력 및 타력신앙을 겸함을 장점으로 내세운 것이며, 또한 불교는 다른 종교의 신비스러운 면과 윤리적 가르침을 동시에 가진 종교임을 드러내었다고 할 수 있다.

---

[10] 위의 글, 541쪽.

한편 그는 각 종교의 구원관을 비교하여 설명하되,

神術로 중생을 가르치면 중생이 그 希夷함은 느낄지언정 人人이 皆神은
되지 못할지며, 天道로 중생을 가르치면 중생이 그 渺茫함은 느낄지언정
人人이 皆天은 되지 못할지며, 仙學으로 중생을 가르치면 중생이 그 恬靜
함은 느낄지언정 人人이 皆仙은 되지 못할지며, 孔子의 書로 중생을 가르
치면 중생이 그 規矩는 느낄지언정 人人이 皆孔子는 되지 못할지며, 耶蘇
의 敎로 중생을 가르치면 중생이 그 博愛함은 느낄지언정 人人이 皆耶蘇는
되지 못할지니, 然則 吾儕衆生은 何의 歸依하던지 但古聖의 糟粕만 啜하며
咳唾만 拾할 따름이오 一聖人으로 同化함은 得치 못할까 寧有是哉리오.[11]

라 하여, 대개의 종교들이 절대자를 높이고 인간을 낮추어 인간 스스로
절대적 지위에는 가지 못하도록 제한하고 있음을 비판하였다. 이에 견
주어 불교는 인간 자체의 초월성을 인정하는 종교이니,

唯佛은 天中天이며 聖中聖이라. 諸天의 범위를 초탈하며 諸聖의 規矩에
탁월하야 衆生의 自心中에 本具한 佛性을 開示하시니, 佛은 즉 그 性을 先
覺한 者이오 중생은 즉 그 性을 方覺할 者이라. 覺의 後先은 有할지언정
覺할 當體는 別立한 地位로써 凡夫의 難行할 處가 아니오. 즉 個人自己의
고유한 불성을 反語함이니 此性이 旣聖凡에 在하야 增減異同이 無한지라.
그 究竟도 平等無二하야 一切衆生이 皆可成佛이니 卽所謂 感化力은 唯佛敎
爲大로다.[12]

라 하여, 부처와 중생이 깨달음의 선후는 있을지언정 평등무이(平等無

---

11) 權相老, 〈佛敎의 感化力〉, 《朝鮮佛敎月報》 제4호(1912. 5), 8쪽.
12) 위의 글, 8쪽.

二)하여 모든 중생이 성불할 수 있는 것이니, 그 감화력에서 불교가 가장 위대한 종교라는 것이다.

한편 그는 각 종교의 경전을 비교하여, 우선 분량으로 볼 때 불교 경전이 다른 종교에 견주어 월등하다는 주장을 펴기도 한다.

東亞西歐에 分門裂戶한 各種宗敎가 無慮百十이로되 其書를 讀하고 其旨를 究하건대 其中에 最히 高尙한 者도 終極究竟은 天堂이 아니면 神仙而已오 更히 其上에 一層을 超登하야 三界의 外에 旴衡하는 者가 無하며 其典籍이 卽不過數十卷數千言而已라. 力量이 有한 者는 一日의 披閱에 不足하거늘 此를 更衍辯論하여 易行易知토록 發明하야 世人의 應用에 需하는 同時에 其敎力이 繁衍함은 自然한 結果라 하노라. 至若吾敎는 書籍이 浩澣하여 目下十行하고 日記千言하는 者라도 能히 其萬分의 一을 披閱키 難하거늘 何況存而不論하고 論而不議하니 流通이 壅滯하야 今日을 釀成함이라.[13]

즉 다른 종교들은 그 전적이 수십 권, 수천 언에 불과하여 역량이 있는 자는 하루 열람하기에도 부족한 양이지만, 불교는 서적이 호한(浩澣)하여 한 번에 10행을 보고, 하루에 천 글자를 쓰는 자라도 능히 그 만분의 일도 열람하기 어렵다는 것이다. 다만 이것을 충분히 논의하여 보급시키지 못한 관계로 오늘날 많은 사람들에게 유통되지 못하고 있다는 것이다. 그는 이 점을 좀 더 구체적으로 비교하여 다음과 같이 설명하기도 한다. 즉

天主敎의 根本經典은 즉 불과 우리의 金剛經만 할까 말까 한 《鑑略》 한 권뿐이지마는 그것은 부연하여서 舊約도 되고 新約도 되어 많은 신자를

---

13) 權相老, 〈敎籍 刊行의 必要〉, 《朝鮮佛敎月報》 제6호(1912. 7), 2쪽.

얻은 것이 아닌가. 回回敎의 《코란》경도 그다지 많은 분량을 가진 것이
아니요, 道敎의 原典이 道德經 오천여 言밖에 아니 되는데, 우리는 무진장
의 法藏을 소유로 하여서 質과 量이 아울러 諸宗敎에 超越하거늘…….14)

결국 불교는 세계의 모든 종교들과 비교해 볼 때, 그 경전의 질과 양
어느 면에서도 타종교를 초월한다는 자신감을 표현하고 있다.

한편 〈천(天)과 정토(淨土)의 계설(界說)〉이라는 논문15)에서는 불교의
정토와 다른 종교의 천당을 비교하여 불교의 우수성을 논하였다. 그는
천당은 다른 종교들이 많이 말하는 것이지만, 정토는 불교만의 설(說)
로써 다른 종교들이 미치지 못하는 것이라고 하면서, '천'(天)이 지고무
상(至高無上), 지대무외(至大無外)인 줄만 알지 그 밖에 다시 정토가 있
는 줄은 알지 못하고 있다고 주장한다. 그는 각 종교의 경전에 나오는
'천'에 관한 언급을 인용한 뒤에, 여러 종교는 법천행도(法天行道)하여
감히 '천'을 어기지 못하지만, 불교는 오히려 제천(諸天)이 봉행하여 감
히 '불'(佛)을 어기지 못하는 것이라고 하면서 '불'이 '천'보다 상위의
존재임을 논급하고 있다.

또한 그는 《지도론》(智度論)을 인용하여 '천'의 단계를 설명하였는
데, 즉 사종천(四種天)이 있으니, 첫째는 세간천(世間天)으로, 세간 국왕
이 비록 인간세상에 살고 있으나 천복(天福)을 누리는 것이요, 둘째는
생천(生天)으로, 계(戒; 五戒), 선(善; 十善) 등의 복을 닦고, 선(禪; 四禪),
정(定; 八定)을 익혀서 삼계제천(三界諸天)을 생(生)할 수 있는 것이요,
셋째는 정천(淨天)으로, 이승(二乘)의 인간이 공관(空觀)을 닦아서 생각

---

14) 權相老, 〈朝鮮佛敎界의 時急한 問題〉, 《新佛敎》 제20집(1940. 1), 12쪽.
15) 權相老, 〈天과 淨土의 界說〉, 《佛敎振興會月報》 제9호(1915. 11); 《韓國佛敎雜誌叢書》 제
  16권, 739~742쪽.

과 의혹이 깨끗이 다해버리는 것이요, 넷째는 의천(義天)이니, 십주보살(十住菩薩)이 제법(諸法)의 뜻을 잘 풀어주는 것이라. 이상의 사종천으로 제교(諸教)의 '천'을 추정해 보면, 제교의 '천'이 비록 둘째 생천에 속하나 오히려 선정(禪定)을 결(缺)하였고, 정천(淨天), 의천(義天)과는 큰 차이가 있다고 본다. 천계(天界)만으로도 이렇게 큰 차이가 있는데, 다시 그 위에 정토는 더욱 큰 차이가 있다는 것이다.

여기서 더 나아가 그는 불교와 다른 종교의 차이점을 여러 가지로 열거하고 있는데,[16] 이것을 간단하게 요약하면 다음 쪽 표와 같다.

요컨대 그는 불교와 다른 종교의 교리 비교를 통해서 불교의 우수성을 드러내고자 하였던 것이다. 또한 그는 교인(教人)의 다소를 비교해 보면 확실히 차별성을 알 수 있을 것이라고 하면서 세계 각 종교의 교도수를 제시하였다. 여기에 따르면 불교도가 대략 5억여 명이고, 회교 1억 5천만 명, 가톨릭이 1억 5천만, 기독교 1억, 유교와 도교를 합쳐서 1억 명 등이고, 모든 종교인을 합하면 14억 명 정도가 된다는 것이다. 또한 불교 5억 명 가운데에서 중국이 대략 4억 명 정도이고, 일본 4천만, 베트남(安南) 1200만, 실론 1천만, 그리고 조선이 800만 정도라고 한다. 그가 제시하는 통계가 어떤 자료에 의한 것인지는 분명히 밝히지 않아 알 수 없지만, 적어도 당시 세계 종교의 현황을 대략적이나마 파악하고 있었다는 점에서 비교종교 연구에서 나름대로 치밀한 자료를 준비하였던 것으로 보인다.

한편 권상로는 다른 종교 가운데에서도 서양 종교인 기독교에 대해서는 더욱 비판적인 시각으로 보고 있으며, 기독교의 급속한 침투에 대하여 동양 종교의 단결을 호소하고 있다. 즉 그는 '인류는 도덕에서 살고,

---

[16] 위의 글, 741~742쪽.

佛 敎	他 敎
大慈大悲로 萬物平等하여 일체의 禽獸蠕動蛸飛에까지 널리 미침	慈悲가 物類에는 미치지 못함
죽이는 것을 경계하여 채식을 함	하늘이 만물을 생하여 사람의 口腹을 이바지한다고 함
오로지 스로의 마음을 깨달아서, 내가 본래 부처요 마음이 곧 부처라고 함	완전히 그 敎主에게 의뢰하여 밖으로 말미암아 구함
어떠한 罪業을 지어 無間地獄에 들어가더라도 다만 한 생각에 뉘우치면 벗어날 수 있음	末日 영원히 판별한 후에 苦者는 영원히 苦를 받으니 뉘우쳐도 소용이 없음
禪宗 일파는 오로지 속박을 버려서 그 깨달음의 極處는 때로 부처와 조사를 꾸짖더라도 장애가 없음	神父는 곧 上帝요, 神父의 말이 곧 상제의 말
지옥에 들어가서 중생을 다 濟度하는 것으로 究竟을 삼아서 중생을 다 건지고야 스스로 극락에 돌아감	生天 위에서 쾌락을 받는 것으로 究竟을 삼음
식사 때에 一切法界衆生을 위해 축원하여 모두 다 배부른 연후에 밥을 먹음	식사 때에 나의 一身이 오늘 상제의 하사를 감사할 수 있기를 축원
계율이 開가 있고 遮가 있으며 修證이 頓이 있고 漸이 있으며, 敎乘이 大가 있고 小가 있으며, 설법이 權이 있고 實이 있는 고로 비록 중생의 根性이 같지 아니하고 受解緣別이나 逗機의 가르침은 다하지 아니함이 없음	賢愚를 묻지 아니하고 事理를 가리지 아니하며, 다만 간단한 기도로 儱侗한 신앙을 양성함
六道 중생이 三世諸佛로 本原性地가 다름이 없는 고로 일체중생이 본래 부처라 하니, 이것은 평등의 극치가 됨	敎主와 신도가 현격하게 계급이 나뉨
蓮池海會의 無盡身雲과 國土佛名이 無量에 이르나 報化를 法身에 모으고, 恒沙를 華藏에 攝하여 가로되 "이 마음이 부처를 짓고, 이 마음이 곧 부처"라 하니, 대개 세계 一神敎 중 제일 高尙한 것이라.	혹은 一神이라 하고 혹은 多神이라 하나 그 교주는 客觀에 종속되어 眞如의 이치를 족히 다할 수 없다.
비록 순수한 出世法이나 또한 世間法을 파괴하지 않는 고로 緣生無性(세간 일체 제법이 다 緣生을 말미암음이요 본래 自性이 없음)하고 諸法本空(일체 출세간법도 또한 집착할 수 없음)하여 眞妄이 同源이요 事理가 無礙	計邪執하고 著偏空고로 究竟이 아님

도덕은 종교라야 붙든다’라고 하여 종교의 본질을 신심(信心)수련, 도덕
배양, 기질변화로 보고 있는데, 단군·석가·노자·공자가 각기 다른
표어를 내걸기는 하였으나 그 귀취(歸趣)는 모두 인생의 본분 가치를 잃
지 않게 하려는 면에서 동일하다는 것이다. 그런데 오늘날 외래 종교에
침투되고 신식 문명에 현혹되어 종교의 본색이 거의 없어지고 있다는
것이 그의 지적이다. 그는 동양 종교의 침체를 우려하여 말하되,

> 二千年도 다 못 되는 最近 文明에 마춰되어서 自家의 전통적인 世業을
> 草芥같이 버리고 魔界와 邪道로만 탈선하고 있으니 종교 신앙상 또는 인
> 류 도의상 극도의 叛逆이 아니랄 수 없다. 이대로만 간다면 동양의 여러
> 종교는 너나 할 것 없이 한가지로 멸망밖에는 아무 것도 없을 것이다. 자
> 기들이 자기의 敎를 멸망케 하는 것은 자기들의 業果를 받으려니와 모든
> 사람들의 改過遷善·離苦得樂·革凡成聖 등등의 課業은 누가 맡어 할 것
> 인가.17)

라고 하여, 이른바 종교경쟁시대를 맞이하여 서양 종교와 문명의 활발
한 침투에 대하여 전통 종교들이 얼마만한 위기감을 느끼고 있는가를
대변해 주고 있다. 그리하여 무엇보다도 해이해진 윤리·도덕을 고취
하기 위해서는 동양 종교의 신앙과 단결이 절대적으로 필요하다고 그
는 주장하는 것이다.

한편 그는 나름대로 유형론(類型論)을 세워서 서양 및 중국의 종교
문화와 불교문화를 비교 고찰하였다. 그는 서양 종교의 인생관을 노주
적(奴主的) 문화의 체계라고 본다. 즉 인간은 신이 창조한 피조물이니
신의 지배와 관리를 받아야 하고, 그렇게 신의 소유가 된 이상 신의 노

---

17) 權相老, 〈大韓宗敎聯盟趣旨書〉, 《退耕堂全書》 제8권(1990), 107~109쪽.

예밖에는 되지 않는다는 것이다. 결국 신을 주(主)라 부르고 스스로는 신의 종이라고 생각하므로 노주적 문화라는 것이다. 그는 이러한 관념은 문명이 미개하던 시대에는 이치에 맞는 것이었는지 모르지만 노예가 해방되고 군주정치가 변하여 민주가 된 현대에 와서는 한번 생각해 볼 문제라고 보았다.

이에 비해 중국식 문화체계는 부자식(父子式) 문화체계라고 본다. 즉 중국에서 사람은 천지(天地)에서 혹은 음양(陰陽)이 화합해서 났다고 보기 때문에 부자식으로 되었다는 것이다. 그래서 가정은 아버지의 가장제도(家長制度)이고, 정치에서는 인군(人君)을 민부모(民父母)라 하고, 백성과 신하는 자민(子民), 신자(臣子)라고 하며, 심지어 지방관을 백성의 부모관(父母官)이라고 불렀다는 것이다. 여기서는 천지가 만물을 내는데 오직 사람만이 정기(正氣)를 타고났기 때문에 만물의 영장이라고 하며, 심지어 천지로 더불어 병립하여 삼재(三才)가 된다고 보는 등, 실로 서양의 노주적 문화와는 훨씬 달라서 합리적인 면이 많다는 것이다. 오늘날 정치제도가 변하여 민주정치가 되는 바람에 가정의 윤리가 따라서 없어지고, 인간이 천지·음양에서 난다는 동양의 고상한 우주관, 인생관이 파괴되는 것을 그는 애석히 여긴다고 말한다.

이상의 두 문화체계와는 달리 불교에서는 내가 세계를 만들었다고 본다. 이른바 '제가 짓고 제가 받고'(自作自受), 또는 '같이 짓고 같이 받는다'(共作共受)는 것이니, 서양 종교와는 서로 반대가 된다는 것이다. 만일 인간을 신이 만들었다면 사람은 아무런 역량도 없으니 일체를 모두 신이 해결할 때를 기다리는 수밖에 없지만, 자기의 업력(業力)으로 만든 것이기 때문에 자기의 힘으로 능히 자기도 개조할 수 있으며 세계도 개조할 수 있다는 것이다. 따라서 이러한 불교적인 문화를 그는 사제적(師弟的)인 문화라고 하였다. 즉 먼저 깨달은 이는 스승이요, 뒤에 깨달은 이는 제자이기 때문이다. 노주관계에서는 의(義)가 중하고, 부자관계에서는 정(情)이 중하지만, 사제관계에서는 정과 의가 다 중요하다. 그리하여 공동으로 동사(同事)하는 완전히 평등한 지위에 있으니, 이것이야말로 민주주의 자유정신에 꼭 적합하다는 것이다.[18]

지금까지 살펴본 바와 같이 그는 다른 종교와 불교를 비교해 보면서, 다른 종교의 불교 비판에는 호교론을 펼치고, 더 나아가서는 불교의 우월성을 여러모로 논급하고 있다. 이런 작업은 전통 불교학자들이 다른 종교의 불교 비판에 직면할 때마다 내세웠던 전통적인 회통론의 범주를 크게 벗어나지 못하는 것이라고 하겠다. 사실 그는 승려의 입장에 있던 사람으로서 종교 연구 그 자체에 관심을 갖기보다는 이미 불교를 전제한 상태에서 다른 종교와의 관계를 모색해 나간 것이라고 할 수 있다.

그의 비교종교 연구에서 두드러지는 특징은 그가 서양 문명의 급속한 확장에 대해 상당한 견제심리를 가지고 있으며, 따라서 전통 동양 문명의 분발을 촉구하고 있다는 것이다. 그리하여 유불도(儒佛道) 등 전통 종교의 공통된 특성을 '도덕성'에서 찾고, 기독교는 이에 반한다고 보아 비판을 가하고 있는 것이다. 이런 점에서 그의 종교인식은 상당히 보수적이며 전통 옹호적인 것으로 보인다. 그러나 서양문화와 기독교를 비판하면서도, 한편 그 자신 서양문화의 기준으로 종교들을 평가하고 있음을 보게 된다. 예를 들어 모든 종교에 대한 불교의 우수성을 논하면서 민주주의의 자유와 평등정신에도 부합됨을 말하고 있다는 점이다. 이것이 그를 전통 불교학자들과는 분명히 구분지어 주는 진일보한 측면이라고 할 수 있을 것이다.

더 나아가 그가 종교들을 비교 고찰함에서 비교의 관점을 분명히 하

---

18) 權相老, 〈光明의 길〉, 707~718쪽.

고 있다는 점도 주목할 만하다. 즉 신앙의 대상, 구원관, 경전, '천' 신앙, 교도수(敎徒數), 윤리관의 여부 등 다양한 기준을 동원해 종교들을 비교하고 있다는 것이다. 또한 종교들을 비교 고찰하면서 나름대로의 유형론을 전개하는 점도 주목되는 일이다. 즉 동·서 문화를 노주적·부자식·사제적으로 구분해 보는 것 등이 그것이다. 결국 그는 당시 한국에 불교 이외에도 수많은 형태와 종류를 가진 타종교가 존재한다는 것을 염두에 두고 있었으며, 그들 종교를 나름대로의 기준을 가지고 비교 고찰해 보려고 했던 것이라고 할 수 있다. 이러한 사고방식이 후술하게 될 그의 종교다원주의적인 사상으로 발전했으며, 또한 그러한 상황에서 불교의 활로를 모색하는 불교개혁론으로 표출된 것이라고 할 수 있다.

1.1.3. 고종교를 통한 종교기원론

한편 권상로의 종교 연구에서 주목할 만한 점은 그가 우리나라의 고종교에 대한 탐색을 통해서 종교기원론을 펼쳤다는 점이다. 이것은 당시 유행했던 '진화론에 입각한 종교 연구' 방법론을 한국 종교 연구에 적용하려 했기 때문으로 보인다. 즉 진화론적인 방법론에 의거하여 한국의 고종교를 탐구함으로써, 고대 한국인의 종교 심성과 인류의 종교 기원을 알아낼 수 있다고 본 것이다.

이런 관점이 드러난 대표적인 저서가 중앙불전(中央佛專) 교수로 재직할 당시 강의 원고로 집필된 《조선종교사초고》(朝鮮宗敎史草稿; 1937)이다. 그는 책의 모두에서 '고대인의 종교 사상'을 논하고 있는데, 그가 고종교를 연구하는 방법론은

태초의 인류들은 그 의식이 퍽이나 단순하였다가 차차 변화하여 복잡

하게 되었다. 그럼으로 종교에 대한 관념도 대번에 一神論이나 多神論으로 창설되지 아니하였다.[19]

라고 하여 진화론적인 입장에 따라 종교의 기원을 탐색하려 함을 분명히 밝히고 있다.

그는 '범상(泛想)으로부터 인격적 신'에서 고대인이 일월(日月)의 왕래와 성수(星宿)의 삼열(森列), 풍우뇌전(風雨雷電)의 발작(發作)에서 어떤 조화의 주재옹(主宰翁)을 상정하게 되고, 그것이 인격신으로 설상(設想)된 것이니, 유교의 상제(上帝)나 바라문교(婆羅門敎)의 범천(梵天) 등이 그것이며, 이러한 시대를 신권정치(神權政治) 또는 신권시대(神權時代)라고 한다는 것이다.

다음으로 '추상(抽象)으로부터 신격적 인(人)'에서는 차차 인지(人智)가 발달함에 따라 회의적 철학사상이 발달하였고, 이에 하늘을 대신하는 천자요 종교의 교주가 나오게 된 것이니, 바라문교의 찰제리(刹帝利), 라마교(羅馬敎)의 법황(法皇), 유교의 삼황오제(三皇五帝)가 그것이며 이른바 정교합일이던 신권군주시대였다는 것이다. 여기서 그가 입론에 인용한 자료나 글의 내용으로 볼 때, 모든 인종이나 민족에 보편적으로 적용될 수 있는 이론이라기보다는, 상당히 중국적인 상황에 치우쳤다는 한계는 있지만, 나름대로의 종교기원론을 세웠다는 점에서 상당히 주목된다고 하겠다.

한편 그는 이러한 종교기원론에 입각해서 조선 종교의 기원을 논하였다. 그는 우리 선민(先民)도 종교가 있었다고 전제하면서, 유사(有史) 이전은 논할 수 없으므로 유사의 첫 쪽에 씌어 있는 단군의 사적(事迹)

---

19) 權相老, 〈朝鮮宗敎史草稿〉, 849쪽.

부터 논한다고 말한다. 그리하여 단군이 우리 동방 신교의 시조일 뿐만
아니라 그 연대의 오래됨이 아마 세계의 문화국가나 각 종교 가운데서
도 견줄 바가 없을 정도라고 주장한다.

　나아가 그는 단군 신교(神敎)가 '천'을 숭배한 것이라고 하면서, 그것
과 같은 '천'신앙으로서 고대 부족국가의 건국신화와 제천의례들을 소
개하고 있다. 또한 이러한 고종교의 편영(片影)으로서 신지비사(神誌秘
詞), 현묘결(玄妙訣), 소도(蘇塗), 조의선인(皁衣仙人), 풍월주(風月主), 팔
관재(八關齋), 무격(巫覡) 등을 소개하고 있다. 요컨대 우리 민족의 고종
교, 즉 단군의 신교가 고대국가의 풍속뿐만이 아니라 최근 민중의 종교
생활에까지도 잔영으로 남아 영향을 끼쳤다고 본 것이다.

　그런데 그의 고종교 연구에서 또 하나 주목되는 점은, 그가 상당히
민족주체성의 입장에서 고종교의 유포 과정을 설명하고 있다는 점이
다. 즉 우리 민족의 고종교가 우리 민족의 종교 기원일 뿐만 아니라, 동
아시아 모든 종교의 기원이 된다는 것이다. 즉 중국 상고(上古)의 제정
(帝政)이라든지 《주역》의 괘상(卦象)과 한자, 중국인의 신선(神仙) 관념,
《도덕경》과 《태현경》(太玄經), 예악, 그리고 동아시아 여러 민족의 원
시종교인 샤머니즘, 일본의 신도(神道)까지도 모두 우리나라 고종교가
유포되어 나타난 것임을 나름대로의 예증을 곁들여 주장하고 있다.

　어떻게 보면 아전인수라고도 볼 수 있겠으나, 그가 진화론에 입각하
여 한국 종교의 기원을 탐색하는 작업이 결국은 일반 이론의 정립으로
까지 나아갔다는 점에서 높은 평가를 내릴 수도 있다고 본다. 그것은
또한 당시 유행했던 민족주의사학의 입장과도 통하며, 그가 일생을 두
고 한국 불교사의 정립을 위한 자료집을 집필해 나갈 수 있는 사상적
원동력이었다고도 볼 수 있다.

1.1.4. 종교학적 관점

지금까지 살펴본 바와 같이 권상로는 불교 승려로서 종교경쟁의 새로운 시대에 불교의 존립과 발전을 담보할 수 있는 사상적 근거를 마련하고자 당시 한국 사회에 있던 모든 종교를 비교연구하기 시작했다고 할 수 있다. 처음에는 불교 호교론적인 입장에서 다른 종교의 비판에 대해 불교를 변증하려고 했으나, 다른 종교를 비교 고찰하는 과정에서 다양한 형태의 유형론을 펼쳤고 나아가서는 일반 이론의 정립까지 시도하고 있다는 점에서 그의 종교인식의 근대성과 높은 종교학적 안목을 지적하지 않을 수 없다.

우선 그는 종교학의 2대 방법론인 진화론과 비교법을 정확하게 이해하고 있었다. 진화론적 방법론은 고종교를 통한 종교 기원 탐색에 응용되었고, 비교종교학적인 시각은 다양한 종교 유형론으로 나타났다고 할 수 있다. 그런데 이러한 근대적 종교인식을 가능하게 한 것은 무엇보다도 이제 더 이상 하나의 종교가 배타적 권리를 누릴 수 없다고 하는 종교다원주의 사상을 가지고 있었기 때문이다.

사실 권상로는 어려서부터 한문 공부를 시작해 16세까지 과거를 위한 경사(經史)와 시부(詩賦)에 전념하였고, 19세 때 출가하고부터는 주로 불교 전문 강원의 교육을 받았다. 따라서 그가 신학문을 제대로 수학했던 것 같지는 않다. 그럼에도 그는 상당한 종교학 지식을 가지고 있었으며, 세계종교사에 대한 지식도 상당했던 것으로 보인다. 그의 종교학 지식은 주로 명진학교 수학 시절에 얻은 것으로 보이는데, 흥미 있는 것은 이때에 이능화가 2대 교장 및 종교사 담당 강사로 활약했다는 사실이다.

그의 종교학적 소양을 알게 해주는 대표적인 저서는 《조선종교사초고》(朝鮮宗教史草稿; 1937)이다. 그는 여기서 종교학과 종교사에 대한

나름의 정의를 내리고 있다.[20] 우선 종교학에 대해서는,

> 一般 民衆의 心理에 基因하여 어떠한 思想·信仰 또는 研究가 어떻게 發達되어서 어떠한 宗敎를 形成하였다는 것을 論述하는 것

이라 하였고, 종교사에 대해서는

> 어떠한 宗敎의 起源·流布·盛衰 또는 社會 民衆에게 信仰의 浹洽, 利益의 賦與가 如何한 것을 말하는 것

이라고 정의하고 있다. 둘의 차이가 뚜렷하지는 않지만, 종교학은 인간의 심리 파악을 통한 종교 연구라는 말이고, 종교사는 종교 자체의 전개 양상 탐구를 통한 인간 이해라고 보았다. 어쨌든 종교학과 종교사를 구분지어 나름대로 정의를 내렸다는 점에서 주목된다고 하겠다.

뿐만 아니라 종교사 연구방법론에 대하여 그는 헤겔의 연구법과 반헤겔파의 연구법을 병용해야 한다고 말한다.[21] 여기서 헤겔적 연구란 종교가 '저급으로부터 고급으로', 즉 정반합(正反合)의 논리적 과정을 밟아서 진화된 것으로 보는 것이고, 반헤겔적 연구란 종교가 과연 이렇게 역사철학의 논리에 기인하여 발달된 것인가는 의문의 여지가 있으므로, 언어학·고고학·토속학의 세 방면으로 연구의 대상을 삼는 것이다. 여기서 우리는 그의 종교학 지식이 놀랄 만큼 정확함을 알 수 있다. 즉 근대 종교학의 태동 이후에 종교학의 2대 방법론으로 각광받았던 진화론과 비교법, 다시 말해서 통시적인 연구방법과 공시적인 연구

---

20) 위의 글, 846쪽.
21) 위의 글, 847쪽.

200

방법에 대해 정확하게 이해하고 있다는 것이다. 결국 그는 종교학의 유력한 방법론인 진화론과 비교법을 적용하여 한국의 종교들을 비교 고찰함으로써 한국 종교학에 근대적 방법론을 도입한 선구자로 기억될 수 있을 것이다.

그러나 권상로는 여기서 더 나아가 한국의 다원 종교 현상을 분명히 인식하였고, 이러한 종교자유주의시대에 불교가 생존과 발전을 계속해 나가기 위해서는 포교와 개혁에 더욱 주력해야 한다고 보았다는 점에서 확실히 전통 불교학자들에 비해서는 진일보한 면이 있다고 생각한다. 그는

> 宗敎라는 그것이 오즉 하나만 世上에 存在할 때에는 人生의 宗敎熱이 많지 못하게 되고, 여러 가지 敎門이 蜂房水窩처럼 森羅한 때에는 人生이 宗敎의 方向을 迷徨하야 목을 느리어 기웃거리면서 어느 宗敎가 宗敎다운 宗敎인가 나는 어느 敎에 投身을 할까 하고 迷津의 客이 되지 않는 者가 幾希하다. 하물며 宗敎製造業者가 輩出하야 別別宗敎를 새록새록 맨드러서 어제 못보든 敎旗가 오늘 曉風에 나붓기고 지난달에 못보든 敎壘가 오늘 晴空에 突現하는 朝鮮에서는 더욱이 말할 수 없다. 宗敎術이 이대로만 자꾸자꾸 進化되다가는 不幾年에 朝鮮人은 每人에 宗敎 하나씩 될 것이다.[22]

라고 하였는데, 이는 오늘날의 종교다원주의사상[23]과도 유사한 측면이 있으며, 시장경제의 여러 원칙이 종교의 장(場)을 완전히 지배함으로써 각개 종교 전통들이 더 이상 강요되지 못하고 소비자 편애(偏愛)이론에

---

22) 權相老, 〈竹倚問答〉, 《佛敎》 제1호(1924. 7), 60쪽.
23) Peter Berger는 종교다원주의를 간단히 '다른 종교집단들이 경쟁적 상황에 공존하고 있음이 인정되는 것'이라고 정의한 바 있다.[김종서, 〈현대 종교다원주의의 이해와 극복〉, 《정신문화연구》 제21호(1984), 109쪽]

따라서 팔리도록 해야 한다는 이른바 '종교의 시장화'24)와 비슷한 논리로도 볼 수 있다고 생각한다.

　이러한 인식의 바탕 위에 권상로는 여러 종교가 동일한 위치에서 자유경쟁하는 마당에 한국 불교가 어떻게 대처해야만 하는가 하는 것에 대해서도 깊은 관심을 보여주었다. 즉 이런 종교 상황에서는 교리도 교체(敎體)도, 무엇 무엇도 모두 우리가 세계의 제일이라, 분연(紛然)한 여러 종교가가 오교(吾敎)에 비하면 모두 후진배(後進輩)요 부분적이라고 하는 등 자만하고 있어서는 안 되며,

　　義理 깊은 것도 자랑 말며, 지체 높은 것도 자랑 말고, 중생을 위하여 똥자루도 입어야 하고, 호랑이 새끼를 구하기 위하여 호랑이 굴에도 들어가야 할 것이라.25)

고 주장하고 있다. 즉 백천방편(百千方便)으로라도 오로지 불교로 회향(回向)할 수만 있다면 그만이니, 이런 상황 속에서 살아남기 위해서는 자신의 종교를 끊임없이 갈고 닦아서 중생들의 입맛에 맞게끔 내놓지 않으면 안 된다는 것이다. 이러한 종교다원주의적인 사고방식이 결국은 그의 불교개혁론으로 발전되었으며, 그러한 개혁의 일환으로서 객관적이고 과학적인 불교 연구의 길을 연 것이라고 할 수 있다.

---

24) 김종서, 〈세속화론의 종교사회학적 조명〉, 《정신문화연구》 제32호(1987), 194쪽.
25) 權相老, 〈朝鮮과 朝鮮 佛敎와의 相似點〉, 《佛敎》 제2호(1924. 9), 25～30쪽.

1.2. 불교개혁사상 및 근대적인 불교 연구

앞에서 살펴보았듯이, 권상로의 학문적 이력은 전통 한학과 강원 교육에서 시작하여 근대적 불교교육까지 섭렵하였다고 할 수 있다. 불교학적으로 볼 때 전통 불교학이 근대 불교학으로 넘어오는 바로 그 접점에 그가 있었다. 특히 그는 명진학교에서 수학하면서 불교학 이외에도 종교학, 철학, 산술, 역사, 지리, 일어, 이과(理科), 측량학, 경제학 등 근대 학문의 기초학문 분야를 두루 공부함으로써 전통 불교학을 근대적 학문 분야로 정립해 나갈 수 있는 학문적 자질을 닦았다고 하겠다.

더욱이 불교 중앙종단의 편집부장으로 일하면서 불교교단의 제도적 개혁에도 관심을 가지게 되었다. 《조선불교월보》를 비롯한 불교종단 기관지의 편집 겸 발행인으로 활약하면서부터는 불교개혁을 위한 이론 정립과 계몽, 그리고 교사(教史) 정리라고 하는 과제에 매달리게 된다. 물론 이때에 그의 학문을 가능하게 했던 새로운 방법론으로는 당시 지식인들 사이에서 크게 유행했던 사회진화론과 종교학적인 지식이었다.

그리하여 이른바 종교경쟁시대에 불교의 교학과 포교의 발전을 위해 불교의 개혁이 절실함을 호소하고, 또 그 개혁의 방향을 제시하기 위한 작업을 추진하였으니, 그가 《조선불교월보》에 연재했던 〈조선불교개혁론〉이 바로 그것이다. 그러나 그가 한국 근대 불교학의 성립에 끼친 가장 큰 공헌은 한국 불교의 역사적 체계화 작업이라고 할 수 있다. 그가 펴낸 《조선불교약사》(朝鮮佛教略史), 《한국사찰전서》(韓國寺刹全書), 《이조실록불교초존》(李朝實錄佛教鈔存) 등의 불교 역사서와 자료집들은, 사회진화론적인 진보사관을 기초로 하여 지나간 역사 속에서 불교의 위상을 확인해 보려는 것으로, 그 방대한 양에서나 선구적인 중요성에서나 모두 독보적인 작품들이어서 후학들의 한국 불교사 연구에 지남(指南)이 되고 있다.

1.2.1. 현실적 원융적인 불교사상

오늘날 우리가 권상로의 불교학에 주목하는 이유는 그가 단순한 이론적인 천착에 머물지 않았고, 무엇보다도 승려로서 불교에 대한 독실한 신앙과 사상적 우월성에 대한 확신에 기반하고 있다는 점이다. 앞에서도 살펴보았듯이 그는 다른 종교와 불교를 비교연구함으로써 불교의 우월성을 확신하였다.

권상로의 불교사상은 자각(自覺)과 각타(覺他)가 원만하여지는 '만각(滿覺)의 평등주의'라고 말할 수 있다. 그는 불교의 원리에 대해

> 自覺과 覺他와의 두 가지가 원만하여진 滿覺을 목적으로 삼고 一切 衆生이 다 같이 成佛하는 것으로 究竟을 삼는 데 있다.[26]

고 말하여 자신의 평등주의적 불교사상을 명백히 밝히고 있다.

또한 그는 불교의 우수성을 평등주의에서 찾고 있는바, 〈천상천하에 유아독존〉[27]이라고 하는 논문에서도 이에 대해 언급하기를, 석가모니가 천상천하유아독존(天上天下唯我獨尊)이라고 한 것은 오직 자기만 높다 함이 아니요, 일체 중생에게도 갖추어져 있는 진아(眞我)를 가리킨 것이라고 하였다. 또 덧붙이기를,

> 우리에게도 개개히 독존의 아가 자재한 바라. 조곰도 차등이 없나니 엇

---

26) 權相老, 〈佛敎의 原理〉, 《退耕堂全書》 제8권, 133쪽.
27) 權相老, 〈천상천하에 유아독존〉, 《朝鮮佛敎月報》 제5호(1912. 6), 56~59쪽.

지 석가세존만 독존함을 알으시고 우리는 독존함을 알지 못하나뇨. 중생의 망아를 변하면 곳 제불의 진아이다. 아의 당체는 항상 원만하나니 우리도 이와 같이 독존의 아를 잃지 말고 한번 연구하야[연구하여] 볼 일이라 하노라.

고 하여 불교의 평등주의를 더욱 분명히 천명하고 있다.

다만 그가 말하는 불교의 평등주의는 어디까지나 불교적 깨달음을 전제로 하는 평등주의이지 사회주의나 공산주의적인 평등을 말하는 것이 아님을 분명히 하고 있다. 또

> 우리는 宗敎家인 까닭에 政治, 經濟 같은 世間問題와는 조금 距離가 隔離함으로 物質的인 이런 問題에 對하여는 何等의 解決을 하려고 힘을 쓰지 아니하였다.[28]

고 하면서 정신적으로 이러한 사회문제를 철저히 해결해서 현대를 구제하는 것이 곧 종교가의 임무라고 말한다. 그리하여 이른바 무산계급과 유산계급 사이의 계급투쟁은 인인(人人)의 정신상 신앙, 즉 대비(大悲) 평등의 신앙에 의하여 해결하지 아니하면 안 된다는 것이다.

더 나아가 그는 사회주의라든가 공산주의라든가 하는 것들을 위험사상이라 하면서, 이것은 모두 개인의 불평불만의 반영일 뿐이라고 보았다. 그리하여 이러한 불평불만한 자기의 심중(心中)부터 평만(平滿)케 하려면 해방한 종교문호에서 위안을 받지 아니하면 안 될 것이라고 단언하였다. 즉 남이 자기를 구(救)하지 않는다고 불평불만을 가지는 것보다는 자기가 남을 구제하지 못하는 것에 불평불만한 마음으로 돌이

---

28) 權相老, 〈生活問題와 佛敎〉, 《佛敎》 제1호(1924. 8), 65쪽.

켜 생각해야 하는데, 불교는 이타(利他)에서 자리(自利)를 구하지 자리 연후에 이타하려고는 아니하니, 그것이 곧 보살도요 보살행이요 보살심이라는 것이다.

또한 인간의 소유만 평등하게 하면 그 폐해가 도리어 불평등할 때보다 많아질 것이요, 한번 물질적 양의 문제를 정신적 질의 문제로 바꾸어 보면, 석상수하(石上樹下)에서 걸식생활 하시던 석존이 '삼계(三界)는 나의 소유이다'라고 선언하신 것처럼 아무리 어려운 생활을 할지라도 결코 불평불만을 품지 않을 것이라는 것이다. 요컨대 분배 평등이라는 것이 현대인의 욕구이지마는 참평등이라는 것은 도저히 불교를 떠나서는 얻을 수 없다는 것이다. 결국 그가 말하는 평등주의는 물질적인 평등이라기보다는 정신적인 평등임을 분명히 알 수 있으며, 그의 종교인다운 모습을 유감없이 보여준 부분이라고 생각한다.[29]

그는 불교를 다음의 네 가지로 정의한 바 있다. 첫째, 부처님이 깨치신 교법이라는 말이니, 부처님은 다른 종교의 교주처럼 상징적으로 신이니 하늘이니 조물주니 하는 추상적 전설이 아니다. 둘째, 부처님이 가르치신 교법이라는 말이니, 다른 종교처럼 인간이 하는 것은 모두 제외하고 고행만 하라든지, 또는 신이나 하늘만 절대 복종하라는 미신적 전제적 독재적이 아니고 극도의 철리적(哲理的), 보편적, 평등적인 교법이다. 셋째, 부처님을 믿는 교법이라는 말이니, 불교를 배우고 믿는 사람은 부처님만 믿을 뿐이고 그 밖의 모든 성인이나 신이나 하늘이나 또는 다른 경전을 믿지 않고 오직 부처님만 믿는다. 넷째, 부처님이 되는 교법이라는 뜻이니, 다른 종교들이 하늘을 믿는다고 하지만 하늘이 될 수 없고, 신을 믿는다고 하지만 신이 되지 못하고, 조물주를 믿는다고

---

[29] 위의 글, 65~71쪽을 참조할 것.

하지만 조물주가 못 되고, 토템을 위하더라도 토템이 될 수 없는 것과 같은 이론이 되지 않는 교법이다.[30]

이것을 좀 더 설명하면, 불교 자체상에 나가서 볼 때에는 '교(敎)·리(理)·행(行)·과(果)'의 4계단이 있고, 불교를 수행하는 수학인의 입장에서 볼 때에는 '신(信)·해(解)·행(行)·증(證)'의 4점차(漸次)가 있다고 설명하기도 한다. 즉 '교'를 믿고[信] '이'를 해득하고[解] '행'할 것을 행하여[行] '과'를 증명하는[證] 것이니, 다시 말해서 부처의 가르침을 믿고, 부처가 가르친 이치를 해득하고, 부처가 행하던 바 '행'을 그대로 준행해야만 부처가 얻으신 바 결과, 즉 성불(成佛)이라는 것을 증오(證悟)하게 된다는 것이다.[31]

그는 여기서 신·해·행 세 방면을 각각 지·정·의(智情意)에 연결시켜 설명하기도 한다. 즉 '지'로써 전미개오(轉迷開悟)함은 곧 '해'에 해당하고, '정'으로써 이고득락(離苦得樂)함은 '신'에 해당하며, '의'로써 지악수선(止惡修善)함은 곧 '행'에 해당한다는 것이다. 그런데 이 셋은 비유하건대 정족(鼎足)과 같아서 어느 하나라도 빠뜨릴 수 없으며, 또 그 가운데 어느 하나만이라도 확호(確乎)하면 불교는 여기서 벗어나지 않는다고 한다. 즉 다시 말해서 불교는 전미개오·이고득락·지악수선으로 목적을 삼고, 그 목적을 도달하기 위해서는 신·해·행 세 가지를 닦아야 한다는 것이다.[32]

한편 그는 〈불교와 도덕〉[33]이라는 글에서 도덕상 불교의 목적은 《열반경》에 이른바 '제악막작(諸惡莫作), 중선봉행(衆善奉行), 자정기의(自

---

30) 權相老, 〈光明의 길〉, 523~525쪽.
31) 權相老, 〈佛敎의 原理〉, 133~139쪽.
32) 權相老, 〈竹倚問答〉, 《佛敎》 제1호(1924. 7), 60~61쪽.
33) 權相老, 〈佛敎와 道德〉, 《朝鮮佛敎月報》 제13호(1913. 2); 《韓國佛敎雜誌叢書》 제13권, 192~194쪽.

淨其意), 시저불교(是諸佛敎)'의 16자에 있으며, 이를 다시 간략히 하자면, 지악수선 넉 자에 지나지 않는다고 하였다. 그렇다면 선은 무엇이고 악은 무엇이라는 말인가? 그는 "망상분별(妄想分別)을 구제(驅除)하고 아견(我見), 아만(我慢)을 버려서 일점 진애(塵埃)가 없고 자기의 본성이 나타나는 때는 나와 부처가 다름이 없으니 이 마음을 선이라 하고, 이와 위반되면 악"이라고 본다.

결국 이 마음이 도덕의 원천이라는 말이니, 내 마음이 청정하면 우주의 이치는 그 가운데 나타난다고 본다. 그는 우주의 이치를 우주 만유가 낱낱이 따로따로 독립하고 있다는 '독립의 원리'와 낱낱이 따로따로 있는 것이 그 본체는 평등일미(平等一味)하다는 '동일의 원리', 그리고 낱낱이 따로따로 있는 것이 서로서로 관계가 있다는 '관계의 원리' 세 가지로 요약하면서, 그 이치에 순한 것은 선이라 하고 그 이치에 어기는 것은 악이라는 독특한 불교적 도덕관을 드러내었다.

또한 그는 불교가 사후의 영원한 복락을 목적으로 한다고 해서, 불교는 내생을 위한 종교이지 현생에서는 아무 쓸모가 없는 종교라는 비판론에 대하여,

佛敎의 本旨가 엇지 愚蠢蒙昧한 世人을 驅하야 渺渺冥冥한 死後事로 熒惑할 而已리오.[34]

라고 하여 반박하였다.

사실 그의 불교사상은 철저하게 현실적이요, 현상에 따른 활용을 중시하는 원융적인 성격을 가지고 있다고 본다. 계·정·혜(戒定慧) 3학

---

34) 權相老, 〈佛敎와 人道〉, 《朝鮮佛敎月報》 제6호(1912. 7), 13~14쪽.

208

가운데서도 가장 중요한 '계'에 대해서도 그는 묵수(墨守)보다는 활용
을 중시하였다. 우선 그는 계율의 중요성에 대해 말하기를

如來臨滅에 遺囑하신 至言은 後代兒孫으로 하여금 以戒爲師라 하시고,
又는 金口所說 八萬法藏을 總括하면 要不出戒定慧三學하나니 戒는 如器하
고 定은 如水하고 慧는 如月하야 戒器가 一破하면 定水와 慧月은 止現할
地가 無한지라. 然則如何한 定學慧學의 徒와 顯敎密敎의 門이 모다그 初步
로부터 終點에 至하기까지의 中間에 戒는 一瞬一息이라도 敢히 忘域에 置
치 못함이니…….35)

라고 하여 계정혜 가운데에서도 '계'를 가장 중시함을 알 수 있다. 또한
〈불계(佛戒)는 여시관(如是觀)하라〉는 글36)에서도

戒라 하면 그것은 勿論 佛敎에 있어서는 唯一한 生命이다. 어떻게 切嚴
하고 어떻게 詳密하고 어떻게 容貸없고, 變通없는 것은 다시 말할 것도 없
는 바이다.37)

라고 하여 계율의 엄정함과 세밀함을 분명히 하고 있다.
그러나 또 다른 측면에서, 그것을 꼭 그대로만 굳게 지킬 것이 아니
라 때에 따라 활용을 해야 할 것이라고 말한다. 즉 그는 기독교의 십계
명 같은 것은 고칠 수 없는 것이지만, 불교의 계율은 그렇지 아니하여
서, 존엄하기는 위가 없지만 활용을 할 수 있는 것이라고 본다. 더 나아

---

35) 權相老, 〈朝鮮 佛敎의 朝鮮 律宗〉, 《朝鮮佛敎叢報》 제3호(1917. 5); 《韓國佛敎雜誌叢書》
　　제14권, 129쪽.
36) 權相老, 〈佛戒는 如是觀하라〉, 《佛敎》 제53호(1928. 10), 16~22쪽.
37) 위의 글, 17쪽.

가 그는 불교가 원래는 세계적이었지만 점차로 세계 민중을 떠나게 된 것은 계율에 너무 집착했기 때문이라고 주장한다. 그리하여 '불교는 승려나 하는 것이다. 불교를 믿으려면 승려가 되어야 한다. 불교는 염세적이다. 허무적멸(虛無寂滅)이다. 실제생활과는 아무런 관계가 없다' 하는 비판이 모두 오해에서 나온 것으로, 그것은 모두 불교를 활용하지 못했기 때문이라는 것이다. 그는 석존이 소수의 승려만을 위하여 교법을 편 것이 아니요, 무변(無邊)한 세계에 무량(無量)한 중생을 위하여 건립하신 본뜻을 안다면 다른 것은 이러니저러니 말할 것도 없는 것이라고 하면서 계율의 활용을 더욱 강조하고 있다.

또한 그의 선관(禪觀)도 행해(行解)의 상응(相應)과 세간(世間) 및 출세간법(出世間法)을 하나로 보는 원융성(圓融性)을 강조하고 있다. 그는 〈불교의 골자는 선(禪), 선은 만법(萬法)의 총부(總府)〉[38]라는 글에서 자신의 선관(禪觀)을 드러냈는데, 먼저 선(禪)과 교(敎)를 정의하기를

> 如來의 言說을 紙墨에 上하여 言句와 義路가 自在한 방면은 曰敎요, 文字로 從하여 文字窠臼를 脫하며 言脫에 卽하여 言說範圍를 離하고 名相이 絶하고 思議가 斷함은 曰禪이니 敎는 佛語에 就하여 分析하는 者이오, 禪은 佛心에 就하여 硏究하는 者이라……[39]

라고 말한다.

그러면서도 그는 전체 불법이라는 것은 이견(二見)의 상(相)을 떠나는 것이라 전제하고, 업식(業識)과 불성(佛性)도 둘이 아니어서 같은 물(物)

---

38) 權相老, 〈佛敎의 骨子는 禪, 禪은 萬法의 總府〉, 《朝鮮佛敎叢報》 제4호(1917. 6); 《韓國佛敎雜誌叢書》 제14권, 191~198쪽.
39) 위의 글, 191쪽.

에 어떤 때는 업식으로 나타나며 어떤 때는 불성으로 나타나는 것이며, 업식의 성(性)이 부처에게는 불성(佛性)이라는 이름을 붙이고, 그 불성이 중생에게는 업식이라고 하는 것이지 결코 다른 것이 아니라고 한다. 따라서 정식(情識) 분별의 어리석음으로 볼 때에는 여래만덕(如來萬德)의 경계도 생사유전(生死流轉)과 같으며 불지견(佛智見)의 광명으로 세계를 비추면 육도(六道)에 윤회하는 중생이라도 다 여래상주(如來常住)의 법신이라는 것이다. 따라서 옛말에 '번뇌가 곧 보리요, 생사가 곧 열반'이라 하며, '만약 본심을 식득(識得)하면 대지에 촌토(寸土)가 없다'하니 먼저 그 본심을 식득하여 보는 것이 좋다는 것이다.

그런데 선(禪)에 대해서는 당시의 일반적인 경향을 비판하고 있으니, 선은 본래 그 본심을 식득하는 본령이며, 의문해의(依文解義)하는 것은 선이 아니거늘 많은 사람들이 다분히 의문해의로써 해석하니 이것은 선의 골수를 잘못 안 것이라 하였다. 또한 이 선은 수행이 따르지 않는다면 활선(活禪)이라고 볼 수 없는 것이요, 부처와 조사(祖師)의 본회(本懷)를 식득해야만 일대장경(一代藏經)과 일천칠백공안(一千七百公安)이 활구(活句)가 되는 것이니, 불법은 오직 수행의 대단락이라는 것이다. 다시 말해서 전체의 불법은 해(解)뿐이요 행(行)이 모자라도 되지 아니하며, 행뿐이요 해가 모자라도 되지 아니하나니 행·해가 상응하여야 비로소 불법이 원성(圓成)한다는 것이다.

그런데 신고를 겪어가며 모든 인연을 끊어버리고 일심으로 수도하는 것은 그 뜻이 어디에 있는가? 그것은 일체 중생을 제도하는 것인바, 사후의 영혼을 극락으로 제도함보다는 중생으로 하여금 생전의 극락을 현전(現前)에 수용케 하는 것이 옳다고 주장한다. 즉 세간, 출세간법이 본래 둘이 아니니 출세법 가운데 오직 골자가 되는 선으로써 세간법 가운데에 활용하여 경제·생활 등 각종 문제에 적용하도록 함이 옳다는 것이다. 농공상업과 동식광물과 아시방닉(阿屎放溺), 거족동념(擧足動念)이 선에서 나오지 아니한 것이 없으니, 만일 선자선(禪自禪), 세자세(世自世)로 선을 수행한 결과가 다만 수행자 본인의 해탈에 그치고 한 점도 세상의 필요에 충족시키지 못한다면 누가 선을 최상승(最上乘)이라고 부르겠는가 반문하였다.

결과적으로 불교는 일진(一塵), 일법(一法)도 버리지 아니하는 광박심오(廣博深奧)한 무상(無上)의 종교요 그 불교 가운데 진심 골자는 선이니, 이 선을 구묵심장(久默深藏)하여 세계의 공익에 이바지하지 않으면 안 된다고 주장하였다. 그리하여 그 동안 닫혔던 자물쇠를 부수고 문짝을 팔자(八字)로 열어 감초(甘草), 진금(眞金), 잡화(雜貨)를 손에 들고 시방세계에서 균점(均霑)을 원하는 자를 환영해야 한다고 주장한 것이다.

한편 그는 조계종의 종조(宗祖)에 대하여 많은 글을 썼다.[40] 그는 조계종이 보조지눌(普照知訥)이 개종(開宗)한 것이라는 설을 비판하면서, 오히려 '조계종'이라는 명칭이 가지산(迦智山) 도의국사(道義國師)에서 발원되었다고 본다. 도의국사에게서 시작된 조계종이라는 명사는 이후 그렇게 많이 사용되지는 않고, 단지 내용으로만 상전(相傳)되었던 것인데, 보조국사가 조계산(曹溪山; 松廣山)에 머무르면서, 그 후손들을 '조계산 제 몇 세'라고 쓰게 되니, 이후 산(山) 자와 종(宗) 자를 혼동하여 나중에는 분별할 수 없게까지 되어버리니, 이로써 보조국사가 조계종을 개종한 것이라는 오해가 생겨났다는 것이다.[41]

---

40) 이 문제에 대해 그가 쓴 논문들로는 〈曹溪宗—朝鮮에서 自立한 宗派〉, 《佛敎》 제58호 (1929. 4), 2~10쪽; 〈古祖派의 新發見〉, 《新佛敎》 제31집(1941. 12), 12~21쪽; 〈古祖派와 姉妹品 紹介1〉, 《新佛敎》 제34집(1942. 3), 10~15쪽; 〈古祖派와 姉妹品 紹介2〉, 《新佛敎》 제35집(1942. 4), 12~18쪽; 〈元曉院에 寄함〉, 《新佛敎》 제40호(1942. 9), 17~23쪽; 〈曹溪宗旨〉, 《新佛敎》 제49집(1943. 6), 11~22쪽 등 여러 편의 논문이 있다.
41) 權相老, 〈朝鮮의 曹溪宗—朝鮮에서 自立한 宗派 其四〉, 《불교》 제58호(1929. 4), 6쪽.

이상에서 살펴본 바와 같이 그의 불교사상은 평등주의에 뿌리를 두고 있으며, 철저하게 현실적이요 원융적이라고 요약할 수 있다. 이러한 그의 불교사상은 근대적인 개혁이 시급히 요청되었던 당시 불교계의 처지에서 볼 때, 매우 시의적절하며 또 활용 가능성이 많았던 것이라고 할 수 있다. 또한 그것은 그가 불교개혁의 요체로서 포교와 교학 진흥을 역설할 수밖에 없었던 까닭이기도 했다. 다만 그러한 현실성과 원융성은 일제강점기라는 시대적 질곡 아래에서는 쉽게 친일로 빠져버릴 수밖에 없는 조건이기도 했다.

1.2.2. 불교의 현실에 대한 진단

권상로는 현실적 원융적 불교사상의 소유자로서 불교의 현실에 대하여 깊은 관심을 가졌을 뿐 아니라, 1910년 원종(圓宗)의 편집부장, 그리고 1912년에는 그 기관지로 창간된 《조선불교월보》의 편집 겸 발행인이 되는 등 당시 불교계의 대표적 학승으로서 시대의 여론을 선도해 나갈 만한 자리에 있었다. 따라서 그가 당시의 불교를 어떻게 평가하고, 또 미래 불교의 좌표를 어떻게 설정했는가를 살펴보는 것은 당대 불교계의 현실인식이 어떠했는가를 알 수 있는 지름길이 된다고도 할 수 있다. 그것은 또한 그가 이른바 종교경쟁의 다원적 공간에서 불교의 개혁론을 선창(先唱)할 수 있게끔 한 결정적인 동기로서도 중요한 의의를 갖는다고 할 수 있다. 왜냐하면 현실에 대한 정확한 진단이 없이는 그것을 치유할 방도를 제시할 수 없을 것이기 때문이다.

우선 그는 당시 지식인 사이에 유행했던 사회진화론에 입각하여 불교계의 현실을 진단하고 있다. 즉

吾儕는 諸佛이 以我爲使하시고 群生이 以我爲師하니 度生을 捨코는 餘乘

이 無하며 弘法을 除코는 他事가 無하거늘 奈之何近古幾百年은 是를 反하여 宗風이 替而不振하였으니 今日과 如한 宗敎競爭場頭에 立한 我法侶는 豈晏默을 寧甘하리오.[42]

라고 하여 근래 500여 년 동안 쇠퇴를 거듭했던 불교가 이제 종교경쟁이라는 다소 생소한 환경을 맞이하여 느끼는 당황스러움을 토로하고 있다. 어쨌든 종교경쟁에서 승리하기 위해서는 불교를 근대적으로 변모시키지 않으면 안 되는데, 과거 불교가 감당했던 탄압이 너무나 혹독했기에 이것을 다시 추스려 발전시켜 나가기가 쉽지 않다는 것이다.

다음의 글에서도 오랜 동안의 탄압으로 경쟁력과 발전성을 상실한 불교의 어려운 처지가 잘 나타나 있다.

上古에 있어서는 佛敎內部에 五敎九山等 十三宗派가 列立하여 各各自宗의 敎理宣揚과 信仰鼓吹로 自由競爭이 절정에 이르러 民衆의 사상도 따라서 堅固하여 자연적으로 無爲而化가 되어서 國泰民安하였지만 近古 몇 百年 동안은 政府의 高壓으로 말미암아 사회적 배척을 받으면서 山中으로 退縮하는 바람에 심지어 宗派까지 合倂을 당하니 外觀으로 統合純全한 單一宗인 듯하지만 內容에 있어서 競爭力과 發展性을 상실하여 날로 위미하다. 內的修練에 있어서 禪도 하고 敎도 한다 하였으나 其實은 禪도 아니요 敎도 아닌 일종의 畸形的 佛敎를 형성하였으므로 僧尼 自身들도 그 立脚地가 確乎하지 못하거니 무엇으로 대중에 대하여 宣傳할 것인가. 그러므로 一般이 불교에 대한 信仰만이 蔑如할 뿐 아니라 국민의 사상까지도 指導가 없고 방향이 없이 支離散漫하여 오늘과 같은 현상을 빚어내고 있는 것이다. 불교와 國祚와는 至密한 관계가 있어서 불교가 日盛할 때에는 국가도 興旺하고 불교가 쇠퇴할 때에는 민족도 困疲한 것은 역사가 증명하는

---

42) 權相老, 〈朝鮮佛敎月報發行趣旨書〉, 《朝鮮佛敎月報》 제1호(1912. 2), 2쪽.

214

바이나, 大韓의 금일에 있어 民性을 振起시키고 國運을 挽回하자면 그 방도는 오직 불교의 신앙을 단일화하여 確固不拔케 함에 있다는 것이 현명한 大衆의 동감일 것입니다.[43]

즉 오늘날 불교가 선(禪)도 아니요 교(敎)도 아닌 기형적 불교가 됨으로써 불교신앙의 쇠퇴뿐만 아니라 국민사상까지도 방향을 잃고 있으니, 국운을 만회하기 위해서는 불교를 개혁하여 신앙을 확고하게 하는 길밖에는 없다는 것이다. 여기서는 국가의 발전과 불교가 밀접한 관련이 있다고 보고 나름대로 논지를 펴고 있음이 주목된다. 불교개혁의 당위성을 국민사상의 안정과 국운의 만회에 두고 있다는 것은 이때까지만 해도 그의 불교개혁사상이 나름대로의 민족의식에 바탕하고 있음을 보여준다고 하겠다.

이 점은 다음의 글에서 더욱 분명하게 나타나는데, 그는 불교가 인도 및 중국사에 끼친 영향을 간단히 말하고, 이어 조선에 대하여 말하기를

> 至若朝鮮一隅하야는 佛敎 流通 以前을 回顧하건대 檀君時代는 便是神化時代인즉 勿論三國時代에 至하야도 卽不過酋長時代라. 其野昧함은 事實이러니, 一自吾敎傳播 以後로 文明이 蒸蒸日上하야 卽朝鮮人族이 恒常 世界에 誇耀하는 禮義이니 文華이니 하는 것이 盡是佛敎의 同化力中으로 流出한 者이로다.

라고 하면서, 그 두드러진 몇 가지를 들었는데, 첫째 인명(人名), 둘째 지명(地名), 셋째 악곡(樂曲), 넷째 언문(諺文), 다섯째 속상(俗尙) 등등에 불교의 영향이 크다고 논술하였다.[44]

43) 權相老, 〈普門佛敎會刱立趣旨書〉, 《退耕堂全書》 제8권, 97~98쪽.

여기서 한걸음 더 나아가 윤상(倫常)이 점점 퇴폐하고 질서가 문란해
지는 이유를 불교의 탄압에서 찾고 있다.

　我朝鮮은 幾百年來에 佛教 二字를 高閣에 庋置하야 宗教와 人道의 關係
가 若無함에 至하니 於是乎倫常이 倒敗하고 習尙이 乖戾하고 志氣가 放蕩
하고 秩序가 紊亂함은 不得免의 事機라 하노라. 何오 하면 擧世 滔滔하야
唯利是騖하는 此時代에 法律은 不過是已然의 後를 懲治하야 他人의 未然에
鑑戒케 함이요, 불교는 其未然의 前을 防閑하야 已然할 根源을 拔除함이니
此所以天堂, 地獄과 極樂, 堪認과 禍福昇沉의 說이 有한 바이며…….45)

즉 불교의 천당·지옥·극락 등의 설(說)이 법률 이전에 양심을 불러
일으켜 도덕과 질서를 유지하게 할 수 있는 것인데, 수백 년의 불교 탄
압으로 불교가 이러한 역량을 발휘하기 어렵게 되었다는 것이다.
　그렇다면 그는 이러한 불교 쇠퇴의 원인을 오로지 불교 외적인 정치
적 탄압에서만 찾고 있는가? 그렇지는 않은 것 같다. 다음 글을 보면
그는 불교 쇠퇴의 원인을 불교 자체의 내적인 반성에서 찾고 있음을 알
수 있다.

　今日에 坐하야 吾教의 過去를 回顧함에 五百年 以前은 存而勿論하고도
五百年 以後는 何其悲劇이 多하며 喜劇이 少하얏는고. 一自遍照의 亂政以來
로 懲一勵百의 禍가 林池에 波及하야 城外의 擯斥도 當하고 屈拜의 侮辱도
受하고 壓勒의 鉗制도 被하야 人類社會에 竝肩치 못하고 普通知識이 屛劣
하야 日로 其趨下함만 見하고 增上함은 見치 못하얏스니, 此는 無他라 天
道는 宜新이어늘 人事는 常舊하고 世潮는 革新이어늘 教規는 守舊하야 五

<hr>

44) 權相老, 〈佛教의 感化力〉,《朝鮮佛教月報》 제4호(1912. 5), 8~10쪽.
45) 위의 글, 11쪽.

216

百餘年을 坐不遷하며 六千餘員이 睡不起하야 四面崢嶸한 許多教壘는 曙光
이 璀璨하되 吾教徒는 槐安一枕에 舊天地를 長守하야 如彼한 悲劇을 釀成
하며 如彼한 悲劇을 甘受하며 如彼한 悲劇을 解脫치 못함이로다.[46]

즉 500년 동안의 일찍이 없었던 불교 탄압이 결국은 새로운 시대에
적응하여 그때그때 개혁을 이루어내지 못하고 옛 영화만 꿈꾸며 무사
안일에 빠져 있었기 때문이라고 하였다. 과거에 대한 이러한 반성은 현
실에서의 개혁을 촉구하는 의미로도 해석될 수 있다.

〈조선과 조선 불교와의 상사점(相似點)〉이라는 글에서도 그는 불교
의 어려운 처지를 조선의 운명에 비유하면서, 오늘날 다종교시대가 되
어 불교 혼자만이 유야무야로 지내오던 옛날과는 아주 다른 시대가 되
었는데도, 타종교들을 이유 없이 폄하하여 자만하면서, 그저 여래의 신
통혜명(神通慧命)과 신지(神祇)의 옹호수축(擁護隨逐)으로 교체(教體)의
자연 향상만 앉아서 기다리는 불교계의 안일무사함을 비판하고 있다.

우선 첫째로, 조선 불교는 조선 정음(한글)의 처지와 비슷하다는 것
이다. 즉 한글은 세계 음부(音符)문자 가운데서도 가장 완전하고 가장
편리하게 만들어졌건만, 이른바 지식계급에서는 이를 언문이라 하여
도외시하였고, 오직 한글을 학습한 사람은 부녀자나 노동계였을 뿐이
며 한글을 사용한 서적은 여항소설뿐이었다는 것이다. 이와 마찬가지
로 현하 조선에 있는 여러 종교 가운데서도 종교다운 종교를 찾으려면
불교를 능가할 만한 것이 없거니와, 이것도 역시 존중치 아니하고 도리
어 배척까지 하였으니, 불교 두 글자를 입에 올리면 무상한 수치로 여
기고, 오직 이에 귀의하는 자는 역시 부인계일 따름이었다는 것이다.

---

46) 權相老, 〈新年元旦〉, 《朝鮮佛教月報》 제12호(1913. 1), 27~28쪽.

둘째로, 조선에 양반이 있듯이 불교도 선교 양종이 있다는 것이다. 양반이라는 것은 원래 문반과 무반을 합하여 이르는 말인데, 조선시대에 지벌(地閥)과 권위는 오직 문반의 전유물이요, 무반은 은연중에 폐척(廢斥)하여 없는 것처럼 여기면서도 양반이라는 용어는 의연히 사용하였다는 것이다. 이와 마찬가지로 불교에서도 청허선사(淸虛禪師)가 선종판사(禪宗判事)와 교종판사(敎宗判事)를 겸하면서 《선교석》(禪敎釋)을 저술한 이래로 조선 승려는 선교(禪敎)를 쌍수(雙修)한다는 구실 아래 선과 교의 한계가 분명하지 않게 되고, 마침내는 선과 교가 모호하게 섞여서 이제 와서는 비선비교(非禪非敎)의 중간적인 불교가 됨으로써, 심지어는 선교가 당초에 무엇인지도 모르면서 그 종명(宗名)을 물으면 주저하지 않고 선교 양종이라고 답하니, 어찌 한 개인으로서 두 개의 종을 겸행할 수 있겠느냐는 것이다. 요컨대 상대방을 하급대우하듯이 무시하고 자기 혼자서만 양반이라는 '양'(兩)자를 쓰는 것과, 상대방도 없이 혼자서만 양종이라는 '양'자를 남용하는 것은 천고에 그 예가 없는 좋은 대비가 된다는 것이다.

셋째, 조선 양반의 자만과 조선 승려의 자신이 유사하다는 것이다. 즉 조선 양반들은 중국의 존화양이(尊華攘夷)주의를 그대로 받들어 우리는 소중화(小中華)라 하고, 기타 다른 나라들은 만이(蠻夷)라고 폄하하였으니, 이런 자고심(自高心)이 가득 차 어느 인종이 어떠한 학술을 연구하였다 하면 '저들이 어찌 이기지변(理氣之辨)을 알리오?'라 하고, 어떤 한 기예가 발달되었다고 하면 '저들이 어찌 공맹지학을 당하랴?' 하면서 일개 이적시하였다는 것이다. 마찬가지로 오늘날 타종교들이 많이 배출되어 도저히 불교 혼자만이 유야무야로 지내오던 옛날과는 아주 다른 시대가 됨으로써, 승려도 시대에 순응하여 자기 종교는 선전하고 다른 종교에는 저항하여야 하겠지마는, 일종의 고상한 심사(心事)

가 가득하여서 예수교의 박애주의를 듣고는 '저들이 어찌 우리 종교의 대자대비(大慈大悲)만 하랴?' 하고, 천당·지옥설을 들으면, '저들은 당옥(堂獄)에 그쳤으니, 종시 3계를 면치 못한 것이라. 어찌 우리 종교의 3계를 초탈하고 극락세계를 건설함에 비하랴?' 하며, 또 '유교는 방지내(方之內)에서 노니 어찌 무량한 우리 종교를 당하랴? 도교는 연단(鍊丹), 시해(尸解), 장생(長生), 구시(久視) 등에 그치나니 어찌 불생불멸하는 우리 종교에 미치랴? 교조(敎祖)의 강탄(降誕) 연대도 우리 종교가 제일 오래되었고, 교조의 지위도 태자로 출가하셨으니 우리 종교가 제일이요, 교리도 교체도 무엇 무엇도 모두 세계의 제일이라. 분연(紛然)한 여러 종교가가 우리 종교에 견주면 모두 후진배요 부분적이요 지류여예(支流餘裔)라'고 하는 등 자만한다는 것이다.[47]

이렇게 불교 자체의 안일함을 비판하는 동시에, 그는 불교 쇠퇴의 원인에 대해 자승심(自勝心)과 희망심(希望心)의 두 가지 마음이 없기 때문이라는 진단을 내리기도 한다.

我法侶는 道法에 對하야 如上한 二種心(自勝心, 希望心)을 發하야 宜乎히 比較的優盛하여야 하겠거늘 煙霞淨界에 風月閑趣가 反히 此心을 冷却하야 今日現狀을 他敎人의게 比較하건대 反比例를 成하는도다. 嗚呼我法侶는 諦聽諦聽하시오. 朝鮮僧侶를 六千으로 槪量하고 一千五百萬人口에 其分率을 求하건대 正히 二千五百分之一이라. 使我僧侶로 個個히 說法利生할지라도 一人所化量이 平均 二千五百人에 達하겠거든 況其人은 鳳毛麟角이라. 指를 屈하야도 可數함에 止한즉 法運의 衰替가 莫斯爲極하니 其病을 遡求하건대 二種心의 薄弱에 起崇함이로다. 二種心이 無하면 競爭이 不起하고 競爭이 無하면 進興이 不生하고 進興이 되지 못하는 同時에는 保守도 不能하야 反

---

47) 權相老, 〈朝鮮과 朝鮮 佛敎와의 相似點〉, 《佛敎》 제2호(1924. 9), 25~30쪽.

히 退縮이 發生하나니 而今吾敎가 果然進興乎否아 退縮乎否아.[48]

여기서 자승심이란 자기 자신에 대한 자신감이요, 희망심이란 미래에 대한 낙관적 태도라고 볼 수 있다. 그런데 조선의 승려가 이러한 두 가지 마음이 박약하기 때문에 경쟁력을 가질 수 없다는 것이다. 결국 그는 불교가 더 이상 퇴축(退縮)하지 않고 발전해 나아가기 위해서는 그 동안의 극심한 탄압으로 인해 자신감을 잃고 무기력함에 빠져 있는 불교인들에게 자신감을 갖게 하는 것이 가장 지름길이라고 생각했던 것으로 보인다. 이것은 당시 모든 불교개혁론자들의 공통된 생각이었으며, 모든 불교개혁론에서는 한결같이 불교인의 정신적 자각을 촉구하고 있었다. 즉 조선 500년 동안의 압제로 불교 본연의 사명 자각과 불자로서의 자부심이 약해질 대로 약해져서, 이러다가는 종교경쟁에서 불교가 살아남을 수 없으리라는 판단이다.

그리하여 그는 무엇보다도 쇠퇴한 불교를 일으키기 위해서는 패기만만한 청년들의 흥기(興起)가 필요함을 역설하였다. 그는 〈흥기재(興起哉)어다 오교청년(吾敎靑年)이여〉라는 글에서 세상 사람들이 불교를 가리켜 노대(老大)종교, 또는 부패사회라고 악평하는 것에 대하여 논하고 있다. 그는 불교는 부증불감(不增不減)하며 불생불멸(不生不滅)한 도인데 어찌 노대와 부패가 있겠느냐고 반문하면서, 조선 불교의 근고(近古)에, 특히 조선 500여 년 동안 탄압을 받다보니, 그렇게 무기력하게 보일 법도 하지만, 조선 불교는 노대한 종교가 아니라 소장(少壯)의 종교라는 점을 강조하고 있다. 그는 노소의 구분이 나이로만 따질 것이 아니라, 진취가 없고 희망이 없으면 노대요 활동이 강하고 시위(施爲)가 넉넉하

---

48) 權相老, 〈朝鮮佛敎月報發行趣旨書〉, 15쪽.

220

면 소장이라고 보았다. 그는 오늘날 세계인이 다 정신을 차리고 활발히 움직이는 시대에 암혈(岩穴)이나 산곡(山谷)에 몸을 숨기고 세상 바깥에 노닐면서 안과일생(安過一生)하는 노대덕(老大德)들을 비판하면서, 자기의 노대함으로써 후생까지 노대하게 하지 말며 자기의 부패함으로써 내자(來者)까지 부패시키지 말 것을 경고하였다.

결국 그는 쇠퇴한 조선 불교를 일으킬 힘은 바로 불교 청년에게 있다고 본 것이다. 즉

> 吾教生脈은 單純히 少壯하신 靑年에 在함을 遙想하거니와 千萬祝禱하노니 一念一念이 爲法興起하야 吾教의 衰頹한 점은 吾教靑年의 手로 掃除하고 一區莊嚴佛土를 造成할지어다.…… 興起哉어다 吾教靑年이여 興起哉어다 今日吾教靑年이여. 老大한 宗教를 少壯케 할 者도 靑年諸君이오. 腐敗한 社會를 完全케 할 者도 靑年諸君이니 今日에 興起치 아니하면 諸君의 手로써 宗教를 老大케 하고 社會를 腐敗케 함이니라. 興起哉 興起哉어다 吾教靑年이여.[49]

라고 하여 불교를 유신하고 진보시킬 희망을 청년들에게 걸고 그들의 흥기를 간절하게 촉구하였다. 여기서 그의 불교개혁사상이 불교종단의 보수세력에 의지하여 허명(虛名)뿐인 개혁을 부르짖음이 아니요, 이른바 유신세력, 또는 청년계층에 의한 불교의 혁신을 갈망하고 있음을 알 수 있는데, 이 또한 당시 불교개혁론자들의 공통된 의견이라고 할 수 있다.

한편 그는 과거와 현재 불교의 위상을 되돌아봄으로써 불교개혁의 기반을 마련하고자 한다. 그는 〈근대 불교의 삼세관〉[50]이라는 글에서

---

49) 權相老, 〈興起哉어다 吾教靑年이여〉, 《朝鮮佛教月報》 제7호(1912. 8), 6~7쪽.

한국불교사의 과거와 현재와 미래를, 각각 비관(悲觀)과 고관(苦觀), 그리고 낙관(樂觀)으로 표현하고 있다. 이 글은 그의 시대인식이 잘 나타나 있어 중요시되는 글이라고 할 수 있다.

우선 그는 과거 조선시대에 불교가 천시 당했던 것에 대해 말하기를, 불교가 나려(羅麗) 이래 최고급의 지위를 누리면서 너무나 역량이 방대하였기에 그에 대한 탄압도 상대적으로 컸다고 보았다. 즉

高枝로부터 碩大한 果가 落할 時는 餘地 업시 破碎되고 百鍊한 鋼鐵이 鉗鎚를 受한 때는 餘力 업시 頓斷하는 法이라. 羅麗以還으로 最高級의 地位를 占領하여 그 身長은 더 클 나위가 없으리만큼 크고 力量은 더 날 나위가 없으리만큼 난지라. 日常 그 壯大한 身을 仰視할 때마다 心이 傷하고 그 瞻富한 力量下에서 服從할 때마다 意가 不安하던 人物들이 瞥眼間 自己의 쓰러 넘어져서 드러누워 있던 地位로부터 두 주먹을 부릇쥐고 蹶然이 起立하는 同時에 주먹질, 발길질, 방망이질, 온갖 재비통이 一時에 蜂起하였도다.[51]

라고 하여 불교의 번성함을 배아파하던 조선의 유신(儒臣)들이 기회를 만나자 마치 한풀이라도 하듯 불교를 무지막지하게 탄압하기 시작했다는 것이다.

그리하여 조선초 상지정도(相地定都)로 유명한 왕사(王師) 무학묘엄(武學妙嚴)과 명종 때 문정왕후(文定王后)의 신임을 얻어 불교를 재흥하려 했던 허응보우(虛應普雨), 임진왜란 때 승병을 이끌었던 청허휴정(淸虛休靜)과 그의 제자로 역시 임진왜란 때 승병장과 외교가로 활약했던

---

50) 權相老,〈近代 佛敎의 三世觀〉,《朝鮮佛敎叢報》제6호(1917. 9);《韓國佛敎雜誌叢書》제14권, 332~346쪽.
51) 위의 글, 334쪽.

송운유정(松雲惟政), 왜군과 싸우다 칠백의사(七百義士)와 함께 장렬히 최후를 마쳤던 기허영규(騎虛靈圭), 그 밖에도 처영(處英), 해안(海眼), 신미(信眉), 수미(守眉), 환암혼수(幻庵混修), 천봉만우(千峰卍雨), 백곡처능(白谷處能), 함허득통(涵虛得通) 등이 모두 조선왕조에서 그 공적이나 기개, 충성심, 그리고 도덕이나 문장 등이 그 어떤 유신보다도 출중하거늘 그들이 변변한 대접을 받지 못했음을 탄식하고 있다. 아울러 승려의 도성 출입을 금지시키고, 수많은 사원을 훼철(毁撤)하는 등 불교 탄압이 극심하였음을 통탄하였다. 결국 그는 조선시대를 불교 역사에서 가장 비관적인 시대로 보았다.

다음으로 그는 당시 처해 있는 현실을 고관(苦觀)으로 파악하였다. 즉 미래의 낙관으로 가는 과도기이기에 '고'가 필수적으로 동반된다는 것이다. 우선 그는 조선 500여 년 동안 핍박에만 시달리다가 갑자기 자유를 찾았는데, 다시 우승열패(優勝劣敗)라는 종교경쟁시대를 맞이하여 다소 어리둥절해 하던 당시의 불교계를 다음과 같이 표현하였다.

> 外洋의 風潮가 餘地없이 捲到하니 半島에 思索이 一朝에 突變하여 所謂 얼開化얼文明이 層生疊出하는 同時에 江華郡磧石寺의 土地는 學校基本으로 沒入하니 이른바 弱肉强食인가 義州郡南山寺의 建物은 耶蘇教堂으로 占領하니 이른바 優勝劣敗인가. 山中에서 彷徨하다가 城內에 通行하고 竹笠이 穹窿하다가 帽子를 通用하니 於是에 法侶의 夢도 忽地에 驚하여 耳目이 瞠惶하고 寺院의 制도 稍然히 改良되야 精神을 收拾한다.[52]

이러한 어리둥절한 과도기의 혼란 속에서 불교 재흥의 여러 가지 시도들이 있었으나 결국은 실패로 돌아갔으니, 결국은 '고'만 늘어갈 뿐

---

52) 위의 글, 340쪽.

이라는 것이다. 우선 원흥사(元興寺)에 두었던 관리서(管理署) 제도가
그랬고, 홍월초(洪月初)·이보담(李寶潭) 등이 주도했던 불교연구회와
명진학교, 그리고 이회광(李晦光)·김현암(金玄庵) 등이 주도했던 원종
종무원(圓宗宗務院)과 사범학교 등도 모두 위법헌신(爲法獻身)의 크나
큰 노력을 들인 것이지만 모두 실패로 돌아가고 말았으니, 그들의 고통
이 얼마나 컸겠느냐는 것이다. 아울러 신시대를 맞이하여 인재양성을
위해서 물심양면의 지대한 노력을 들여 키워 놓았더니 모두 자기 출세
의 길로만 달려가니 이 또한 고통이요, 누세(累世)의 선사(先師)들이 피
땀으로 지켜낸 불교 재산을 지키고 또 윤식(潤殖)해야 하니 이 또한 어
려움이며, 그러면서도 법재(法財)를 들여 세상의 빈핍(貧乏)을 구하기도
하고 선(禪)으로써 세상의 독극(毒劇)을 풀어야 하니 이 또한 괴로움이
아닐 수 없다는 것이다.[53]

　뿐만 아니라 그는 당시 불교계가 신구로 갈라져서 대립하고 있음을
고통으로 보았다. 즉

　　帶妻食肉의 新風潮 輸入을 迎合하는 者의게는 寺法實施도 苦가 不少하
　　고, 講律持戒하는 舊制度 保守를 主唱하는 者의게는 淸規解弛도 苦가 莫大
　　하다.[54]

라고 하였으니, 신구의 극심한 대립을 모두 부정적으로 보면서, 둘 사

---

53) 여기서 그의 독특한 선관(禪觀)이 나타난다. 즉 그는 주장자(拄杖子)로 코만 버티는 것
　　이 참선이 아니라 세상 사람들로 하여금 각각 그 업으로써 공안(公案)을 삼아 잠심주거
　　(潛心做去)케 해야 한다고 하였다. 아울러 〈화엄경〉만 입으로 설교하는 것이 포교가 아
　　니라, 세상 사람들로 하여금 각각 그 낙(樂)을 얻어서 안심(安心)생활케 하여야 한다는
　　것이다. 이것은 그의 철저하게 현실적이요 원융적인 불교사상의 발로라고 생각된다.
54) 권상로, 〈近代 佛敎의 三世觀〉, 343쪽.

이에서 중립을 지키려는 자신의 처지를 내비쳤다.

마지막으로 그는 불교의 미래를 낙관으로 보았다. 즉 고진감래(苦盡甘來)라 하였듯이 오늘날의 고통이 결국은 낙을 가져올 것이라는 긍정론이다. 이것은 또한 불법 그 자체에 대한 확신이기도 하다. 오늘날 종교간의 경쟁시대를 맞이하여 머지않아 다가올 '법전일장'(法戰一場)에서 결국은 불교가 승리할 것이며, 모든 중생들이 불교의 대음(大音)에다 놀라리라는 것이다.

그러나 여기에는 조건이 있으니, 과거처럼 산중불교, 독선기신(獨善其身)의 불교가 아니라, 윤리를 아니 잊어 사은(四恩)을 저버리지 말며, 생활로 인도하여 사민(四民)을 균화(均化)해야 한다는 것이다. 여기서 한걸음 더 나아가 감화원(感化院)·유치원·맹아원(盲啞院)·양로회·구황회(救荒會)·간병회(看病會) 등의 자선 및 공익사업에 적극 나서고, 도로나 교량을 닦는다든지, 신문·잡지를 확장하여 나간다면 불교의 미래는 틀림없이 낙이라는 것이다. 즉

> 남들은 죽은 後에 復活하여 天堂을 간다 하지만 우리들은 肉身으로 極樂을 受用하고, 남들은 最末日에 審判하야 地獄을 免한다 하지만 우리들은 實力으로 惡趣를 消滅하자.[55]

라고 호소하고 있으니, 이것은 그의 현실중시적 불교관의 피력이며 불교의 미래에 대한 낙관적 확신의 표현이라고 할 수 있다.

이상에서 살펴보았던 것처럼, 권상로는 그 자신이 불교의 승려이면서도 불교의 과거와 현재에 대해서 매우 신랄한 비판의식을 가지고 있

---

[55] 위의 글, 345~346쪽.

었다. 자기 자신에 대한 이러한 비판의식은 곧 불교개혁론을 전개시킬 수 있는 사상적인 밑받침이 되었다. 아울러 이러한 비판의식은 근대적인 학문 방법론을 적용한 불교의 학문적 연구, 즉 한국 불교사의 정립이라는 사명을 자연스럽게 갖도록 해 주었다. 한편 그가 제기했던 비판의 관점은 오늘날에도 적용될 수 있는 것이 많아 근대 한국 불교학의 선구자로서 그의 위치를 새삼 깨닫게 해 주고 있다.

1.2.3. 불교개혁론의 선창(先唱)

당시 불교계는 20세기 초부터 유행하기 시작한 이른바 사회진화론의 영향과 일제에 의해 이루어진 '도성출입금지 해제령'이 가져온 기대감 등으로, 이참에 그 동안 낙후되었던 불교를 발전시키지 않는다면, 적자생존 · 약육강식 · 우승열패라는 진화론적인 현실관에 의해 도태되고야 말 것이라는 어떤 절박감 속에서 불교의 유신 또는 개혁이 하나의 대세를 이루었다고 해도 과언이 아니다.56) 1910년대부터 벌써 불교계의 중앙 무대에서 활약하던 권상로에게도 불교개혁은 가장 중요한 문제가 아닐 수 없었다. 사실 어떤 면에서는 권상로가 이러한 불교개혁, 또는 유신론을 선두에서 이끌어 갔다고 해도 과언이 아니다.

왜냐하면, 그가 사장으로 편집과 발행을 책임졌던 《조선불교월보》를 통해 권상로는 벌써 1912년 4월부터 그의 〈조선불교개혁론〉을 연재하고 있기 때문이다. 한용운의 《조선불교유신론》이 공간(公刊)된 것이 1913년 5월이니까 권상로의 불교개혁론은 실질적인 의미에서 최초의 불교개혁론인 셈이다. 그의 〈조선불교개혁론〉은 《조선불교월보》 제3

---

56) 이 문제에 대해서는 김광식, 〈1910년대 불교계의 진화론 수용과 사찰령〉,《한국근대불교사 연구》(민족사, 1996), 13~52쪽을 참조할 것.

호(1912. 4)부터 제18호(1913. 7)까지 총 12회에 걸쳐서 연재되다가 미완으로 끝났다. 이 글은 《퇴경당전서》(退耕堂全書) 제8권에 〈조선불교혁명론〉(朝鮮佛教革命論)이라는 이름으로 제목이 바뀌어 실려 있고,[57] 《다보》(多寶) 제6집(1993)에 김두재의 번역으로 전문이 실려 있어 참고하기 쉽다. 한편 이 글에는 '조선불교진화자료'라는 부제가 달려 있는데, 사회진화론에 따르는 종교경쟁을 입론의 근거로 삼고 있음을 분명히 해주는 것이라고 볼 수 있다.

우선 서론은 문제의 제기로서, 종교경쟁이 점점 심각해지는 시대의 조류를 파악하지 못하고 산 속에 들어가서 문을 닫아걸고 깊은 잠을 자고 있는 조선 불교의 폐쇄성을 신랄하게 비판하고 있다.

況世界는 日闢하고 風潮는 日變하여 社會之交際焉日繁하고 宗教之競爭焉日繁하니 於是乎에 逃世入山하여 閉門深睡하던 我朝鮮佛教는 喘息이 垂絶하여 名詞도 難保할 境遇에 至하였도다. 嗚呼라 六千餘의 我法侶가 不爲不衆也며 九百餘의 我禪刹이 不爲不多也로되 好似逆風之帆하여 日見走坂之勢하니 凡我被緇者 孰不爲之撫膺歎息하며 着腦研究하여 思欲矯採之哉아[58]

헐떡이는 숨통마저 끊어져 그 이름조차 보전하기 어려운 지경에 이르렀다고 하였으니, 그가 당시의 불교를 얼마나 비관적으로 보고 있는지를 알 수 있다. 그러나 단지 비관만 하고 있었던 것은 아니니, 머리에 붙은 불을 끄기 위해서 그는 불교의 개혁을 부르짖었다. 그러한 개혁을 그는 유신이라는 말로 표현하였다.

---

57) 본래 《조선불교월보》에 연재했던 글에는 혁명이라는 말은 없었고 개혁이라고 했는데, 후에 권상로의 제자들이 스승의 유고(遺稿)를 정리하여 《퇴경당전서》를 만들면서 이 개혁이라는 말을 모두 혁명으로 바꾼 것으로 보인다.

58) 權相老, 〈朝鮮佛教改革論〉, 《朝鮮佛教月報》 제3호(1912. 4), 36쪽.

假使九歲를 默無言하시던 達摩尊者라도 今日에 東來하시면 維新二字가 不絶於口할지오, 六年을 坐不動하시던 釋迦世尊도 此時에 下生하시면 改革一事에 勞力而行하시리라.[59]

석가나 달마(達摩)까지도 인용하여 유신의 절실함을 피력하고 있으니, 불교개혁에 대한 그의 조급함을 잘 나타내 주는 말이라고 하겠다. 그리하여 서론의 마지막에 '만일 나의 말이 옳지 못하다고 하면 장황한 말은 제쳐두고 지금이 어느 때이냐고 반문하겠다. 종교경쟁시대이다'라고 하여 이른바 종교경쟁시대에 불교의 유신이 절실함을 강변하고 있다.

제2편 '논개혁지여하'(論改革之如何)의 제1장은 '논개혁지필요'(論改革之必要)인데, 여기서는 당시 불교계에서 구습을 타파하고 참신한 사태를 연출하고자 갖가지 단어들을 번갈아 부르고 있다고 하면서, 그것들을 개량·발달·확장·유신으로 요약하였다.

改良이라 함은 物質上에 不善良한 一部分을 稍히 善良케 하는 者를 云함이요, 發達이라 함은 物質의 改良한 方面을 更히 研磨하여 內明이 盎粹한 者를 云함이요, 擴張이라 함은 物質의 改良不改良을 不問하고 擧而列之於人界하여 我의 如何함을 世界에 發明하며 出售하며 誇耀하여 我도 他物의 森列한 場所에 儼然히 一個地位를 占有함이오, 維新이라 함은 物質의 全部를 擧하여 不美한 瑕疵는 一併掃除하고 壯麗한 新面目을 眼前에 突凡케 함이니 卽所謂中興이며 亦可謂刷新이로다.[60]

이 네 가지 가운데 앞의 것은 뒤의 것만 같지 못하니, 여기서 유신이

---

[59] 위의 글, 37쪽.
[60] 위의 글, 38쪽.

가장 긴박한 일이라고 말한다. 나아가 이 유신을 하는 데서 가장 강력하고 유용한 수단은 곧 개혁이라고 주장한다. 개혁이 아니고서는 유신을 할 수 없고, 설사 유신을 한다고 할지라도 개혁상에서 나온 것이 아니면 그 정도가 유치하고 역량도 나약할 수밖에 없다는 것이다.

제2장은 '논개혁지성질'(論改革之性質)인데, 여기서 그는 개혁의 성질을 분석하여 천위(天爲)와 인위(人爲)로 나누고, 다시 세분하면 적극적과 소극적의 두 가지 방법이 있다고 하면서, 천위는 소극적이 많고 인위는 적극적이 많다고 한다. 이것을 각각 조합하여 적극적 천위개혁, 소극적 천위개혁, 적극적 인위개혁, 소극적 인위개혁으로 나누면서, 그 가운데서도 적극적 인위개혁이 제일 낫다고 하였다.[61]

그렇다면 과거 한국 불교는 이러한 인위적이고도 적극적인 개혁을 시도한 적이 있었는가? 그는 제3장 '논개혁지관계'(論改革之關係)에서 그렇지 않다고 대답한다. 즉 천위만 믿어서 불법이나 국왕, 대신의 외호(外護)만 앉아서 기다릴 뿐이었지, 조금도 불법을 위하여 자신을 희생하며 위험을 무릅쓰고 전심전력을 다한 자는 한사람도 보이지 않았다는 것이다. 그리하여 역사적으로 국왕이나 대신들이 돌볼 때에는 복락을 누렸지만, 그렇지 아니할 때에는 이루 말할 수 없는 탄압을 받았고, 어느 누구 하나 항쟁하거나 간언하는 사람도 없었다는 것이다.

이에 비해서 중국에서는 불교에 대한 탄압이 있을 때마다 이에 항거하는 용상대덕(龍象大德)이 많이 일어났으니, 유빙(庾氷)이 사문(沙門)도 왕에게 절해야 한다고 하자 여산(廬山)의 혜원(慧遠; 334~416, 東晋代 白蓮社의 개조)은 《사문불경왕자론》(沙門不敬王者論)을 저술하여 국가권력에 저항하였으며, 한유(韓愈; 768~824)가 불골표(佛骨表)를 지어

---

61) 위의 글, 40~46쪽.

올리거늘 태전(太顚; 唐代 스님)은 조목조목 따져서 반박하였다. 정영사 (淨影寺)의 혜원(慧遠; 523~592)과 지현(知炫; 隋代 스님)은 북주(北周)의 무제(武帝)가 불교를 폐지하고 도교를 숭상함에 대하여 항의하는 상소 를 올렸으며, 그 밖에도 많은 승려들이 국왕이나 대신에게 대항한 사적 이 있다는 것이다.

그는 만일 지난날 여러 스님들이 입을 봉한 채 자연에 맡겨두었더라 면 삼무일종(三武一宗)의 법란 이후에 어찌 불법의 종자가 영원히 끊어 져 없어지지 않음을 알겠는가라고 반문하였다. 더 나아가 모자(牟子; 165 ?~251 ?)의 《이혹론》(理惑論)과 송나라 장상영(張商英)의 《호법론》 (護法論), 그리고 신라 이차돈(異次頓)의 맹세 등 모두가 재가인(在家人) 으로도 오히려 그와 같이할 수 있었거든, 하물며 먹물 옷 입은 승려들 이 어찌 부끄럽지 않겠는가라고 하면서 조선 500여 년의 배불(排佛)시 대에 중국에서와같이 적극적으로 불교의 호법론을 주장한 승려가 없었 음을 비판한 것이다.[62]

그는 불교의 개혁이 늦어졌음을 탄식하면서,

噫라 吾敎를 三百年前에만 人爲改革에 着手하였던들 今日에 可以雄飛六 洲할지오 三十年前에만 人爲改革을 實施하였던들 今日에 可以並肩諸敎할 지오 三年以前에만 人爲改革을 斷行하였던들 今日에 可以聲溢半島할지어 늘 旱不此爲하고 挨到今日하니……[63]

라고 하여 한국 불교가 조금만 더 일찍 인위적 개혁에 착수했더라도 오 늘날 다른 여러 종교와 어깨를 나란히 할 수 있었을 것이라는 점을 안

₆₂₎ 위의 글, 43쪽.
₆₃₎ 위의 글, 44쪽.

230

타까워하면서, 지금이라도 자연적 개혁의 묵은 관계를 깨끗이 청산하고 인위적 개혁으로 나아가야 한다는 것을 강조하였다.

한편 그는 '논개혁지이해'(論改革之利害)에서 개혁이 좋은 것이지만 이로움과 해로움을 모두 포함하고 있으니,

守舊派는 改革二字가 觸眼하면 必是猛虎를 遇함과 如히 喫警할지며 維新黨은 改革二字가 入耳하면 必然盃蛇를 飮함과 如히 起疑할지로다.[64]

라고 하여, 개혁에는 이해가 나뉘어 있는 것이라 함부로 할 수 없는 것이지만, 이해득실만을 따지고 앉아 있기보다는

謀事도 在我하고 成事도 在我라 할지니 어찌 事前에 坐하여 利害를 預卜하고 事業에 努力치 아니하리오. 禍福이 無門이요 唯人自招라 하는 言과 如하여 利害도 無門이요 亦在人操縱이니라. 然則但可以探險的眼目으로 利害를 詳審하여 取捨할 而已로다.[65]

라고 하여 역시 적극적 인위개혁의 시급함을 강조하고 있다.

제5장은 '논개혁지공용'(論改革之功用)인데 여기서는 개혁이 아니면 안 되는 이유를 말하고 있다.

吾儕의 思想이 腐矣라 改革으로야 刷新할지며 知識이 錮矣라 改革으로야 開發할지며 規模가 解弛矣라 更張코자 할진대 改革을 是依할지며 秩序가 紊亂矣라 齊整코자 할진대 改革을 是賴할지며 義務를 忘矣요 習慣이 成矣요 培養이 絶矣요 接引을 昧矣라 如是히 許多한 種類에 不得不改革을 仰望

<hr>

64) 위의 글, 46쪽.
65) 위의 글, 48쪽.

하며 佇待하여 功用을 收取코자 하노니…….66)

라고 하였으니, 불교계가 여러모로 낙후하여 개혁하지 않으면 안 된다
는 것이다.

제6장 '논개혁지인물'(論改革之人物)에서는 인위적 개혁을 할 주역의
인물을 고대하는 심정을 토로하고 있다.

> 吾敎의 近世卽(寺社)管理署時代로부터 (佛法)硏究會時代。 (圓宗)宗務院時
> 代와 乃至現今(三十本山住持)會議院時代까지 這間에 幾乎十有餘年을 未嘗一
> 日一時도 敢忘치 못하여 其人이 我의 眼簾에 依俙하며 其人이 我의 心府에
> 徘徊하여 見할 듯, 逢할 듯, 我의 左右에 在한 듯하여…….67)

사사관리서(寺社管理署)가 설립된 1902년이면 그가 24세 되던 해로서
그가 강원에서 내외전(內外典)을 섭렵하는 가운데, 《화엄경》, 《주역》,
《도덕경》, 《남화경》(南華經) 등을 읽던 때였으니, 어느 정도 학문이 무
르익던 시기였다고 할 수 있다. 한편 불교계로서도 1895년의 입성해금
이후 처음으로 재활의 의지가 꿈틀거리기 시작한 때였으니, 이제 막 대
교과를 마치고 1903년의 입실건당(入室建幢)을 눈앞에 둔 그로서는 자
연히 불교개혁의 웅지를 품게 되었던 것이라고 할 수 있다. 더욱이
1906년 28세 때는 불교연구회의 설립을 계기로 명진학교에 들어가 당
시에 유행했던 사회진화론과 같은 서양의 신학문과 접하면서 더욱 개
혁의 필요성을 절감했을 것이고, 32세 되던 1910년에는 원종의 편집부
장이 되어 종무원에서 일을 보면서 현실적으로 제도적인 개혁에도 관

---

66) 위의 글, 40~41쪽.
67) 위의 글, 41쪽.

232

심을 가질 수 있었다. 결국 1912년부터 연재되기 시작한 불교개혁론은 바로 이러한 그의 이력과정의 자연스런 산물이었다.

　제7장 '논개혁지시대'(論改革之時代)에서는 불교에서 오늘이 천재일우(千載一遇)의 드문 기회라고 단언한다. 무슨 까닭인가?

> 敎門의 衰索도 未有如今時者也하며 法侶의 殘弱도 未有如今時者也하여 五百年壓制下에 叫苦하던 同胞가 解脫의 希望이 政切하니…… 然則今日吾儕가 佛法을 荷擔하고 行脚할 餘地가 比較的前日보담 何等恢恢하며 布敎할 機緣이 比較的前日보담 何等濟濟한가…… 吾儕가 若能少加心力하면 其進의 速함이 如逸驥加鞭하고 其行의 疾함이 如順流掛帆하고 其成의 易함이 如因風吹火하리니 是以로 我朝鮮佛敎는 改革이 式日斯急하며 我朝鮮佛敎는 改革이 式日斯急하다 하노라.[68]

500년 동안의 압제로 쇠퇴함이 극에 이르렀던 한국 불교가 이제 거기서 벗어나 개혁을 단행할 수 있는 사회적 환경을 맞이했다는 것이다. 그리하여 《맹자》에 이른바 "일은 옛 사람이 반만큼만 해도 그 효과는 배가 될 것이다"라는 말이 바로 이러한 경우를 말하는 것이라고 한다. 그만큼 불교계가 개혁을 갈망하고 있고, 그 효과는 크게 나타날 것이라는 희망을 토로하고 있다.

　다만 여기에는 불교계의 단합이 필수적인 것이니, 제8장 '논혁명지후(論革命之後)에 위단체위자치(爲團體爲自治)'에서

> 如何한 方法으로 以하여야 我三千年偉大한 宗敎와 老大한 社會를 更一層 鞏固하며 擴張할까 曰團體力이 完結하고 自治制가 儼立하여야 할지니라.

---

68) 위의 글, 27쪽.

如何하여야 團體力이 完結하고 自治制가 儼立할까 曰改革에 在하니라. 嗚
呼라 團體力이라 함은 衆人의 目的이 一處로 注集함을 謂함이오 自治制라
함은 個人의 行爲가 法律에 抵觸치 아니함을 謂함이어늘…….[69]

라고 하여 불교의 개혁을 위해서는 불교계 전체가 하나의 단체로 단결
해야 함을 주장하였다. 권상로가 이 글을 발표했던 1912년 8월은 원종
과 임제종이 일제의 강압으로 강제로 문패를 내리고, 불교계를 대표하
는 현실적 조직으로서 '조선불교선교양종각본산주지회의원'(朝鮮佛教
禪教兩宗各本山住持會議院)이 성립된 직후로서, 불교계에 아직 반목과
대립의 앙금이 남아 있던 때임을 상기해 본다면 불교계의 단결을 촉구
하고 있는 그의 의도가 더욱 분명해진다. 또한 그가 '단체'를 중시하는
것은 인간사회가 약육강식하고 적자생존한다는 사회진화론의 영향이
라고 생각된다. 그리하여 개인보다는 단체를 중시하고, 불교계가 하나
의 단체로서 개혁을 추진해 나가기를 소망했던 것이라고 할 수 있을 것
이다.[70]

　　제3편은 '논개혁지전례'(論改革之前例)인데, 그는 불교 역사에서 가장
큰 개혁의 선례로서 석가가 세상에 태어나신 그 자체와 달마가 동쪽으
로 오신 두 가지 사례를 언급하고 있다. 우선 제1장 '논석가출세(論釋迦
出世)가 전위개혁(全爲改革)'에서는 석가세존은 세계의 모든 개혁가 가
운데서도 가장 위대하신 대개혁가라 하였다. 왜냐하면 인도에는 카스
트 제도가 있어서 계급차별이 엄격하였는데, 석가세존께서 이 세상에

---

69) 위의 글, 31쪽.

70) 당시 사회진화론을 바탕으로 역사와 현실을 구명하고자 했던 양계초의 신사학에서도
　　가장 중시되었던 것은 '진화'와 더불어 '단체'였다고 할 수 있다. 그리하여 양계초의 신
　　사학은 당시 민족주의자들의 사관 형성에 사상적 토대로 작용할 수 있었다.

234

내려오시어 수행하여 도를 이루시고 입을 여신 첫 마디에 평등주의를 제창하셨다는 것이다. 그리하여 "모든 중생들이 안으로 내포하고 있는 지혜의 씨앗은 부처님과 다름이 없다" 하시고, 마지막으로 열반회상(涅槃會上)에서 말씀하시기를, "유정(有情), 무정(無情)이 모두 성불할 수 있다"고 하셨으니, 평등이란 말 가운데 이보다 더 평등한 말이 없다는 것이다. 뿐만 아니라

　　外道梵志도 俱來得度하니 聖魔가 平等하고 多子塔前에 半坐를 分與하시니 師資가 平等하고 四禪已下는 三災同壞하니 人天平等也요 十方來聽이 各坐一面하니 貴賤이 平等也요 人死爲羊하고 羊死爲人하니 人畜이 平等也요 生本無生하고 滅本無滅하니 生死가 平等也요 塗創에 兩忘者는 寃親이 平等也요 互爲主件者는 自他가 平等也요 淸淨一心이 貫通五輪하니 依正이 平等이요 於下屠刀하고 立地成佛하니 善惡이 平等이요 種類極繁하여 不遑枚引하나 維摩不二와 華嚴圓融과 圓覺之頓과 法華之終이 皆平等之極이요 改革之極이니라…… 摠히 言之컨대 初自入胎로 終至涅槃佛於其中間에 施設示現과 苦口瀝肝이 平等二字로 包括한 바 되어 婆羅門의 階級主義를 無餘破碎하여 自由平等의 人類幸福을 圓滿指示하시니 世界改革家의 誰가 我의 世尊의 右에 出할 者리오 是故로 可謂如來는 全爲改革하셔서 出現於世하시고 無有餘事로다.71)

라고 하여, 석가의 평등주의에서 불교개혁의 최고이상을 발견하였다. 즉 여래는 평생을 두고 설법하심이 모두 평등, 이 두 글자로 포괄하여 개혁하신 것이니, 이런 까닭에 여래께서는 오로지 개혁을 위하여 이 세상에 출현하게 되었다는 것이다.

---

71) 權相老, 〈朝鮮佛敎改革論〉, 《朝鮮佛敎月報》 제8호(1912. 9); 《韓國佛敎雜誌叢書》 第13券, 48~49쪽.

앞에서도 언급하였듯이 권상로의 불교사상은 자각과 각타가 원만해지는 '만각의 평등주의'이다. 이제 불교개혁을 논함에서도 그의 독특한 불교사상이 표출됨을 본다. 즉 불교가 근대화에 발맞추기 위해서는 불교의 평등주의를 회복하고, 그것을 현실에 적용해야 된다는 것이다. 요컨대 권상로의 불교개혁론은 그의 불교사상이 근대성의 기반 위에 서 있음을 분명히 하는 것으로서, 근대 한국 불교학의 정신적 기반을 굳건히 해주었다고 평가할 수 있다.

한편 제2장 '논달마동래(論達摩東來)하사 대행개혁(大行改革)'에서는 개혁의 선례로서 달마가 동쪽에 와서 선종을 일으킨 것을 들고 있다.

支那佛敎가 渾入文三昧하여 不文의 理와 離言의 旨는 未之或聞일새 菩提達摩가 一葦東泛하여 超前絶後한 '不立文字·直指人心'의 一言으로 旱天에 霹靂을 作하니 支那古老錐의 腦膜이 俱眩하고 眼眶이 俱瞠하여 文字窠窟은 劈盡無餘하고 頓悟一門은 通達無閡하여 一花가 噴芳에 五葉이 連蔭하여 遂使蔥嶺(파미르고원)以東에 學法正法者로 皆歛衽歸朝하여 推戴爲支那初祖하니 向使達摩로 循蹈覆轍하여 說依言眞如런들 佛敎는 訓詁學에 不過하고 三藏은 爾雅와 無異하여 披緇者 只以兩片皮數行墨으로 終極을 作하여 今日吾儕의 耳朶裡까지 最上乘法門이 到及함을 未必하리라 하노라. 然則隻手로써 當時支那佛法海의 狂瀾을 能障하여 今日吾儕까지의 流荒함을 捍禦함은 唯達摩爲然할새 余는 達摩로써 我佛敎界의 改革의 鼻祖라 하노라.[72]

즉 달마가 중국에 와서 문자에 속박되었던 굴레를 남김없이 도려내고, 직지인심(直指人心)으로 돈오(頓悟)하는 방법을 가르쳐 줌으로써 무미건조한 불교에 종교적 생기를 불어넣었으니 그가 곧 불교개혁의 비

---

[72] 위의 글, 186~187쪽.

조(鼻祖)라는 것이다. 여기서 권상로가 추구하는 한국 불교개혁의 노선이 단순히 시급한 발등의 불이나 끄자는 정도의 작은 모사(謀事)가 아니라, 적어도 달마가 선종을 개창한 것처럼, 근본적인 의미에서의 종교적 개혁을 추구하고 있음을 알 수 있다. 즉 수백 년 동안의 탄압을 견뎌 오는 동안 이미 이름만 남아 종교로서의 본질을 잃은 한국 불교에 종교적 생기를 불어넣어 그 본질을 회복시켜 보려는 원대한 포부가 밑에 깔려 있다고 보는 것이다. 이것은 곧 파사현정(破邪顯正)의 정신이요, 엘리아데(Mircia Eliade)가 말하는 종교적 재평가(religious revalorization)[73]의 정신과도 통한다고 할 수 있다.

제4편은 '논현전지당개혁자'(論現前之當改革者)라는 제목이 붙어 있는데, 그는 당면의 개혁과업으로 네 가지를 들었다. 먼저 제1장 '논구욕개혁어사물(論求欲改革於事物)인댄 당선개혁어심지(當先改革於心地)'에서는 첫 번째 과업으로 정신개혁을 역설하였다. 그는 한국 불교의 쇠퇴를 늙고 병들어 말라 죽어가는 나무에 비유하면서, 이 나무를 살리려면 무엇보다도 가지를 쳐주지 말고 그 뿌리를 북돋워주는 일에 총력을 기울여야 한다고 말한다. 즉 30여 본산에 6천, 7천의 많은 승려들이 '내 차마 이 가지가 병들어 썩게 할 수는 없다'고 하여 가지와 잎사귀를 향하여 침을 놓아 치료하고 있으니 격화소양(隔靴搔癢)과 같다는 것이다. 그는 부질없이 수고하지 말고 심전(心田)에 있는 신근(信根)의 아래를 향하여 비료를 주라고 주장한다.

嗚呼라 具曰維新而異於事者는 心不同故也오 心不同者는 信根이 不固也니

---

73) 엘리아데는 하나의 종교 현상이 이 종교적 재평가를 거쳤을 때에야 비로소 다시 반복될 가치가 있는 본보기적 모델로서 나타나므로 창조적이 될 수 있다고 하였다.(김종서, 〈현대 종교다원주의의 이해와 극복〉, 114~117쪽을 참조할 것)

請一其心하여 同歸於信하고 先維新於其心하며 後維新於其事어다.[74]

　　그는 당시에 모든 불교계 인사들이 개혁을 말하면서도 방법론의 이견으로 분열상을 보이는 것을 개탄하면서, 그 원인으로 불교에 대한 믿음이 굳지 못함을 지적하였다. 그리하여 무엇보다도 모든 불교계가 불교에 대한 믿음이 충실해야만 정신적인 통일을 기할 수 있고, 그런 다음에야 유신이 달성될 수 있다는 것이다. 여기서도 그의 불교개혁이 단순한 시무(時務) 또는 제도적 개혁이 아니라, 그것을 넘어서서 불교의 본질을 회복하려는 파사현정을 목표로 하는 것임을 알 수 있다. 더욱이 제도의 개혁에 앞서서 신앙의 확립을 강조하는 그의 주장에서 종교인의 참모습을 발견할 수 있으며, 그것은 또한 앞에서 지적한 바와 같이 '역의 일치'(Coincidentia Oppositorum)를 통해 인간 종교 경험의 근원적 통일성을 추구하려는 엘리아데의 종교적 재평가라는 개념과도 유사한 것이라고 생각한다.

　　제2장 '논단체지개혁'(論團體之改革)에서는 조선 불교가 이미 단체는 이루었으되 그 단체의 형태와 조직이 아직 부족하니, 오직 마음으로 뭉쳐진 단체라야만 한다고 주장한다. 그는 조선 불교가 겉으로는 뭉쳐진 것 같지만 실속은 그렇지 아니하니,

　　其力其心이 每每團結於無用之地하여 倘有一人이 做一事發一言하면 衆口衆心이 少不究其始末하고 便以詆毀訕謗으로 爲能事하니 雖或有可以善良之事業인들 一齊衆楚에 何오.…… 當面詆毀하고 內心含非하여 互相引之而入於反對方面하여 成一個形團力團矣로다. 所以로 十數年來에 爲吾教獻身努力

---

74) 權相老, 〈朝鮮佛教改革論〉, 《朝鮮佛教月報》 제14호(1913. 3); 《韓國佛教雜誌叢書》 第13券, 259쪽.

하여 期圖維新者不一不二로대 而恒今古如是하여 少不有進就的結果하니 長
太息者豈不是乎아…….75)

그는 불교계가 단결하지 못하여 똑같이 유신을 한다고 하면서도 서
로 반목하고 헐뜯는 현실을 강하게 비판하고 있다. 즉 아무리 선량한
목적으로 사업을 일으켜도 곧 여기에 대해 헐뜯고 방해하여 반대 방면
에 서서 또 다른 형태의 단체를 만들어 대립하게 된다는 것이다. 물론
여기서 말하는 불교계의 대립이라고 하면 구체적으로 원종과 임제종의
대립을 말하는 것으로 볼 수도 있다. 겉으로는 그가 어느 편을 두둔하
는 것으로 보이지는 않는다. 다만 똑같은 유신을 목적으로 하면서도 서
로 대립하고야 마는 불교계의 현실을 비판한 것이다. 결국은 당시의 현
실적인 불교조직이었던 '주지회의원'(住持會議院)을 중심으로 불교계가
하나로 뭉쳐 개혁을 추진해 나갔으면 하는 그의 소망을 피력한 것으로
볼 수 있다.

제3장은 '논재단지개혁'(論財團之改革)이니,76) 오늘날 불교가 그 도
의 우수성만을 믿고 재단 형성과 유지에는 관심을 두고 있지 않음을 우
려하였다.

吁嗟라 星羅碁布한 我朝鮮寺院이 殆近乎千有餘百而其歷史也 擧皆千有餘
年之久則其占領也도 亦不尠焉하여 森林也 土地也 建物也 器用也 古物也 寶
物也를 摠而言之하면 朝鮮內宗敎界財團으로는 可以第一指를 屈할만한 바

---

75) 위의 글, 334~335쪽.
76) 권상로가 《조선불교월보》에 연재할 때는 분명히 이 장(章)이 있었는데, 《퇴경당전서》
에 실려 있는 〈조선불교혁명론〉에는 이것이 빠져 있다. 아마도 그의 문도들이 원고를
편집하는 과정에서 무슨 이유에서인지는 모르겠지만, 의도적으로 이 부분을 뺀 것으로
보인다.

어늘 但以四方에 散在하여 向所謂心團이 未成하고 區區面面에 各自保管하
여 或則規模狹窄하며 或則法度解弛하여 彼我之畛域이 斯立에 自他之觀念이
因生하여 設或有共同的大關係大光彩가 生할 事業이라도 床頭錢을 只惜하여
公衆利益을 不顧하나니…….77)

즉 그는 불교가 1천여 년의 역사를 가진 종교로서 수많은 사찰이 수
많은 토지를 점령하고 있어 그 재산이 조선의 종교 가운데 제일 많지
만, 정신적인 단결, 즉 심단(心團)이 이루어지지 않은 관계로 각자의 이
익만 생각할 뿐, 공동의 이익을 돌아보지 않음을 비판하였다. 그리하여
앞에서 말한 두 세력, 즉 유신자(維新者)와 완고자(頑固者)가 각각 불교
재단의 개혁을 위해 노력해야 할 바를 다음과 같이 지적하였다.

維新者는 移其手하여 先使財團으로 敏活其生殖하고 頑固者는 轉其腦하
여 更於義務에 固執而不捨하면 同心相協하고 易地皆然하리니 於是焉吾儕는
有義務焉하며 有能力焉하여 如鳥兩翼하고 吾敎는 得財力焉하고 得手段焉하
여 如車兩輪이라. 雖使渾世界草木瓦石으로 盡成魔王하여 來作障難인들 其
於余敎에 何오.78)

즉 유신자와 완고자가 각각 자기 몫을 다하면, 불교는 의무도 있고
능력도 있으며, 재력도 있고 수단도 있어 마치 새의 양 날개처럼, 그리
고 수레의 두 바퀴처럼 굳센 종교가 될 수 있다고 하였다. 불교재단의
개혁을 논하면서도 그가 또 한번 강조하는 것은 불교계의 단합이다. 그
가 이 점을 얼마나 노심초사하였는지를 잘 나타내주는 바라고 하겠다.

---

77) 權相老,〈朝鮮佛敎改革論〉,《朝鮮佛敎月報》 제16호(1913. 5);《韓國佛敎雜誌叢書》 第13
卷, 412쪽.
78) 위의 글, 414쪽.

240

제4장은 '유감각심연후(有感覺心然後)에 능개혁기단체(能改革其團體)'
이다. 우선 그는 시대정신을 알지 못하고 폐쇄성만 고집하는 불교계의
우둔함을 비판하였다.

吾儕는 深山에 處하고 三昧에 入하여 時代의 變遷과 風潮의 飄蕩이 如何
한 程度에 到達함을 了知치 못하는 故로 三尺單前에 槐安枕이 依然하여 百
年光陰을 華胥夢으로 經過코자 하니 甚矣라 感覺心之乏少也며 宜矣라 感覺
心之乏少也로다.[79]

라고 하여 불교계는 감각심(感覺心)이 부족하여 마음으로 뭉쳐진 단체
를 이룩할 수가 없음을 개탄하였다. 그렇다면 부족한 감각심을 어떻게
하면 키울 수 있을 것인가? 사실 유신이라는 것도 특별한 것이 아니라,
때에 따라 적절하게 맞추어 나갈 따름이니, 시절의 순서를 미루어 관찰
하고 남과 나를 비교하면 일종의 새로운 감각이 생겨난다는 것이다. 여
기서 그의 불교개혁론이 종교학의 새로운 방법론, 즉 비교종교학적인
안목을 전제로 하였음을 알 수 있다. 즉 남과 나와 비교함으로써 자신
을 더 정확하게 알 수가 있고, 또 거기서 개혁할 문제도 확연히 드러난
다는 것이다. 바로 이러한 점들이 그의 불교학을 전통적인 것과 구분하
게 해주는 근대적인 특질이라고 할 수 있다.

제5장은 '논교육지당개혁'(論敎育之當改革)이다. 실상 그의 불교개혁
론에서 구체적인 각론적 방안 제시는 이제부터 시작이라고 할 수 있다.
그러나 그의 불교개혁론이 바로 여기서 미완인 채로 끝을 맺고 더 이상
나아가지 못하니 아쉬운 일이 아닐 수 없다. 불교개혁론을 더 이상 펴
지 않은 이유는 분명하지 않지만, 우선 생각할 수 있는 것은 그가 편집

[79] 위의 글, 488쪽.

과 발행을 책임졌던 《조선불교월보》의 폐간과 어떤 관련이 있지 않을
까 싶다. 아울러 1913년 5월에 한용운의 《조선불교유신론》이 단행본으
로 발간되는 것을 보고는, 자신은 불교개혁론의 횃불을 당긴 것에 만족
하고, 이후로는 한국 불교사의 정리와 자료 수집에 더 힘을 쏟았기 때
문이 아닌가 추측해 본다.

아무튼 그의 구체적 개혁방안을 간단히 요약하면 다음과 같다. 우선
그는 불교계의 급선무로 간경(看經)과 참선(參禪), 전도포교(傳道布敎)를
들었다. 그러나 그 가운데서도 그가 가장 강조한 것은 교리의 연마이
다. 그는 교리를 강조하여 말하기를,

> 敎理에 不明하면 參禪도 盲棒痴喝에 不過하고 傳道布敎도 譫言魔說에 不
> 外하리니 此不得不敎理를 先明할지오 敎理를 明코자 할진대 不得不學人을
> 養成할지오 學人을 養成코자 함에는 不得不敎育의 機關을 改良하여야 할
> 지로다.80)

라고 하여 교리의 중요성을 강조하면서, 교리를 배우는 학인을 양성하
기 위한 교육기관의 개량을 주장하였다.

그렇다면 교육기관의 개량이란 구체적으로 무엇인가? 그는 첫째 사
범(師範)이요, 둘째 서적이며, 셋째 체제요, 넷째 장소라고 했다. 그 가
운데에서 먼저 사범의 개혁을 논파하였는데, 타성에 젖어 있는 안일한
강사들을 신랄하게 비판하였다.

> 多少杜撰長老는 只得解了幾句幾字하면 便肆然高踞하여 自處以知解宗師
> 하되 至若深經奧義하여는 好似㧑圇呑棗하나니 這般塵拂下에 如何産得碧眼

---

80) 위의 글, 557쪽.

兒리오.…… 試思하라 講宗에 對하여 從來諸方之崇拜歆慕가 果然如何하였
는가 四集幾卷만 學就하여도 通方學者로 待遇하고 大教幾科만 誦得하여도
巨擘宗匠으로 推尊하여 事之若第二佛이 出世하니 於是乎에 無恥之徒가 窺
作利名하여 尋行數墨으로 爲能하다가 一期에 冒了豎幢(所謂入室)하여는 便
靦然自許하여 玷了丈席하되 人莫敢誰何하니 朝鮮佛教界의 覇權은 講師의
特有獨享에 歸하였도다.[81]

우리는 이 글에서 그가 한국 불교의 강원 교육을 이끌어 온 강사들의
행태에 대해 얼마나 비판적인 견해를 가졌는지 잘 알 수 있다. 승려들
을 교육하는 강원의 수준은 곧 한국 불교학의 수준을 가늠하는 잣대가
된다고 할 수 있다. 따라서 강사들의 안일한 태도에 대한 그의 비판은
곧 전통 불교학에 대한 비판이다. 그는 전거도 확실하지 못한 몇 자 글
귀를 가지고 마치 대학자인양 권위를 내세우는 전통 불교학 강사들의
학문 행태와 수준을 강하게 비판하였다. 이제 불교개혁의 구체안을 제
시하면서 그가 전통 불교학과 강원 교육체제의 개혁을 제일 먼저 내세
우는 것은 불교학자로서 그의 면모를 유감없이 보여주는 것이며, 또한
그를 전통 불교학자들과 구분 지어 볼 수밖에 없는 점이기도 하다.

그의 불교개혁론은 이와 같이 불교 교육제도의 개혁을 논하면서 끝
났다. 그 뒤에 쓰기로 예고되어 있는 서적·체제·장소의 개혁에 대한
논의도 다 끝맺지 못한 채 중단된 것이다. 불교계 전체에 대한 개혁관
의 전모를 파악할 수 없는 것이 아쉽기는 하지만, 앞의 논의만 보더라
도 당시에 그가 가졌던 개혁사상의 성격은 충분히 파악할 수 있다고 생
각된다. 그것은 권상로 자신이 전통 강원 교육을 통해 성장했으면서도
전통 불교학을 상당히 비판적으로 보고 있으며, 불교의 근대적 변용에

---

[81] 위의 글, 558쪽.

대하여 상당히 깊은 관심을 가지고 개혁의 논지를 펼쳐 나갔다는 점이다. 이러한 근대적 개혁정신이 있었기에 뒷날 《조선불교약사》의 저술을 비롯한 한국 불교의 역사적 체계화 작업이 가능했던 것이며, 그의 불교학을 근대적인 방향으로 이끌 수 있었던 것이라고 생각된다.

이상 그의 개혁론을 종합해 보면, 권상로는 지난날 불교계의 구습을 철저히 비판하는 가운데, 다가오는 종교경쟁시대에 불교가 승리하기 위해서는 이런 악습을 한번에 타파할 것을 강력하게 주장하였다. 당시 《조선불교월보》에 실렸던 권상로의 개혁이론은 교계에 상당한 반향을 불러왔고, 이후 한국 불교의 개혁 논의에 불을 지폈다고 할 수 있다.

그의 불교개혁론은 당시로서는 상당히 선구적이었고, 1년 뒤 한용운의 《조선불교유신론》을 공간(公刊)하는 촉매로 작용한 것도 사실이다. 다만 그의 불교개혁론이 한용운처럼 지속적인 실천운동으로 승화되지 못하고 이론적인 천착에 그쳤으며, 오히려 1937년 중일전쟁 이후에는 완전히 반동화되어 일제에 순응하는 친일적인 방향으로 바뀌었다는 데 문제가 있고, 이것이 그의 불교개혁론의 한계라고 할 수 있다.

1.2.4. 불교 포교 및 교학 진흥의 노력

앞에서도 언급했듯이 권상로는 모든 수도(修道)의 목적을 포교에 두고 있을 만큼 포교를 매우 중시하였고, 또 일생을 포교와 그것을 위한 교학의 진흥에 몸을 바쳤다고 해도 과언이 아니다. 그것은 또한 당시의 불교계가 처한 현실에서 모든 불교인들의 최대의 과제였으며 불교 개혁의 제1차적 목표이기도 했다. 그는 포교와 교학의 중요성을 강조하여 말하되,

余는 吾敎의 過去를 溯源하며 現在를 考案하고 未來를 推定하야 左의 二

244

　　個 事業을 決擇하노니 曰布敎 曰遊學이라 하노라. 何오 하면 卽宗敎라 하는
것은 卽吾人의 歸宿地라. 到底히 一二個人의 肉身上 生活이나 名譽上 運動
에 止하던지 又는 獨善의 趣旨이나 獨自 解脫의 目的으로 成立치 아니하야.
唯一의 眞理와 無量한 羣品을 上求下化하는 吾敎인즉 遊學이 아니면 敎理
를 如何히 敎宣布할가. 惟思하시오? 三千年 歷史를 遊學과 布敎의 二種을
除한 外에 更히 何事가 有한가.[82]

라고 하여 종교의 목적상 포교와 교학은 가장 중요한 사업임을 강조하
였다.

　한편 그는 〈조선 교계의 시급한 문제〉라는 글[83]에서 출가(出家) 목적
은 곧 수도(修道) 있으며, 수도란 일체 중생을 모두 제도하여서 한가지
로 삼계(三界)의 고해(苦海)를 뛰어나고 한가지로 무상(無上)의 열반을
얻으려는 것이라고 하는 등 무엇보다도 포교에 대한 중요성을 강조하
였다. 그는 당시의 불교계가 교육기관이 부족하고, 보도기관으로서 불
교 잡지가 원활히 간행되지 못하는 등 많은 어려움에 직면하였음을 지
적하면서, 이러한 모든 어려움을 헤쳐 나갈 수 있는 유일한 방법은 오
직 포교 하나라고 주장하였다. 그는

　　포교를 盡善히 하고 보면 法衆도 이에서 늘고, 法財도 이에서 불을 것이
요, 人才 養成도 거게서 되고 人物 動員도 거게서 되어서 不知不識의 中에
朝鮮은 佛國化하고 人民은 佛子化하여 무엇이던지 爲之而成하고 命之卽至
할 것이다.[84]

82) 權相老, 〈佛敎 普及的 二大 事業〉, 《佛敎振興會月報》 제9호(1915. 11); 《韓國佛敎雜誌叢
　　書》 제16권, 724쪽.
83) 權相老, 〈朝鮮佛敎界의 時急한 問題〉, 8～13쪽.
84) 위의 글, 11쪽.

라고 하여 포교만이 불교를 살릴 수 있다고 하였다.

그는 조선 불교에 모든 것이 부족하지마는 그 가운데서도 제일 부족한 것은 포교사업이라고 보는 것이다. 선원(禪院)에 가면 참선 대중도 있고, 강당에 가면 경학자도 있고, 염불하는 이도 있고, 지주(持呪)하는 이도 있고, 가장 많기로는 말사(末寺) 주지나 본사(本寺) 사무원 의자를 넘보고 쟁탈하려는 이는 곳곳에 오히려 수효가 너무 많지마는, 포교사(布敎師)만은 지원하는 이도 별로 없고 할 만한 자격도 많지 못하니 이는 어찌된 연유인가? 그는 그 이유로 두 가지를 들었다.

첫째는 몇 백 년 동안 탄압 받던 습관이 굳어져서 참선·간경·염불 등의 근본목적이 중생제도에 있는 것을 잊어버리고, 지금도 될 수 있는 대로 깊이깊이 들어가서 인간사회와는 아주 담을 쌓아버리고, 다만 자구해탈(自求解脫)로 돌아가게 된 것이 그 하나요, 둘째는 사중(四衆)을 앞에 앉히고 높다란 설상(說床)에 올라앉아서 경전을 새기는 것만으로써 포교로 오인한 때문이라는 것이다. 그는 설교와 포교를 혼동하면 안 된다고 하면서, 꼭 승상설법(陞床說法)만이 포교가 아니고, 어떠한 일언일행(一言一行)·일물일사(一物一事)라도 중생에게 이롭게 하여 그들로 하여금 고로(苦勞)를 없애고 위안을 받게 하는 것이면 모두가 포교라는 것이다. 보시(布施)·애어(愛語)·이행(利行)·동사(同事)의 사섭법(四攝法)이 포교에서 제일 요소임을 생각하면 어느 것이나 포교 아니 될 것이 없으니, 다만 자리(自利)를 위한 것만을 없애면 그 나머지는 모두가 포교에 적용된다는 것이다.[85]

그렇다면 포교를 하기 위해서 어떻게 준비를 해야 하는가? 그는 문자의 포교가 설교나 강연보다 훨씬 중요하다고 한다. 즉 포교라는 것은

---

[85] 權相老, 〈布敎師 推薦 檢定을 마치고〉, 《新佛敎》 제63집(1944. 8), 4~7쪽.

246

홍학(興學)이 전제되지 않고서는 소기의 목적을 달성할 수 없다는 것이다. 그는 강학과 포교에 대한 결심을 피력하면서 다른 승려들의 분발을 촉구하여 말하기를,

新年을 當하여 나의 願하는 바는 무엇보담도 布敎에 專力하고 合心하여 內的으로는 어느 經論 하나라도 그대로 남겨둔 것이 없이 죄다 飜譯하고 講釋하여 刊行하며, 外的으로 어떤 사람을 勿論하고 낱낱치 佛敎의 讀物 한 券씩을 가지고 있게 되기를 目標로 하여 이것으로써 全人類를 敎化하고 이것으로써 全事業을 成就하자는 一段의 蒭言을 吐露하는 바이다.
그저 七千 僧侶는 다 각각 쓰라. 벳기라. 飜譯하라. 解釋하라. 그리하여 印出하라. 頒布하라. 朝鮮 佛敎로 하여금 朝鮮 佛敎의 面目을 維持케 하고 朝鮮 人民으로 하여금 朝鮮 佛敎를 信仰케 하는 것은 오직 이것을 除하고는 他道 없을 것을 敢히 斷言하는 바이다.86)

라고 하였다. 그가 얼마나 포교와 교학을 중시하고 있는가를 잘 보여주는 대목이라고 하겠다.

또한 그는 불교경전의 간행과 보급을 역설하고 있으니,

朝鮮佛敎家는 許多한 經卷을 積而不讀하며 藏而不露하야 先聖法言으로써 世에 應用치 못하고 但講學家幾個尊師의 實惜에 止할而已니 一切諸佛도 皆從經出하니 所在之處는 卽爲有佛若尊重弟子언마는 但尊之敬之하야 束之高閣이면 其流通傳續은 杳無其人하리니 諸佛出興하사 爲衆說法하신 本懷에 어찌 契合하리오.87)

86) 위의 글, 13쪽.
87) 權相老, 〈敎籍 刊行의 必要〉, 《朝鮮佛敎月報》 제6호(1912. 7), 2쪽.

라고 하여, 위대한 불교경전이 유통되지 못하고 오직 고각(高閣)에서 잠자고 있는 현실을 비판하였다. 여기서 더 나아가 그는 일본과 중국의 활발한 경전 간행사업을 예로 들면서, 이런 사업에는 관심조차 없고 꿈속에 빠져 있는 한국 불교의 현실에 대해 개탄을 금치 못하였다. 즉

和璧이 雖寶나 璞을 不剖하면 誰가 十五城으로 論價하며 金言함이 雖重이나 世에 不用하면 誰가 無上道인줄 認證하리오. 是以內地各宗은 一切經論을 和文講譯하야 遂使五千萬太和民族으로 佛法海에 同遊케 하니 民氣의 培養과 國家의 昇平이 其基點은 此에 實在하도다. 又於近日에 佛書刊行會를 東京에서 組織하며 支那도 佛敎會를 上海에서 唱導하야 流通에 勉勵하되 唯我朝鮮法侶는 夢夢然不以爲慮하야 其至於陳篇古簡으로 知하는 者 居多하니 然而敎門의 興隆을 安望하리오. 況朝鮮은 海印藏本이 世界에 無論한 一大寶藏이오 其他에 板本이 種種하니 其便利함이 比較的無限便利하야 少加心力이면 流通의 速이 電光으로 더부러 較量할지어늘 法侶는 何를 憚하야 此를 不爲하나뇨.[88]

라고 하여 교문(敎門)의 흥륭을 위해서는 무엇보다도 경전 간행이 필수적임을 강조하였다.

이렇게 포교와 교학, 또는 간경을 최상의 수행으로 여기던 그였기에 그는 불교학의 체계 수립을 위해 나름대로 최선을 다하여 노력하였다. 우선 우리나라에서 최초로 불교 월간 잡지인 《조선불교월보》를 창간(1912)하여 편집 겸 발행인으로 활약했고, 또한 한용운의 《조선불교유신론》(1913)보다 앞서서 역시 최초로 〈조선불교개혁론〉(1912)을 써서 다른 불교개혁론의 선봉이 되었으며, 이능화의 《조선불교통사》(1918)

보다 앞서서 우리나라 최초의 불교 통사인 《조선불교약사》(1917)를 썼고, 해방 후 1953년에는 종합대학으로 승격한 종립(宗立) 동국대학의 초대 총장을 역임하는 등 불교학에 관한 그의 저서나 불교계 안에서의 활약상은 어느 것 하나 선구적이지 않은 것이 없다.

또한 일제하에 간행되었던 많은 불교 잡지 가운데서도 가장 오랫동안 명맥을 유지했던 《불교》(1924. 7~1933. 8)의 창간호부터 통권 83호(1931. 5)까지 7년여 동안 편집 겸 발행인으로서 활약하면서 그 지면을 통해 100여 편의 논설을 남겼으며, 한국 불교사 자료의 집성에 주력하여 《이조실록불교초존》을 비롯한 방대한 자료집을 내는 등 당시 한국 불교계에서 그의 활약상은 참으로 눈부시며, 당시 불교 지성계를 이끌어 갔음을 알 수 있다.

《조선불교약사》(1917)는 삼국시대부터 당시까지의 1,500여 년의 일을 편년체 형식으로 기술한 책인데, 한국 불교사에 관한 최초의 통사로서 이능화의 《조선불교통사》(1918)보다도 1년여 앞서 발간되었고, 일본인 다카하시(高橋亨)의 《이조불교》(1929)나 누카리야(忽滑谷快天)의 《조선선교사》(朝鮮禪敎史; 1931), 그리고 서양인의 한국 불교 연구에도 자주 인용되는 등[89] 한국 불교학의 성립에 선구적인 저서라고 하겠다.

특히 주목되는 점은 부록으로 〈제종종요〉(諸宗宗要)라고 하여 삼론종(三論宗), 성실종(成實宗), 열반종(涅槃宗), 지론종(地論宗), 선종(禪宗), 섭론종(攝論宗), 구사종(俱舍宗), 천태종(天台宗), 율종(律宗), 정토종(淨土

---

[89] 예를 들어 한말, 일제하 서양인의 한국 종교 연구에서 총결산으로 평가되는 업적으로는 클라크(Charles Allen Clark, 郭安連, 1878~1961)의 *Religions of Old Korea*(N.Y.: Fleming H. Revell Company, (1929)1932)가 있는데, 이 책은 영문으로 된 최초의 체계적인 한국 종교 종합 개론서인바, 여기서 불교에 대한 부분은 주로 권상로의 《조선불교약사》에 의존하였음을 알 수 있다. 이 점에 대해서는 김종서, 〈한말, 일제하 한국종교 연구의 전개〉, 264쪽을 참조할 것.

宗), 법상종(法相宗), 화엄종(華嚴宗), 진언종(眞言宗) 등 한국 불교사에 등장하는 여러 종파의 종요(宗要)를 상술함으로써, 호교적 교리사가 아니고 우리나라 불교 종파의 변천과 사회와의 관계를 이해할 수 있도록 해주는 중요한 재료를 제공했다는 점이다. 다만 간략한 편년사에 그쳤기 때문에 저자의 사관이 잘 드러나지 않았다는 점은 이 책의 한계로 지적된다.

《한국사찰전서》(韓國寺刹全書; 1963)는 각종 문헌자료에서 한국 사찰 관계 기사를 채록하여 총 6,320여 사암(寺庵)을 '가나다' 순으로 배열, 수록해 놓은 것으로 200자 원고지로 5천여 매나 되는 방대한 분량이다. 각 사찰에 대해서 소재지, 존폐 여부, 창건, 연혁, 중요 기사 등을 차례로 기술하고 끝에 전거를 밝혀 놓은 것이다. 권상로가 이 자료를 수집하기 시작한 것은 30대부터였다고 하니, 자그마치 50여 년의 적공(積功)으로 이루어진 셈이다. 그는 우리나라 불교에 역사가 없는 것을 개탄하여 먼저 《동국여지승람》의 사찰 자료를 열람이 쉽도록 '가나다' 순으로 배열하고, 그 위에 《범우고》(梵宇攷), 《가람고》(伽藍考)의 자료를 덧붙였으며, 현재의 사찰들은 각 본산에 의뢰하여 얻는 대로 기입해 나간 것이라고 한다. 여기에는 《진휘속고》(震彙續考), 《지제지》(支提誌)와 같은 희귀자료들을 총망라하였고, 비록 폐사(廢寺)라 하더라도 그 출전까지 밝혀가며 상세하게 기록하는 등 한국 불교사의 정립에 매우 귀중한 저서로 평가받는다.

한편 한국 불교사 분야의 저술로는 위에 든 두 책 말고도 《신찬조선불교사》(新撰朝鮮佛敎史), 《한국선종약사》(韓國禪宗略史), 《조선불교사개설》(朝鮮佛敎史槪說) 등이 있다. 이 책들은 대개 그가 중앙불교전문학교 교수 시절 강의 노트로 썼던 것으로, 앞에 나온 《조선불교약사》와는 그 편집과 체재가 약간씩 다르다. 우선 《신찬조선불교사》는 《조선불교약사》와 달리 연대순으로 기술해 나가지 아니하고, 요목(要目)을 정해 서술해 나가되, 주로 불교사에 족적을 남긴 중요한 승려나 인물을 중심으로 사료를 정리해 나간 것이 특색이다. 그런데 이 책은 강의용 교재였기 때문인지는 몰라도, 삼국과 고려시대까지만 썼고 조선시대는 빠뜨린 채로 끝을 내고 있다.

《한국선종약사》는 한국 조계종의 선맥(禪脈)이 중국 선종 가운데 특히 혜능(惠能) 계열의 남종선(南宗禪)에서 온 것임을 분명히 하면서, 한국 불교사 가운데 선종과 관련된 자료만 따로 모아 중요한 논점 위주로 서술해 나간 것이다. 구산선문(九山禪門)의 개창(開創)으로부터 시작해서 선말(鮮末)의 경허(鏡虛)에 이르기까지, 한국 선종의 종풍이 어떻게 변천해 왔는가를 알 수 있는 좋은 자료이다.

《조선불교사개설》은 1,500여 년의 한국 불교사를 약 500년씩 나누어 제1기인 신라시대까지를 '불교향상시대', 제2기인 고려시대를 '불교평행시대', 그리고 제3기인 조선시대를 '불교쇠퇴시대'로 보아, 불교가 수입되어 서서히 발전해 오다가 고려를 거쳐 조선으로 넘어오면서 차차 쇠퇴되는 과정을 시대적인 개관을 통해 약술해 나간 책이다.

이상에서 살펴본 바와 같이 그는 불교개혁의 차원에서 포교 및 교학의 진흥을 위해 한평생을 노력했다고 할 수 있다. 수도(修道)의 목적도 결국은 포교에 있다고 했고, 불교계의 모든 문제점과 어려움을 해결할 수 있는 유일한 방도도 포교의 진흥밖에는 다른 것이 없다는 그의 주장에서 학자이기에 앞서서 한 종교의 성직자, 즉 승려로서의 그의 모습을 보게 된다. 또한 그가 조선 불교에서 제일 부족한 것은 포교라고 하면서 신랄한 비판을 가하는 대목에서는 그의 개혁가로서의 모습도 보게 된다.

강학과 출판을 강조하였고, 경전의 간행과 보급을 역설하였던 것도 포교의 진흥을 위한 것이었으며, 그의 모든 불교학 연구도 결국은 포교 차원에서 이루어진 것이었다. 포교를 강조하다보면 자연 호교론적인 측면이 강조되기가 쉽겠지만, 권상로는 무엇보다도 현실을 비판하는 개혁의 입장에 섬으로써 어느 정도 객관적인 자세를 유지하였다고 생각된다. 이러한 객관적인 자세가 결국은 한국 불교의 역사적 체계화와 그것을 위한 자료의 정리라는 근대적인 학문 연구를 가능하게 했다.

무엇보다도 그가 남긴 한국 불교사에 대한 많은 자료들은 모든 면에서 선구적이며 독보적인 것들이어서 오늘날 후학들의 불교학 연구에 지남이 되고 있으며, 그의 활약상 또한 여러 가지 면에서 최초의 자리를 차지하는 부문이 많아 오늘날 그의 학문을 새롭게 조명해 볼 만한 충분한 조건이 된다. 또한 한국 불교 종파의 기원 문제라든지, 불교사의 시대구분 같은 불교학의 쟁점들을 처음으로 문제삼아 한국 불교학의 방향 정립에도 공헌한 바가 크다고 하겠다.

2. 종교인식의 근대성 비교

자신이 신봉하는 종교 전통뿐만 아니라 인간의 모든 종교현상을 객관적인 연구의 대상으로 체계적으로 다루기 시작한 것은 19세기 이후로 나타난 근대적인 현상이다. 즉 호교론적인 성격을 띠던 전통적인 종교 연구와는 달리 자신의 종교적 실천과 믿음에서 우선 한 발자국 물러나 어떠한 신앙적 전제도 없이 종교현상을 객관적 학문으로서 연구하려는 것은 인류역사에서 새로운 현상이다.

그런데 이러한 종교 연구가 가능하게 된 것은 무엇보다도 종교다원주의의 일반화와 관계가 깊다. 즉 다른 종교집단들이 경쟁적 상황에 공존하고 있음이 인정될 때 객관적인 종교 연구의 동기가 형성되는 것이다. 또한 그것이 과학적인 연구가 되기 위해서는 다른 종교에 대한 자료들을 체계화하고 조직화할 수 있는 어떤 일정한 방법론의 적용이 필수적이다. 종교학의 초창기를 특징 지울 수 있는 중요한 방법론은 비교의 방법과 진화론이었다고 할 수 있다.

이런 점들을 고려해 볼 때 우리나라에서 객관적이고도 과학적인 종교 연구가 시작된 것은 구한말부터라고 할 수 있다. 이때로부터 일제 강점기까지를 넓은 의미에서 한국 종교학의 성립기로 보아도 좋을 것이다. 우선 이때에 와서야 비로소 한국에서는 각개 종교들에 대한 유개념(類槪念)으로서 '종교'라는 용어가 등장하였고, 이른바 '신교의 자유'로 인해 종교다원주의가 일반화됨으로써 종교학이 태동될 수 있는 여건이 형성되기 시작했기 때문이다.[90]

이 당시 한국의 종교학은 대개 세 가지의 흐름으로 정리될 수 있다. 첫째는 여행가적 호기심과 선교적 목적으로 한국의 종교현상을 검토했던 서양인들의 연구가 있었고, 둘째는 식민지 통치를 위한 현황 파악이라는 실용적 목적에서 연구했던 일본인들의 연구가 있었으며, 마지막으로 좀 더 주체적 관점에서 우리의 종교를 스스로 탐구했던 한국인들의 업적이 있다.[91] 이 당시의 한국 종교 연구는 대체로 문헌 및 자료의 체계화라는 측면에서 오늘날까지도 깊은 영향력을 발휘하고 있으며, 방법론적으로는 진화론과 비교의 방법을 중심으로 다양한 방법론들이 시도됨으로써 오늘날의 좀 더 발전된 연구를 위한 시금석 역할을 했다고 평가할 수 있다.

90) 김종서, 〈한말, 일제하 한국종교 연구의 전개〉, 245쪽.
91) 위의 글, 246~247쪽.

이러한 근대적인 종교 연구는 물론 서구 종교학의 영향을 받은 면이 적지 않다. 그러나 한국 종교학 성립기의 연구를 통해서 우리는 자생적인 한국 종교학의 성립이라는 측면을 아울러 주목해야 한다. 당시의 한국적 상황이 독자적인 종교 연구의 동기를 제공했다고 볼 수 있기 때문이다. 그런 점에서 우리나라 사람으로 한국 종교 연구를 본격적으로 개척한 대표적인 인물로서 이능화와 권상로를 꼽을 수 있다. 두 사람은 학문적 성향이나 입장에서는 다른 점이 많이 있지만, 무엇보다도 당시의 종교 상황과 종교학적 방법론에 대한 인식이라는 면에서 선구적이었으며, 방대한 저술을 통한 자료의 제공이라는 면에서 독보적인 측면이 있기 때문이다. 특히 두 사람은 민족 근대화의 가능성을 전통 종교인 불교에서 찾으려 했던 신전통주의적 사고방식의 소유자로서,92) 전통문화와 근대화의 양립 가능성 모색을 통해서 전통 불교의 근대적 변용에 어느 정도 기여했다는 측면에서 주목해야 할 것이다.

이능화와 권상로는 두 사람 모두 당시 한국 불교의 대표적인 지식인으로서 상당한 정도의 종교학적인 지식을 가지고 있었다. 먼저 한국 종교에 대한 분류를 보면 이능화는 한국 종교를 신교(神敎; 風流道 및 巫祝 포함), 불교, 도교, 유교, 기독교 등 다섯 개로 파악하였다.93) 이에 비해 권상로는 고종교, 불교, 선교(仙敎), 유교, 기독교, 신흥종교의 여섯 개로 파악한다.94) 이능화는 신흥 종교를 도교의 범주에 넣은 데 비해

---

92) 서구문화의 충격이 밀려왔을 때, 지식인들의 반응 유형은 대개 세 가지로 나타난다. 첫째는 전통문화를 완전히 부정하면서 기독교로 개종하는 개종주의이며, 둘째는 이와는 정반대로 서구문화와 기독교를 부정하면서 전통문화의 우월성과 자족성을 주장하는 전통주의이고, 셋째는 전통문화의 우월성을 주장하면서도 서양의 근대적 기술을 이용할 수 있다는 생각인데, 이를 신전통주의라고 이름할 수 있을 것이다. 이 점에 대해서는 고재석, 앞의 책, 46~47쪽을 참조할 것.

93) 李能和, 《朝鮮基督敎及外交史》, 緖言.

권상로가 이것을 따로 떼어서 보는 것을 제외하고는 거의 유사한 분류라고 생각된다.

그런데 두 사람이 모두 종교와 밀접한 관련이 있는 삶을 살았다고 할 수 있지만, 두 사람의 종교관은 약간씩 다르게 나타나는데, 이것은 아마도 그들의 성장 배경과 이력의 차이 때문일 것이다. 우선 이능화가 제일 먼저 접했던 종교는 유교였는데, 어려서 한학을 닦으면서 유교에 대해 비판적인 생각을 가지고 있었다는 점이 주목된다. 그가 다음으로 만난 종교는 기독교인데, 그것은 부친의 영향과 유창한 외국어 실력 덕분이었다. 그는 민족의 근대화와 관련하여 기독교를 상당히 긍정적으로 평가하고 있다. 물론 그에게 가장 많은 영향을 끼친 종교는 불교라고 할 수 있다. 그가 불교에 빠졌던 요인으로는 개화사상의 영향과 세계적인 일본 불교학에 대한 문화적 충격 등을 말할 수 있지만, 두 번에 걸친 독특한 종교 경험이 크게 작용했다고 할 수 있다.[95] 결국 이능화는 여러 가지 계기를 통해서 다양한 종교를 만날 수 있었던 것 같다.

이에 비해 권상로가 제일 먼저 인연을 맺었던 종교는 불교였으며, 불교 승려가 되어 종교관이 뚜렷하게 정립된 다음에야 기독교와 유교, 도교 등 여러 종교를 접할 수 있었다. 이능화만큼 뚜렷한 계기를 통해 여러 종교들을 접하지는 못했지만, 격동하는 당시의 내외 정세 속에서 어쨌든 불교가 아닌 다른 종교에 대해서도 각별한 관심을 가졌던 것만은 사실이다.

그들 다 불교 신앙인이었지만, 다른 종교에 대한 입장은 완전히 달랐

---

94) 權相老, 〈朝鮮宗教史草稿〉, 《退耕堂全書》 제8권, 853~855쪽.

95) 불교에 대한 첫 번째 종교 경험은 10세 무렵에 쌍장선사(雙杖禪師)와의 인연을 통해 불교의 중도(中道)사상에 관심을 갖게 된 것을 말할 수 있고, 두 번째 경험은 32세 때 《원각경》을 읽으면서 불교의 평등주의를 깨닫게 되었던 것을 들 수 있다.

다. 그들의 종교관에서 두드러진 차이점은 기독교 및 서구 문화에 대한 태도이다. 이능화는 기독교를 상당히 긍정적인 시각으로 본다. 그 이유는 기독교가 한국 사회의 개화에 커다란 공헌을 했다는 것이다. 따라서 상대적으로 유교에 대해서는 한국의 개화를 더디게 했다 하여 비판적으로 보았다. 여기서 그가 종교를 판단하는 기준이 교리나 실천에 관계된 것이 아니라 사회적인 기능과 관계되었음을 알 수 있다. 이에 견주어 권상로는 기독교를 비판적으로 보았으며, 기독교의 급속한 침투에 대하여 동양 종교의 단결을 호소하였다. 그가 기독교를 비판하는 이유는 인간의 도덕 배양을 소홀히 하기 때문이라는 것이다. 따라서 유교에 대해서는 상당히 긍정적이다. 여기서 그가 종교를 판단하는 기준은 종교의 윤리적 측면을 문제삼는 것으로서 상당히 전통 옹호적인 것처럼 보인다.

이와 같은 두 사람의 종교관 비교를 통해서 우리는 그들의 진정한 학문적 관심, 또는 주제가 각각 달랐음을 알게 된다. 먼저 이능화의 학문적 관심은 '민족 근대화의 가능성 모색'이었다. 사실 그에게 불교 연구는 그 자체가 목적이었던 것은 아니다. 오히려 그는 어려서 유교의 엄격한 생활문화와 주자학의 독선적 태도에 대해 비판의식을 가지면서부터 조선이 낙후된 원인을 찾는 데에 관심을 가졌고, 그러한 문제의식은 곧 기독교를 긍정적으로 보게 했으며, 특히 불교의 평등주의를 높이 평가하게 만들었다. 이것은 개화주의자나 민족주의사학자들의 문제의식과도 매우 유사하다. 결국 그는 불교적 개화주의자였던 셈이다.

이능화에 비해서 권상로의 학문적 관심은 '문화적 주체성의 확립'이라는 측면에서 살펴볼 수 있다. 그의 종교관은 서양 문화의 급속한 침투에 대해 일말의 불안감을 가지고 있던 전통 종교의 입장을 그대로 대변하였다고 해도 과언이 아니다. 이러한 전통 종교의 위기의식은 백용성(白龍城)이 기독교의 적극적인 포교에 대한 자극과 그들이 불교를 비방하는 데 격분하여 《귀원정종》(歸源正宗; 1910)을 저술하여 교리적인 논박을 가한 것[96]과도 일치한다고 할 수 있다. 권상로는 강원 교육을 통해서 전통적인 유불도(儒佛道) 3교를 섭렵한 전통적 지식인이었고, 또 그 자신 승려였기 때문에 단순히 학문적 관심으로서만 종교를 대했던 이능화와는 달리 교단의 수호라는 측면에서도 이런 관점을 가질 수밖에 없었다고 할 수 있다.

이처럼 그들의 근본적인 문제의식과 종교를 대하는 태도는 확연히 달랐지만, 당시의 종교적 상황과 종교를 연구하는 방법론에 대해서만은 공통적인 인식을 가지고 있었던 것 같다. 우선 그들은 이른바 '신교의 자유'로 인한 다종교 상황이라는 시대인식을 분명히 하고 있었다. 다원적 종교 상황에 대한 분명한 인식은 결국 자기 종교와 타종교들을 비교해 보는 작업으로 이끌었으며, 생존경쟁과 적자생존을 강조하는 사회진화론의 전파는 비교종교 연구를 더욱 부추겼다고 할 수 있다. 요컨대 그들은 타종교의 존재 자체를 분명히 인식하는 바탕 위에서 그들의 종교 연구를 해나갔다.

더욱이 그들이 타종교의 존재 자체를 인정하는 것에서 한걸음 더 나아가 종교현상들을 있는 그대로 보려고 하는 종교현상학(宗敎現象學)이나, 하나의 종교가 더 이상 배타적인 권리를 누릴 수 없고 모든 종교가 꼭 같은 위치에서 상호 경쟁해야 한다는 종교다원주의적인 시각마저 가지고 있었다는 점은 높이 평가할 만한 부분이다. 이러한 선구적인 시

---

[96] 백용성은 《귀원정종》(歸源正宗)의 서언(緖言)에서 "做出二百十七種見解하여 痛排佛敎하며 西敎之類가 以排佛로 爲己能하여 毁言이 載路하여 岡有紀極이라"고 하여 기독교의 공격적인 포교에 대한 경계심을 표현하고 있다.(白龍城, 《歸源正宗》 緖言章, 《龍城大宗師全集》 권8)

대인식이 있었기에 불교 포교 및 교학 발전을 위한 개혁의 청사진을 제시할 수 있었고, 그러한 개혁의 일환으로서 전통 불교학을 근대적인 학문으로 발전시키는 데에 앞장설 수 있었다. 따라서 그들의 종교인식은 근대 한국 불교학을 성립시키는 데 중요한 변수로서 다루어져야 할 것이다.

한편 그들이 타종교의 존재를 인정하고 있었던 만큼 그 종교들에 관한 자료들을 체계적으로 조망할 수 있는 근대적인 방법론에 대해서도 관심이 많았다고 할 수 있다. 두 사람의 종교학에 대한 체계적 습득은 바로 최초의 근대적인 불교학교인 명진학교 시절에 이루어졌다. 이능화는 종교사 담당 강사로, 권상로는 1회 졸업생으로서 위치는 달랐지만 어쨌든 교수와 학습을 통해서 두 사람이 종교사 및 종교학에 대한 이론을 체계화할 수 있었을 것이다. 두 사람은 모두 당시의 세계적인 종교 연구방법론에 대해 정확히 이해하고 있었는데,[97] 이 점이 그들을 전근대적인 학문 태도에서 탈피하여 근대적인 학문 연구자로서 평가할 수 있는 하나의 근거라고 하겠다. 결국 두 사람은 모두 한국 종교학에 근대적인 방법론을 도입한 선구자로서 평가될 수 있을 것이다.

당시 종교학에서 유력한 방법론으로는 진화론과 비교법이 있었다. 두 사람은 모두 이러한 방법론을 정확히 알고 있었으며, 그러한 방법론을 한국적 상황에 적용하여 한국의 종교들을 나름대로의 시각으로 조망해 보려고 했다. 물론 이러한 작업이 가능해진 배경에는 사회진화론의 영향이 컸다. 즉 모든 종교는 저급한 데서 고급한 방향으로 발전해

---

[97] 권상로는 그의 저서 《조선종교사》(1937), 846~847쪽을 통해 종교학의 2대 방법론을 정확히 기술하고 있고, 이능화는 종교학의 방법론을 직접 기술한 글은 발견되지 않지만, 그의 모든 저술들을 분석해 볼 때, 그가 종교학의 방법론에 입각해서 연구를 진행해 나갔음은 분명한 사실이라고 하겠다.

나간다는 관념이 고종교 및 무속 등 민중종교에 대한 관심을 불러 일으
켰던 것이다. 다시 말해서 모든 사회는 꼭 발전하는 것이라는 사회진화
론의 도입이 결국 근대적인 종교학적 방법론의 수용을 가능하게 한 토
대로 작용했다는 것이다.

따라서 이능화와 권상로는 한국 종교의 기원 탐구에 상당한 노력을
기울였다는 공통점이 있다. 이것은 진화론적 종교 연구의 필연적인 결
과라고 할 수 있다. 이들이 한국 종교의 기원을 단군신교(檀君神敎)에
두고 있음은 공통되는 부분이다. 또한 이 신교를 추적하는 방법론에서
오늘날 원형을 파악하기는 어려우니 그 잔류물 또는 잔영인 무속을 통
해서 추적할 수 있다는 생각도 똑같이 하고 있었다. 즉 단군신교가 최
근 민중의 종교생활에까지도 잔영으로 남아 영향을 끼치고 있다고 본
것인데, 이것은 초창기 종교인류학자들의 종교 기원 연구와 매우 흡사
한 착상이라고 할 수 있다.[98] 그들이 당시 서양에서 유행하는 종교학의
흐름에 정통해 있었음을 다시 한번 확인할 수 있다.

또한 두 사람의 종교기원론에서 나타나는 공통점으로 중요시되는 것
은, 두 사람의 이론이 모두 민족사학자들의 민족 주체적 입장과 통한다
는 점이다. 즉 이능화가 도교사를 다루면서 우리나라가 바로 도교의 시
원국이라는 주장을 펼친 점이나, 권상로가 우리나라의 고종교를 통해
서 동아시아 여러 민족의 종교 기원을 발견하려고 했던 점은 모두 애국

---

[98] 초창기 인류학적 종교 연구를 가능케 했던 요소들로는 첫째 원시민족과의 접촉, 둘째
선사시대 고고학의 발달 등을 꼽을 수 있지만, 그 이론적 배경으로 중요시되었던 것은
잔류물(survivals)이론이라고 할 수 있다. 즉 일종의 살아있는 화석으로 원주민 부족들을
연구해 보면 그 기원 및 태고사의 문제를 밝혀낼 수 있다는 것이다. 이것은 또한 유럽
농민들의 민간신앙을 연구하게 되면서 민속학의 발전을 가져오게 된 직접적인 원인이
었다고도 볼 수 있다. 이 점에 대해서는 에릭 샤프 저/윤이흠·윤원철 역,《종교학—그
연구의 역사》, 73~76쪽을 참조할 것.

계몽적인 민족 주체적인 사관을 잘 드러내 주는 것이다. 이것은 일제강점기라는 시대적인 배경 아래에서 결코 과소평가할 수 없는 중요한 의미를 갖는다고 할 수 있다. 다만 학문적인 엄밀성이 부족한 주장이라는 측면에서 일정한 한계를 갖는다고 하겠다.

한편 종교 기원에 대한 연구가 진화론적인 종교 연구방법이라면, 그와는 다른 측면에서 종교를 연구하는 방법으로 종교양태론(宗敎樣態論) 또는 종교유형론(宗敎類型論)이 있다. 두 사람은 종교 기원에 대한 연구뿐만 아니라, 나름대로 여러 종교의 비교연구를 통해서 독특한 종교유형론을 펼치고 있다. 이능화로서는 《조선종교사》가 그런 연구방법을 보여주는 대표적 저서이고, 그 밖에 여러 글에서 나름대로의 기준을 가지고 다양한 종교유형론을 펼쳤던 것이다.99) 권상로도 도덕성의 유무라든가 인격신과 비인격신, 천(天)의 등급 등과 같은 여러 가지 기준을 가지고 나름대로의 종교유형론을 펼쳤다. 특히 이들이 '천'에 대한 신앙을 가지고 모든 종교들을 한자리에서 비교한 것은 종교의 근원적 동일성을 추구하는 것으로서 방법론에서 상당히 의의 있는 연구로 평가된다. 이것은 결국 일반 이론의 정립을 통해서 인류문화의 보편성을 추구하려는 것으로서 종교학적으로 상당히 선구적인 시각이라고 할 수 있다.

이상을 종합해 볼 때 이능화나 권상로는 두 사람 모두 한국 종교학의 선구자로서 당시로서는 첨단의 종교학 방법론을 습득함으로써 나름대로 과학적이고 주체적인 종교 연구를 해 나갔다고 평가된다. 그러나 그

---

99) 이런 안목에서 집필된 대표적인 논문으로서 〈多神敎, 一神敎, 無神敎〉, 《佛敎振興會月報》 제4호(1915. 6); 《韓國佛敎雜誌叢書》 제16권, 299~307쪽과 〈多妻敎, 一妻敎, 無妻敎〉, 《佛敎振興會月報》 제5호(1915. 7); 《韓國佛敎雜誌叢書》 제16권, 394~403쪽을 예로 들 수 있다.

들이 전통적인 학문 배경을 가졌기에 어느 정도 한계를 가진 것도 사실이다.

첫째는, 두 사람이 모두 독실한 불교신앙인으로서, 방법론상으로 근대적인 측면이 없지는 않지만, 그러나 전체적인 기조는 상당히 불교 호교론적인 측면으로 기울어져 있다는 것이다. 따라서 그들의 종교 연구는, 과거 타종교의 도전에 대한 수동적 대응, 즉 호불론적 회통론(護佛論的會通論)의 범주를 크게 벗어나지는 못한 것이라고 하겠다. 아울러 그들의 종교 연구에서 근대적 의미의 종교학적 시각을 기대한다는 것은 무리일는지 모른다. 그렇지만 그들이 다른 종교의 존재를 분명히 인식하고 있었으며, 종교간의 관계로부터 비교연구를 시도하였다는 측면에서 확실히 전통적인 호불론에 비해서는 진일보한 면이 있다고 하겠다.

둘째는, 두 사람의 자료를 다루는 방법에 대한 것이다. 즉 그들이 방대한 양의 자료들을 모아 후학들의 연구에 도움을 주고 있는 것은 사실이지만, 그 자료가 적절치 않은 것이 많고, 또 부정확하게 인용된 것이 많다는 점이다. 이것은 당시 자료 수집이 필사(筆寫)에 의한 것이 대부분이었다는 점에서 불가피한 한계라고도 볼 수 있겠지만, 원자료들을 잘못 해석하여 인용한 것도 많다는 것이다.[100] 또한 그들이 자료를 모으는 과정에서 현지조사를 소홀히 하고 단지 문헌적 연구에만 의존했다는 점도 한계로 지적될 수 있다.[101]

셋째는, 주로 역사 서술에서 사관(史觀)이 결여되어 있다는 것이다.

---

[100] 최근에 이능화에 대한 학계의 관심이 높아지면서, 그의 저서들에 대한 교감(校勘)이 이루어지는 것은 바로 이러한 한계로 인한 오류들을 바로잡아보려는 시도라고 할 수 있다. 그 대표적인 성과로는 서영대, 〈이능화 《조선무속고》 교감(校勘)〉, 《비교민속학》 5·6·7호(1989~1991)를 예로 들 수 있다.

[101] 김종서, 앞의 글, 292쪽.

즉 그들의 저술들이 단순한 자료집의 성격으로 자신의 주장이나 사관이 잘 나타나 있지 않다는 것이다. 아울러 고대·중세·근대와 같은 시대구분법을 사용한 역사 서술이 아니라 왕조의 흥망에 따른 편년체의 통사식 서술이며, 전통적 역사 서술방식인 편년체(編年體), 기사체(記事體), 연의체(演義體)가 적절히 혼합된 데 불과하다고 평가되기도 한다.102)

지금까지 살펴본 바와 같이 이능화와 권상로는 여러 가지 면에서 아직까지 전통적인 학문 배경에서 완전히 자유로울 수 없다는 한계는 있지만, 종교 상황에 대한 인식이나 종교학적 방법론의 적용이라는 측면에서 상당히 근대적인 면들을 많이 보여주었다고 생각한다. 특히 불교를 연구하는 데에서 신앙의 관점이 아니라 되도록 객관적인 자세로 보게 된 점, 그리고 불교를 진보적인 사관에 따라 역사적으로 조명하게 된 점 등은 모두 이러한 근대적인 종교인식의 바탕 위에서 가능했던 것임을 밝혀두고자 한다.

3. 근대 한국 불교학 성립에 끼친 공헌 비교

학문적인 면에서 근대 한국 불교학 성립에 직접적으로 영향을 끼친 요인으로는 대개 세 가지를 꼽을 수 있다. 조선 후기 교학의 발달과 사회진화론의 수용, 그리고 일본 불교학의 영향이 그것이다.

첫째, 조선 후기 교학의 발달은 근대 한국 불교학이 성립되는 자체적

---

102) 장효현, 〈이능화의 국학〉, 775쪽.

인 토대로서 중요하다고 할 수 있다. 조선 전기의 불교는 숭유억불 정책에 의한 불교 종파의 강제 통폐합으로 무종(無宗) 산승(山僧)의 황폐기로 접어들게 되고, 선종(禪宗)의 계파만이 명맥을 유지하게 되었다. 교종(敎宗)의 몰락은 이론적 발전의 침체뿐만이 아니라, 불교의 몰락을 불교계 스스로가 자인하는 결과가 되고 말았다. 그러던 것이 조선 후기로 넘어오면서 화엄(華嚴)을 중심으로 하는 강학(講學)의 대가들이 연이어 나오고 사기(私記) 논쟁과 삼종선(三種禪) 논쟁 등 토론이 활성화됨과 동시에 실학의 고증학적인 비판정신이 더해지면서 교학의 발전은 극치에 이르게 되었다.

둘째, 사회진화론은 비판적인 자의식을 통한 객관성의 유지와 방법론의 적용을 통한 과학적인 연구를 가능하게 함으로써 불교학의 근대화에 공헌했다고 할 수 있다. 즉 사회진화론의 생존경쟁의식은 불교개혁의 사조를 형성했고, 거기에서 비판적인 자의식이 생겨났다고 할 수 있다. 이것은 불교를 여러 종교 가운데 하나로 볼 수 있는 객관적인 시각을 유지하게 했다. 또한 사회진화론은 종교도 진화 또는 진보해 간다는 사고를 일반화시킴으로써 종교학 초창기의 2대 방법론인 진화론과 비교법을 적용할 수 있게 했다.

셋째, 한국 불교의 근대화와 관련하여 일본 불교의 영향은 이미 유대치(劉大致)와 이동인(李東仁) 등 개화사상가들로부터 시작되었다고 할 수 있다. 그 뒤 일본은 식민지 획득을 위한 종교 침략정책의 일환으로 여러 차례에 걸쳐 일본에 시찰단을 파견함으로써 한국 불교의 지도자들을 포섭해 나간다.[103] 이능화와 권상로도 모두 일본 시찰단의 일원으

---

103) 여기에 대해서는 이능화, 〈內地에 佛敎視察團을 送함〉, 313쪽과 鄭珖鎬, 〈日帝의 宗敎政策과 植民地佛敎〉, 《近代韓國佛敎史論》(민족사, 1992), 81쪽을 참조할 것.

로서 일본을 방문함으로써 일본의 발전된 불교문화에 충격을 받았다고 하는 것은 앞에서 밝힌 바 있거니와,[104] 그들은 그 뒤 불교 연구에서도 일본의 근대 불교학을 통해 많은 시사를 받았던 것으로 보인다.

이 점을 좀 더 자세히 살펴보기 위해서 당시 일본 근대 불교학의 상황과 관련하여 이능화와 권상로가 어떻게 연관되어 있는지 알아보기로 한다. 일본의 불교는 대개 메이지(明治) 후기에 이르러 기독교와 불교계의 대립이 의식되면서 불교사상의 근대화가 이루어지기 시작하는데, 그 흐름은 크게 다음의 세 가지로 나누어진다.[105]

첫째는, 근대적인 자아의 자각에 기초한 불교신앙의 확립이다. 진종(眞宗) 대곡파(大谷派)의 학승으로 《아함경》(阿含經)을 연구한 기요자와(淸澤滿之; 1863~1903)의 정신주의는 메이지 30년대의 사상계에 한 사조를 형성하였고, 그 문하에서 다다(多田鼎), 아케가리수(曉烏敏), 소가(曾我量深), 가네코(金子大榮) 같은 인재가 배출되었다. 이 밖에 무아애(無我愛)를 설한 이토(伊藤証信), 일등원(一燈園)을 설립한 니시다(西田天香)가 이러한 흐름에 속한다.

둘째는 종문(宗門) 또는 교학의 개혁에서 이루어졌다. 특히 무라우에(村上專精; 1851~1929)는 《불교통일론》(佛敎統一論)에서 불교 교학을 혁신해서 각 종파의 통일을 주장했는데, 그의 대승비불설(大乘非佛說)은 불교계 전반에 큰 반향을 울렸다. 특히 이 《불교통일론》을 권상로가 번역하여 《조선불교월보》 제3호부터 18호까지 16회에 걸쳐 연재하여 우리나라 불교학자들에게도 큰 영향을 끼쳤다.[106]

---

104) 이능화는 1907년에 정부시찰단의 일원으로, 권상로는 1917년에 불교시찰단의 일원으로 일본을 방문하게 된다.

105) 당시 일본 불교학의 상황에 대한 개요적 설명은 中村元・山田統 編, 《世界思想敎養辭典》(東京堂, 1965), 26~27쪽을 참조했음을 밝혀둔다.

106) 또한 무라우에(村上專精)는 1917년 3월5일 오타니(大谷光演), 난조(南條文雄) 등과 함께

셋째는, 종전의 한역(漢譯) 불전(佛典)에 의존하던 태도를 버리고 직접 산스크리트와 팔리어를 통해 원전 연구에 착수한 근대 불교학이다. 난조(南條文雄), 다카쿠스(高楠順次郎), 오기와라(荻原雲來), 나가이(長井眞琴)가 그 개척자이며, 다이쇼(大正)와 쇼와(昭和)기를 통해서는 기무라(木村泰賢), 우이(宇井伯壽; 1882~1963)가 큰 업적을 남겼다. 이후 일본 불교계는 동양의 전통적 사상을 서양 철학의 논리에 의해서 재구성한 니시다(西田幾太郎; 1870~1945)에 의하여 새로운 전기를 맞는데, 특히 그의 《선의 연구》(善の硏究; 1911)에서 순수 경험의 사상은 다이쇼기를 통해 가장 큰 영향력을 남겼다. 이능화와 권상로 또한 이러한 일본 불교학의 영향으로 불교 잡지에 산스크리트 연구를 위한 참고자료를 남겼다.107)

이상으로 볼 때 두 사람 모두 일본 불교학의 영향을 직접적으로 받았거나, 아니면 최소한 그것에 대한 상당한 지식을 가지고 있었고, 그것을 바탕으로 하여 나름대로 근대 한국 불교학의 성립을 위해 학문적 노력을 기울여 나갔다고 보인다. 물론 이것은 이 두 사람뿐만 아니라 한용운을 비롯해서 당시 불교계 지식인의 일반적인 경향이었다고 볼 수 있는데, 이동인(李東仁)이 일본의 불교문화와 개화 사조를 소개한 이래로 불교계에서는 일본이 근대 사상과 학문의 수입 통로로서 지속적인 영향을 미쳤던 것이라고 볼 수 있다.

근대 불교학과 전통 교학의 결정적인 차이는 호교적인 교리 연구나

내한하여 〈일본불교사의 특색〉을 강연했는데, 이때 한용운·이능화·권상로를 비롯한 교계의 지도자들이 그를 면담하기도 했다. 이에 대해서는 《조선불교총보》 제5호(1917. 7); 《한국불교잡지총서》 제14권, 276~296쪽과 《조선불교총보》 제4호(1917. 6); 《한국불교잡지총서》 제14권, 237쪽을 참조할 것.

107) 李能和, 〈梵語譯解〉《佛敎振興會月報》 第1~4호와 權相老, 〈梵譯類輯〉, 《朝鮮佛敎月報》 第2~4호와 權相老, 〈梵語略譯〉, 《朝鮮佛敎界》 第1~3호.

훈고학적인 연구를 탈피하여 객관적이고 과학적인 불교 연구로 발전되었다는 점이다. 그런 점에서 이능화와 권상로는 전통 교학과 근대 불교학의 접점에 자리하고 있다고 하겠다. 그들의 학문 수련 과정을 볼 때 공통점은 둘 다 전통적인 한문 교육을 충실히 받았다는 것이다. 풍부한 한문 실력이 그들의 전통 문화 연구에 기본적 자질이 되었음은 물론이다. 다만 이능화는 우리나라 사람으로 최초의 프랑스어 교수를 지내는 등 외국어에 정통해 있었으므로, 외국 서적을 통해 신학문을 섭렵했다는 것이 큰 특징으로 지적될 수 있다. 따라서 그는 서양문화에 대해 비교적 호의적인 태도를 가질 수 있었다. 이에 비해 권상로는 전통 한학을 쌓은 뒤에 또 전통 강원에서 동양의 고전을 중심으로 내외전(內外典)을 섭렵함으로써 전통문화에 대한 자부심이 대단했고, 서양문화에 대해서는 상당히 경계하는 태도를 보였다.

이런 점을 감안할 때 권상로가 훨씬 더 보수적이며 전통적인 종교관을 가졌다는 것은 어쩌면 당연한 일인지도 모른다. 그러나 그들의 저술에 나타난 문체를 가지고 본다면 오히려 이능화가 더 보수적임을 알게 된다. 즉 이능화는 거의 모든 저서를 순한문체로 기술하였는 데 견주어, 권상로는 때로는 순한글로 글을 쓰는 실험정신을 보여주기도 했고, 최소한 거의 대부분의 저술을 국한문 혼용으로 쓰고 있다는 것이다. 아마도 이것은 두 사람의 신분 차이에서 연유하는 것일지도 모른다. 즉 이능화는 거사(居士)요 학자였기에 단순히 학문적인 관심으로 글을 썼지만, 권상로는 승려였기에 포교적인 차원에서라도 독자들을 의식하지 않을 수 없었다는 것이다.

이렇게 두 사람의 학문적 이력이나 문체를 놓고 볼 때, 여전히 전통적인 한계에 머물러 있다는 평가가 가능할 것이다. 그러나 두 사람의 학문이 근대적인 성격을 가졌다고 볼 만한 측면 또한 무시 못할 부분이

다. 그런 시각을 가능하게 하는 가장 중요한 사실은 두 사람이 모두 새
로운 시대적 사조 속에서 불교의 생존을 담보하기 위한 불교개혁의 이
념을 강력하게 견지하였다는 점이다. 그들의 근대적 불교학 연구도 사
실은 이러한 불교개혁의 일환으로 펼쳐진 것이다.

불교개혁론을 글로 남긴 이는 권상로이다. 이능화에게는 권상로처럼
강력한 불교개혁론을 주장하는 글은 발견되지 않는다.[108] 아마도 이것
은 앞에서도 언급했듯이 국내자(局內者)와 국외자(局外者), 즉 승려와
학자라는 서로 다른 처지에서 비롯된 듯하다. 즉 권상로는 직접 종단에
참여하는 승려로서 불교의 제도적인 개혁을 누구보다도 뼈저리게 느꼈
기에 이를 글로 써서 승려들의 분발을 촉구했던 것이고, 이능화는 그것
을 권상로만큼 심각하게 느끼지는 않았으며, 현실적인 제도의 개혁보
다는 다소 이론적인 천착에 기울어졌을 것이라는 해석이 가능하다.

오히려 이능화는 불교개혁에 앞서, 자신감을 잃고 방황하는 한국 불
교의 정체성을 확립하는 것이 더 시급하다는 생각을 가졌던 것이 아닐
까? 그리하여 이능화는 그의 불교학 연구의 첫 업적으로 타종교에 대한
불교의 교리적 우월성을 논구한 《백교회통》을 집필했던 것이다. 따라
서 이능화의 《백교회통》은 종교다원주의적 입장에서 불교의 자신감과
정체성을 확립하려는 이론적 시도라고 평가할 수 있을 것이다. 물론 권
상로의 경우에도 이렇게 단행본으로 나온 저술은 없지만, 다른 종교와
불교를 비교 고찰하는 수많은 글을 통해서 이능화와 똑같은 문제의식
을 드러내었다.

---

108) 이능화는 권상로와 같이 불교개혁을 이론적으로 논구한 업적을 남기지는 못했지만 그
　　가 불교 지식인의 중앙에서 거사불교운동을 이끌며 불교계몽운동을 적극적으로 펼쳐
　　나갔던 것은 또 하나의 불교개혁운동으로 평가할 수도 있다. 이러한 관점에 대해서는
　　양은용, 〈근대 불교개혁운동〉, 139～165쪽을 참조할 것.

그런데 이들이 불교의 우수성을 확신한 것은 단순한 이론적인 천착이라기보다는 각자 불교에 대한 깊은 신앙과 독특한 종교 경험에서 우러나오는 것이라고 할 수 있다. 특히 그들의 불교사상을 살펴보면 근대성을 상당히 확보했음을 알 수 있다. 즉 이능화는 불교의 '중도적 평등주의'사상으로부터 민족 근대화의 가능성을 찾았으며, 권상로도 역시 '만각(滿覺)의 평등주의'를 강조하면서 여러 종교에 대한 불교의 우수성을 찾고 있는데, 이것은 두 사람의 불교관이 평등주의를 중심으로 일치하고 있음을 보여준다.

결국 두 사람의 불교사상 속에서 우리는 서구 민주주의의 평등사상을 전통문화인 불교에서 찾으려는 주체성을 확인할 수 있는데, 불교의 근대적 변용과 관련하여 상당히 중요한 의의를 갖는다고 할 수 있다. 특히 전통 강원에서 교육을 받은 권상로까지도 이런 근대적 사고방식을 가질 수 있었다는 것이 주목되는 점이다. 즉 그 자신 기독교와 서양문화를 비판하면서도 오히려 그들의 기준을 가지고 전통 불교의 우수성을 드높였다는 점은 하나의 아이러니라고도 할 수 있다. 아마도 그것은 철저하게 현실적이요 현상에 따른 활용을 중시하는 그의 불교사상이 작용했기 때문일 것이다. 이러한 현실적 원융적 불교사상은 당시 불교계의 처지에서 볼 때 가장 시의적절하며 또 활용 가능성이 많았던 것이라고 할 수 있다.

이 밖에도 두 사람은 타종교와 불교를 비교연구하면서 불교의 우월성을 여러 가지로 논급하고 있다. 사실 이런 작업은 호불론적 회통론과 크게 다르지 않다고도 볼 수 있다. 하지만 전통적 회통론이 타종교의 공격에 대한 방어적 논리라고 한다면, 이들의 회통론은 새로운 시대에 다른 종교와의 경쟁에서 우월성을 확보하기 위한 능동적이고 자신감에 찬 이론이라고 규정할 수 있다. 그렇지만 그들이 한국의 종교다원현상을 분명히 인식하고 있었으며, 또 그런 바탕 위에서 모든 종교의 근원적 동일성을 탐구하는 데로까지 나아갔다는 점에서 어느 정도 근대적인 학문 태도를 보여주었다고 생각한다. 이러한 객관적인 학문 태도가 불교학의 수준을 한 단계 높였음은 더 말할 필요가 없다.

앞에서도 언급했듯이 불교개혁은 권상로에게서 더욱 강하게 표출되었다. 당시 불교개혁론은 시대적인 대세였는데, 이것을 가장 앞장서서 제기했던 이가 바로 권상로이다. 그런데 당시의 많은 불교개혁론에서 공통적으로 제기되는 개혁의 1차적 목표는 포교와 교학제도의 개선이었다고 할 수 있다. 예를 들어 한용운은

조선 불교가 유린된 원인은 세력이 부진한 탓이며, 세력의 부진은 가르침이 포교되지 않은 데 원인이 있다.…… 포교의 방법은 본래 하나가 아니다. 혹은 연설로 포교하고, 혹은 신문·잡지를 통해 포교하고, 혹은 경을 번역하여 널리 유포시켜 포교하고, 혹은 자선사업을 일으켜 포교하기도 하며, 백방으로 가르침을 소개해 그 어느 하나가 결여될까 걱정해야 함에도 불구하고, 지금 조선의 불교는 이런 기도가 전무한 형편이다. 모르거니와, 이 밖에 따로 무슨 도리가 있는가. 대답을 듣고 싶다.[109]

라고 하여 포교에 힘쓰지 않는 불교계의 안일함을 비판하면서 다양한 포교의 방법을 제시하였다. 또한 박한영도 포교의 필요성은 시급한 일인데 포교하기 위한 여건과 자세가 갖추어지지 않았음을 비판하면서, 포교의 방도로 네 가지를 제시하였다.

---

109) 韓龍雲, 〈朝鮮佛敎維新論〉, 《한국근대민중불교의 이념과 전개》(한길사, 1980), 50~54쪽.

一은 靑年徒弟를 急先敎養하되 眞正한 敎科로 明辨之博學之하여 當來에 世界的 布敎人을 涵育할 事, 二는 敎壇의 講明材料를 簡易淸楚로 爲要하여 大乘敎理를 益益開演할 事, 三은 布敎人의 資格은 悲智願三心 鼎立不退로 爲要하며 小我를 頓忘하여 敎體로 自身을 俱化할 事, 四는 布敎人이 身語意業이 典雅不俗하며 黨同伐異하는 野見을 蕩滌하고 耿介한 學術로 和氣接人할 事.110)

라고 했다.

이러한 시대적인 조류를 누구보다도 먼저 깨달았던 권상로는 그 자신 승려로서 포교와 교학 진흥의 필요성을 피부로 느꼈을 것이고, 기회 있을 때마다 그 중요성을 역설했다. 그는 문자의 포교가 설교나 강연보다 훨씬 중요하다고 하였고, 포교라는 것은 흥학(興學)이 전제되지 않고서는 뜻한 바 목적을 달성할 수 없다고 주장하였다. 또한 교학의 흥륭을 위해서는 경전의 간행이 필수적임을 역설하면서, 일본과 중국의 활발한 경전 간행사업을 예로 들어 경전 간행에 소홀한 한국 불교의 현실을 개탄하였다.

이러한 인식의 바탕 위에서 그는 스스로 불교학의 체계 수립과 자료 수집에 역점을 두었으며, 가장 먼저 〈조선불교개혁론〉이라는 글을 발표하여 불교학계에 큰 반향을 불러왔다. 그의 불교개혁론은 사회진화론에 입각한 종교경쟁시대에 폐쇄적으로 옛 관습만 그대로 따르는 조선 불교계를 비판하면서, 적극적인 인위적 개혁을 주장하였다. 특히 그는 불교의 개혁을 위해서 불교계가 하나로 단합할 것을 촉구하면서 석가의 탄생이나 달마의 동래(東來)처럼 근본적인 의미에서의 종교적 개

---

110) 朴漢永, 〈將何以布敎利生乎아〉, 《海東佛報》 제2호(1913. 12); 《韓國佛敎雜誌叢書》 제17권, 84쪽.

270

혁, 즉 파사현정(破邪顯正)을 역설하였다. 그는 개혁의 당면과업으로 독실한 믿음으로 돌아가는 정신적 개혁, 신구 세력의 협력으로 현실적 사업을 추진하기 위한 재단의 개혁, 시대정신에 민감하여 남과 나를 비교해 볼 수 있는 감각심의 회복 등을 제시하였다.

이러한 정신적 무장을 바탕으로 하여 그가 제시하는 개혁의 핵심대상은 교육제도의 개혁이다. 그는 불교계의 급선무로 간경(看經)과 참선, 포교를 들고 있으며, 교리의 연마를 촉구하였다. 그리하여 교리를 배우는 학인을 양성하기 위한 교육기관의 개량을 주장하였는데, 구체적으로는 사범·서적·체제·장소의 개혁을 제시하였다. 그는 전통 강원 교육을 통해 불교를 배웠으면서도 전통 불교학을 비판하였는데, 이러한 비판정신 속에서 그의 불교학이 추구하는 근대적 의의를 끄집어낼 수 있다고 본다.

그런데 불교개혁의 핵심을 교육제도의 개혁에 두는 것은 당시 개혁사조를 가지고 있던 모든 불교 지식인의 공통된 견해였다. 예를 들어 박한영은 불교가 쇠퇴한 이유를 운수소관이나 유교의 탄압 등 외연(外緣)의 소치로만 돌리는 것을 비판하면서

內因의 衰點은 麗朝全盛時代로부터 難醫할 病根이 遺傳蔓延함이니라. 大分自敎上眞相敎育이 不完全함으로 理海와 福田을 民族社會에 發揮需益은 不可能하였고…….111)

라고 하여 불교계의 가장 큰 문제점으로 교육의 부재를 꼽았다. 또한 한용운도 그의 《조선불교유신론》에서 사소한 장구(章句)의 훈고(訓詁)

---

111) 朴漢永, 〈佛敎의 興廢 所以를 探究할 今日〉, 240쪽.

에 집착하여 남의 의견을 꺾고 내 의견을 세우는 데에 급급하여 결국은 학계의 사상적 자유를 가로막는 전통 승려교육의 폐단을 비판하면서,

> 그 지혜와 박학과 아울러 사상의 자유가 결핍한 것이 우리 승려의 학문이 오늘에 와서 타락하고 만 까닭이니, 배우는 사람들은 어찌 반성함이 없을 것인가.[112]

라고 하여 승려 교육제도의 개혁을 촉구하였다. 그리하여 그는 승려 교육의 급선무로 세 가지를 꼽았는데, 불교의 전문학에 들어가기 위한 기초교육인 보통학(普通學), 승려를 교육시킬 수 있는 교사를 양성하기 위한 사범학(師範學), 그리고 선진 문명을 배워 우리의 모자라는 부분을 보충할 수 있는 외국 유학이 바로 그것이다.

한편 이능화와 권상로의 불교개혁 이념은 그들이 불교계에서 행한 계몽활동을 통해서도 살필 수 있는바, 무엇보다도 불교 전문잡지의 발간을 주도하면서 대중계몽과 여론의 환기를 시도했다는 점을 주목해야 할 것이다. 우선 권상로는 실질적으로 최초의 불교 전문잡지인 《조선불교월보》(1912. 2〜1913. 8, 통권 19호)와 《불교》(1924. 7〜1931. 5, 통권 83호)의 편집 겸 발행인으로서 가장 장기간 불교 잡지를 책임졌다. 또한 이능화는 《불교진흥회월보》(佛敎振興會月報; 1915. 3〜1915. 12, 통권 9호), 《조선불교계》(朝鮮佛敎界; 1916. 4〜1916. 5, 통권 3호), 《조선불교총보》(朝鮮佛敎叢報; 1917. 3〜1921. 1, 통권 21호)의 편집 겸 발행인으로 활약했다. 이들은 단순히 발행 책임자로서 활약한 것만 아니라 스스로도 수백여 편씩의 논문을 발표하고 있어서, 당시 불교계의 여

---

112) 韓龍雲, 〈朝鮮佛敎維新論〉, 35쪽.

론을 거의 선두에서 이끌어 나갔다고 해도 과언이 아니다. 또한 이 잡지들을 통해서 고승들의 전기와 비문들을 많이 발굴 소개함으로써[113] 한국 불교사 서술을 위한 자료를 제공했다는 측면에서도 의의가 깊다고 생각한다. 그리하여 이러한 불교 잡지들은 그 동안 잠자고 있던 불교계의 역사인식을 고취하고, 불교의 우수성을 널리 계몽하는 데 큰 역할을 해낼 수 있었다.

앞에서 이능화와 권상로의 근대적 불교학 연구는 사실상 불교개혁의 일환으로 전개된 것이라는 점을 밝힌 바 있다. 또한 불교개혁에 앞서서 한국 불교의 정체성을 확립한다는 차원에서 타종교에 대한 교리적 우월성을 천착해 나갔음도 살펴보았다. 그러나 여기에만 머물렀다면 그들의 불교 연구가 근대성을 확보했다고 평가받기는 어려웠을 것이다. 이것을 뛰어넘어서 한국 불교를 역사적으로 조망했다는 점에서 그들을 근대 한국 불교학 성립의 공로자로 자리매김할 수 있었다. 물론 더 발전된 방법론을 적용한 철학적 과학적 불교 연구는 한참 뒤에야 나오지만, 그러한 발전된 연구를 가능하게 해 주는 자료의 체계적 정리라는 측면에서 한국 불교사의 정립은 커다란 의의를 갖는 것이며, 바로 여기서 근대 한국 불교학의 여명은 밝았다고 할 수 있다.

따라서 근대 한국 불교학의 성립기라고도 할 수 있는 이 시기는 역사학적 방법론에 입각한 자료의 축적과 정리로 특징 지울 수 있으며, 이러한 작업을 선구적으로 해 나갔다는 점에서 이능화와 권상로를 주목

---

113) 예를 들어 그 자신 발행을 책임졌던 《조선불교월보》를 통해 권상로는 〈大覺國師 碑文〉, 《朝鮮佛敎月報》 제2호(1912. 3), 17~25쪽과 〈太古和尙碑銘〉, 《朝鮮佛敎月報》 제3호(1912. 4), 23~27쪽을 비롯해 열아홉 번에 걸쳐서 고승(高僧)들의 비문을 발굴 소개하고 있으며, 또한 〈順道和尙傳〉, 《朝鮮佛敎月報》 제1호(1912. 2), 36~37쪽과 〈阿道和尙傳〉, 《朝鮮佛敎月報》 제2호(1912. 3), 32~34쪽 등 8명의 고승 전기를 싣고 있다.

하게 된다. 다만 권상로는 자료의 수집에 좀 더 치중하여 최초의 한국 불교 역사서라는 지위를 차지하고 있는 《조선불교약사》(1917) 이외에도 필생의 작업으로 《한국사찰전서》(韓國寺刹全書), 《이조실록불교초존》(李朝實錄佛敎鈔存), 《한국불교자료초》(韓國佛敎資料鈔), 《삼국사기불교초존》(三國史記佛敎鈔存), 《증보문헌비고불교초존》(增補文獻備考佛敎鈔存), 《고려불교초존》(高麗佛敎鈔存) 등의 자료집을 내놓음으로써 한국 불교사 서술을 위한 기초를 제공했다는 점에서 근대 한국 불교학의 성립에 기여했다. 대신 그의 불교사서에는 그 자신의 의견이나 사관이 별로 드러나지 않는다는 단점이 있다.

이에 비해 이능화는 많은 자료집을 내지는 못했지만, 그의 《조선불교통사》(1918)가 나름대로의 체계를 가지고 많은 자료들을 포함하고 있으며, 또 한국 불교학사에서 중요하게 다루어지는 많은 논점들을 담고 있어서, 오늘날까지도 없어서는 안 될 중요한 참고 도서가 되고 있다는 점에서 높이 평가된다. 따라서 이능화의 《조선불교통사》를 중심으로 그들이 남긴 쟁점들을 살펴보면 다음과 같다.

우선 역사 서술에서 중요한 것은 사관과 함께 시대구분의 문제라고 할 수 있다. 역사 연구에서 시대구분은 그 처음이요 끝이라 할 수 있을 만큼 중요한 작업이다. 왜냐하면 미시적인 연구성과를 종합하고 음미하는 작업의 총체적인 결정이기 때문이다. 따라서 불교사 연구가 호교론적 입장에서 벗어나 객관적이고도 보편적인 학문으로 진입하기 위해서 시대구분은 꼭 필요한 작업이라고 할 수 있다.114)

그런데 특수사로서 한국 불교사를 최초로 서술한 이능화와 권상로는 한국 불교사의 시대구분을 어떻게 하였는가? 이능화는 한국 불교사를

---

114) 허흥식, 《한국중세불교사연구》(일조각, 1994), 3~5쪽.

274

경교창흥시대(經敎創興時代), 선종울흥시대(禪宗蔚興時代), 선교병륭시대(禪敎並隆時代), 선교통일시대(禪敎統一時代), 선교보수시대(禪敎保守時代)로 구분한 바 있고,[115] 권상로는 불교향상시대(佛敎向上時代; 佛敎輸入時代, 敎宗分立時代, 禪宗蔚興時代), 불교평행시대(佛敎平行時代; 餘烈繼承時代, 衰退兆萌時代), 불교쇠퇴시대(佛敎衰退時代; 壓迫絶頂時代, 中間明滅時代, 維持殘喘時代), 갱생과도시대(更生過渡時代) 등으로 구분하였다.[116] 어느 정도 비슷한 측면도 있지만, 두 사람의 한국 불교사에 대한 기본 관점을 비교할 수 있는 좋은 재료가 된다고 하겠다. 특히 자신들이 살고 있던 일제 초기의 한국 불교를 이능화는 선종과 교종이 각각 명맥을 유지하고 있다는 의미에서 선교보수시대라 하였고, 권상로는 과거 탄압받았던 불교가 다시 태어나기 위한 몸부림을 하고 있다는 의미에서 갱생과도시대라고 이름 붙인 것이 주목된다.[117] 여기서도 앞에서 이야기했던 신분상 입장의 차이가 나타나고 있다. 어쨌든 우리나라에서 처음으로 근대적인 의미의 불교사를 정립하려 했던 두 사람이 그들의 연구성과를 종합하여 나름대로 시대구분을 시도함으로써 이후 이 분야 연구를 선도했다는 점은 높이 평가된다.

시대구분론과 함께 이들의 한국 불교사 서술에서 가장 중요시되는 점은 한국 불교의 원류를 파악하는 데 상당한 노력을 기울였다는 점이

---

115) 李能和, 《朝鮮佛敎通史》 下編, 4～7쪽.

116) 權相老, 〈朝鮮佛敎史槪說〉, 《退耕堂全書》 제8권, 1110～1179쪽.

117) 한편 당대의 불교개혁가 가운데 한 사람이었던 박한영은 한국의 불교사를 개관하여 삼국시대는 배태(胚胎)시대, 나려(羅麗)시대는 장성(壯盛)시대, 조선시대는 노후(老朽)시대라 했고, 당시의 일제시대를 부활(復活)시대라고 규정하고 있는데, 특히 당대를 부활시대라고 규정하고 있다는 점에서 권상로의 시대구분론과 유사하다고 할 수 있다. 이것은 불교개혁가로서 두 사람의 공통된 입장을 나타내 주는 것이라고 하겠다.(朴漢永, 〈佛敎의 興廢 所以를 探究할 今日〉, 239쪽)

다. 이것은 한국 불교의 정통성을 확립한다든지 개혁의 이념을 정립한다든지 하는 작업과 같은 연장선에 있다고 하겠는데, 한국 불교 종파의 기원 문제라든지, 법통(法統) 규명, 그리고 선(禪)의 본질 논쟁 같은 것들이 그 예이다.

첫째는 한국에서 불교 종파의 기원에 대한 문제이다. 이능화의 《조선불교통사》 중편은 특히 여기에 초점이 맞추어져 있는데, 〈인지연원나려유파〉(印支淵源羅麗流波)에서는 우리나라에 들어온 불교 종파를 13종으로 구분하여 소개하고 있으며, 〈특서임제종지연원〉(特書臨濟宗之淵源)과 〈조선선종임제적파〉(朝鮮禪宗臨濟嫡派)는 한국 불교의 명맥을 이어온 선종의 전등사(傳燈史)를 임제종을 중심으로 살펴본 것이다. 그 밖에 하편에서도 한국의 선종은 임제종으로, 그리고 교종은 화엄종임을 분명히 밝히고 있다. 권상로도 그의 《조선불교약사》의 부록에 〈제종종요〉(諸宗宗要)를 두어서 한국 불교사에 등장하는 여러 종파의 종요(宗要)를 상술하였으며, 논문으로도 이러한 작업을 많이 발표하였다.118) 한국 불교 종파의 기원을 탐구하는 이런 작업은 호교적 교리사에서 벗어나 불교 종파의 변천과 사회와의 관계를 추적할 수 있는 재료를 제공한다는 측면에서 중요한데, 이들 두 사람의 작업이 후학들의 종파 연구에 기본이 되었음은 말할 필요도 없다.119)

한국 불교의 원류를 파악한다는 측면에서 두 번째 쟁점은 종조(宗祖) 또는 법통(法統) 규명의 문제라고 할 수 있다. 오늘날 한국 불교를 대표

---

118) 《불교》 제54호(1928. 11)부터 제61호(1929. 7)까지 〈朝鮮에서 自立한 宗派〉라는 제목으로 '화엄종'(華嚴宗), '염불종'(念佛宗), '율종'(律宗), '조계종'(曹溪宗), '신인종(神印宗)과 총지종(摠持宗)', '천태종(天台宗)과 시흥종(始興宗)'을 소개하였다.

119) 예를 들어 김영태, 〈부록—한국 불교의 종파 역사〉, 《한국불교사》(경서원, 1986)는 좋은 사례라고 할 수 있을 것이다.

한다고 할 수 있는 조계종의 종조, 즉 법통의 문제에 대해서는 최근까지도 논쟁이 그치지 않고 수십 년 동안 계속 연구되어 온 한국 불교학에서 가장 큰 주제이다. 이에 대한 논쟁은 일제강점기에 한국 불교를 통할하는 종단 건립의 필요성이 대두되면서 정통성 확립의 차원에서 시작된 것인데, 지금까지 제기된 주장을 종합해 보면 크게 도의설(道義說), 범일설(梵日說), 지눌설(知訥說), 태고설(太古說), 나옹설(懶翁說)의 다섯 종류로 나누어진다.[120] 도의 종조설은 방한암(方漢巖; 1876~1951)에 의해 처음으로 제기된 이래,[121] 권상로에 의해 보강되었으며, 범일 종조설은 임석진(林錫珍)에 의해 체계화되었다.[122] 1930·40년대에 와서 종조 논쟁이 특히 가열되었는데, 지눌설은 이능화가 《조선불교통사》에서 처음 제기한 이래, 불화 이재열(李在烈)[123]과 이종익(李鍾益)[124] 등에 의해 발전되었다. 태고설은 조선 중기 이후 지금까지 정통한 설로 인정되어 왔으며, 김영수(金映遂),[125] 성철(性徹),[126] 지관(智冠)[127] 등이 이 설을 강력하게 주장하였다. 나옹설은 정황진(鄭晃震)[128]이 제기한 이래, 최근에 와서 허흥식(許興植)이 그의 저서 《한국중세불

120) 조계종의 기원과 법통 문제에 대한 자세한 논의는 허흥식, 앞의 책, 347~414쪽과 김상영, 〈조계종 종조와 중흥조 논쟁의 연구사〉, 《다보》 제20호(1996 겨울), 31~37쪽을 참조할 것.

121) 方漢巖, 〈海東初祖에 대하여〉, 《佛教》 제70호(1930. 4), 7~11쪽.

122) 林錫珍, 〈普照國師硏究〉, 《佛教》 제101~103호(1932. 12~1933. 1).

123) 李在烈, 《朝鮮佛教史之硏究》(東溪文化硏揚社, 1946).

124) 이종익, 《대한불교조계종중흥론》(보련각, 1976).

125) 金映遂, 〈朝鮮佛教의 宗旨에 就하야〉, 《新佛教》 제7집(1937. 7)과 〈太古和尙의 宗風에 對하야〉, 《新佛教》 제39·40집(1942. 8)과 〈曹溪宗과 傳燈通規〉, 《新佛教》 제43~45집(1942. 11~1943. 1).

126) 성철, 《한국불교의 법맥》(장경각, 1976).

127) 이지관, 《조계종사》(동국역경원, 1976).

128) 鄭晃震, 〈朝鮮佛教의 嗣法系統〉, 《新佛教》 제5집(1937. 7).

교사연구》에서 강력하게 주장하고 있다.

　이러한 종조 논쟁은 일제강점기 이후 수십 년 동안 수많은 학자들이 참여하여 복잡하게 진행되어 왔는데, 논쟁 초창기에 이능화와 권상로가 이 문제를 최초로 학문적 고찰의 대상으로 삼음으로써 이후 한국 불교학의 전개에 어느 정도 방향타 구실을 했다고 할 수 있다. 특히 법통에 대한 문제는 오늘날 또 하나의 중요한 논쟁점인 돈점(頓漸)논쟁과도 결부되어서[129] 앞으로 많은 연구가 필요한 분야인 것만은 틀림없는 사실이다.

　우선 이능화는 《조선불교통사》를 통해서 보조지눌이 조계종의 개조임을 분명히 하면서도,[130] 태고와 나옹의 역할에 대해 절충적인 의견을 내세워 다소 모호한 태도를 보였다. 즉 조계종이라는 명칭은 보조지눌로부터 시작한 한국 선종의 독창적인 명사임이 분명한데, 다만 뒤에 임제종의 적전(嫡傳)인 태고보우와 나옹혜근의 선파(禪派)가 이 명사를 빌려 쓰게 되었다는 것이다. 즉 이름은 보조지눌의 조계종이로되, 그 실상은 태고보우의 임제종파로 이어졌다는 설명이다.

　이에 비해 권상로는 조계종이라는 명칭이 가지산(迦智山) 도의국사(道義國師)에게서 발원한 것이라고 주장한다.[131] 사실 도의는 선종 구산문 가운데서도 역사가 가장 오래된 가지산의 개조(開祖)라는 점에서 그를 종조로 내세우는 것이 상당한 타당성이 있음에도, 도의 이후 고려 중기까지의 전법(傳法) 관계가 불분명하다는 문제가 있다. 권상로도 이에 대해 말하기를,

---

129) 이 점에 대해서는 김호성, 〈돈점논쟁의 반성과 과제〉, 《깨달음, 돈오점수인가 돈오돈수인가》(민족사, 1992), 11∼28쪽을 참조할 것.

130) 〈印支淵源羅麗流波〉, 《朝鮮佛教通史》 中編, 91쪽과 〈普照後始設曹溪宗〉, 같은 책, 下編, 336∼377쪽.

131) 權相老, 〈曹溪宗旨〉, 《新佛教》 제49집(1943. 6), 2∼5쪽.

> 曹溪宗의 宗祖가 當然히 道義國師임은 躊躇할 바 아니언마는 太古國師를
> 宗祖로 崇戴하지 아니치 못하게 된 理由가 한가지 있었으니 그것은 별 것
> 이 아니라, 卽是 道義國師로부터 太古師에 이르기까지의 傳法系統이 亦是
> 失傳하는 주비에 들어가고 없는 까닭이었다.[132]

라고 하여 태고종조설을 부인하지 않으면서도 심정적으로는 도의를 종
조로 내세우려고 함을 강하게 내비치고 있다. 실제 그는 〈충주청룡사
사적〉(忠州靑龍寺事蹟)이라는 자료에 의거하여 도의로부터 태고에 이
르는 계보를 만들어 보기도 했다.[133] 결국 그의 도의종조설은 태고종조
설을 소급시킨 셈이지만, 그가 고서방(古書房)에서 필사했다고 하는 자
료의 신빙성에 문제가 있는 것은 사실이다. 특히 그는 보조지눌이 조계
종을 개종한 것이라는 설에 대해서는 극력 비판을 가했는데, 그런 오해
가 생긴 이유는 보조국사가 조계산[松光山]에 머무르게 되면서, 그 후
손들을 '조계산 제 몇 세'라고 쓰게 되니, 이후 산(山)자와 종(宗)자를 혼
동하였기 때문이라는 것이다.[134]

한국 불교의 원류를 파악하기 위한 또 하나의 논쟁점은 이른바 삼종
선(三種禪) 논쟁이라고 할 수 있다. 이것은 조계종의 종조 및 법통을 규
명하는 것 못지않게 한국 불교학에서 중요하게 다루어졌던 주제로 선
(禪)의 본질 논쟁이라고도 할 수 있다. 백파긍선(白坡亘璇)과 초의의순
(草衣意恂)이 시작한 이래 100여 년 동안에 걸쳐 우담홍기(優曇洪基), 설
두유형(雪竇有炯), 축원진하(竺源震河)로 이어지며 논쟁은 계속되었고,

---

132) 權相老, 〈古祖派의 新發見〉, 《新佛敎》 제31집(1941. 12), 16쪽.

133) 위의 글, 12~21쪽.

134) 權相老, 〈朝鮮의 曹溪宗—朝鮮에서 自立한 宗派其四〉, 《佛敎》 제58호(1929. 4), 9쪽. 이
　　 밖에도 불일보조국사(佛日普照國師)가 조계종 종조가 될 수 없다는 그의 주장은 〈元曉
　　 院에 寄함〉, 《新佛敎》 제40집(1942. 9), 17~23쪽을 통해서도 살펴볼 수 있다.

일제시대를 거쳐 해방 이후 최근에 이르기까지 한국 불교의 본질을 규명한다는 차원에서 학문적 논의가 지속됨으로써 이 논쟁은 한국 불교학에서 중요한 테마로 자리잡았다고 할 수 있다. 그런데 이 논쟁을 객관적이고 비판적인 입장에서 최초로 학문 탐구의 대상으로 올려놓은 사람이 다름 아닌 이능화요 또한 권상로라고 할 수 있다.

먼저 이능화는 그의 주저인 《조선불교통사》에서 이 논쟁의 흐름을 모두 소개하고 있다. 〈백파수경배대삼구〉(白坡手鏡配對三句), 〈의순저술사변만어〉(意恂著述四辨漫語), 〈선정소쇄축조증정〉(先庭掃灑逐條證正), 〈선원소류번안호단〉(禪源溯流飜案護短) 등의 품제가 이와 관련된 것인데, 〈선원소류번안호단〉에서는 끝 부분에 '상현왈'(尙玄曰)이라고 하여 이 논쟁에 대한 자신의 비판적인 견해를 밝히고 있다.[135] 그는 조선 말기에 유가에는 호락이기(湖洛理氣)의 논쟁이 있었고 선문(禪門)에는 임제삼구(臨濟三句)의 논변이 있었으니, 유가에서는 그 범위가 장구(章句) 주석의 훈고에 지나지 않았고 선가에서는 그 병통이 문자의리(文字義理)의 지해(知解)를 면하기 어려웠다고 비판하였다. 이것은 옛 사람의 저술에만 의존하고 자기 창작을 꺼렸음이니 주학(朱學)의 폐해에서 벗어나지 못했기 때문이라고 보았다. 그리하여 유가의 설총(薛聰)과 최충(崔沖), 불가에서는 대각(大覺)·보조(普照)와 같은 인물이 다시 나오지 못하였다는 것이다. 결국 그는 깨달음을 목표로 하는 선종을 문자로 풀어보려는 시도를 비판했던 것으로 보인다. 그리하여

조선총림에 전하는 말에 백파화상은 文字로 見性했다고들 하니, 文字見性은 진실로 千古에 처음 들어보는 일종의 奇語라.…… 백파선사가 증명

---

135) 이능화, 《조선불교통사》 하편, 876~897쪽.

한 경계를 내 알지 못하겠지만 뒷날 세상에 행한 것은 文字禪일 따름이요 그 법을 설한 것은 口頭禪일 따름이었다.[136]

라고 하면서 자신의 비판적인 시각을 확실히 하고 있다.

한편 권상로는 그가 중앙불교전문학교 교수 시절에 강의용 교재로 집필했던 〈한국선종약사〉(韓國禪宗略史)에서 '선문(禪門)에 대한 논쟁'이라는 제목으로 백파의 《선문수경》으로부터 축원진하(竺源震河)의 《선문재정록》에 이르는 논쟁의 과정을 간단히 소개하였다.[137] 책의 성격상 간단한 논술로 이루어져 논쟁에 대한 그 자신의 견해는 나타나지 않았지만, 한국 선종의 약사를 다루면서 이 논쟁을 중요하게 다루었다는 자체가 중요한 관점으로서 뒷날의 계속된 토론을 이끌고 있다고 생각된다.

한편 객관적이고 과학적인 근대 학문의 전제조건은 자기 자신까지도 비판의 대상에 올려 놓을 수 있는 냉철한 비판의식의 유무이다. 그런데 이들은 불교계의 현실에 대하여 여러 가지 날카로운 비판을 던지고 있다. 먼저 이능화는 한국 불교가 겉으로는 임제종이면서도 실제로는 교종 세력이 더 많아 선도 아니고 교도 아닌 현상을 비판하였고, 한국 선종의 중흥조라는 경허(鏡虛)의 무애행(無碍行)이 선종을 나쁜 방향으로 몰아간다고 비판하기도 한다. 특히 그가 한국 선종의 가장 큰 특색으로 지목하는 것은 조사선(祖師禪) 우위의 사상과 그 근거가 되는 '진귀조사설'(眞歸祖師說)인데, 이에 대해서도 그는 비판적인 태도를 보였다. 이것은 불교의 교주인 석가여래를 부인하는 결과를 낳게 된다는 것이다.

---

136) "朝鮮叢林 相傳以爲 白坡和尙 文字見性 文字見性誠千古初聞之一種奇語也…白坡禪師所 證境界 吾未敢知 而後來行於世者 文字禪而已 說其法 口頭禪而已."(위의 책, 895쪽)
137) 權相老, 〈韓國禪宗略史〉, 《退耕堂全書》 제8권, 1095~1100쪽.

권상로는 한국 불교를 선도 아니요 교도 아닌 기형적 불교라고 비판하면서, 불교의 쇠퇴는 결국 국운의 침체와 윤상의 퇴폐로 이어졌음을 지적하였다. 물론 불교의 쇠퇴는 조선 500년 동안의 정치적 탄압에서 비롯된 것이지만, 시대에 적응하지 못하고 전통과 아집에만 얽매어 있는 불교계의 무사안일을 비판하기도 한다. 그는 나아가 이러한 무사안일의 원인으로 자신감과 미래에 대한 낙관적 희망의 결여를 꼽으면서 불교가 탈바꿈하기 위해서는 청년들의 홍기가 필수적임을 역설하였다. 특히 종교끼리의 경쟁은 점점 치열해 가는데 신구 세력 사이에 갈등의 골만 깊어가는 당시의 불교계의 현실을 고관(苦觀)으로 파악하면서, 중립적인 위치에서 둘의 화해를 촉구하고 있음이 주목된다.

결과적으로 두 사람의 한국 불교사에 대한 시대인식과 현실에 대한 비판이 약간 차이가 있긴 하지만, 이러한 비판적 인식이 있었기에 불교개혁의 청사진도 나올 수 있었다고 하겠다. 또한 이러한 비판의식은 이들의 불교학이 근대성의 기반 위에 서 있음을 확실하게 보여 주는 것이라고 할 수 있다. 즉 이들의 비판적 역사관은 진화론적 역사관에 의해 퇴보가 아닌 진보라는 개념으로 역사를 파악한 것이니, 선성(先聖)이나 조사(祖師)들을 무조건 숭배하고 역사를 성인(聖人)시대로부터의 타락이나 퇴보로 여기는 전통적 역사인식의 극복으로 볼 수 있다. 따라서 한국 불교사를 서술했다는 것 자체가 이미 비판적인 안목을 보여주는 것으로, 불교학의 근대화는 여기에서 시작했다고 할 수 있다. 더욱이 방법론적으로 볼 때, 역사학적 접근방법에 의한 자료의 수집은 또 다른 종류의 다양한 비교연구를 가능하게 하는 기초적인 작업이라는 점에서 방법론의 근대성 또한 높이 평가할 수 있다.

지금까지 이능화와 권상로가 근대 한국 불교학 형성에 끼친 공로를 살펴보았다. 근대 한국 불교학의 1세대는 역사학적 방법론에 입각한 자료의 축적으로 특징 지울 수 있는 시기이다. 그들은 모두 한국 근대 불교학의 1세대로서 근대적인 종교 연구방법론을 불교 연구에 적용하였으며, 그 결과 많은 자료와 중요한 업적을 남겨 한국 불교학의 수준을 한 단계 높였다고 평가된다. 또한 한국 불교학에서 중요하게 다루어지는 논쟁점들을 최초로 문제삼고 있다는 점에서 근대 한국 불교학의 성립은 그들로부터 시작되었다 해도 과언은 아닐 것이다.

다만 그들이 엄격한 고증을 소홀히 하여 중요한 자료의 전거를 확실히 밝히지 않았다든지, 학문으로서의 논증이나 의미 부여에 미숙하여 객관성이 결여된 주관적이고 포교적인 논설이 많았다든지, 또한 서술 방식에서 한문만을 고수했다든지 하는 점은 근대적 학문 태도에서 한계로 지적할 수 있을 것이다.

Ⅶ. 맺는 말

근대 불교학과 전통 교학의 결정적인 차이는 호교적인 교리 연구나 훈고학적인 연구를 탈피하여 객관적이고 과학적인 불교 연구로 발전하였다는 점이다. 그런 점에서 이능화는 전통 교학과 근대 불교학의 접점에 자리한다고 하겠다. 이능화가 근대 한국 불교학 성립에 끼친 공헌을 요약하면 대개 세 가지 측면으로 나눌 수 있다.

첫째는 자료적인 측면에서 현대의 더욱 세련된 연구를 위해 자료를 집대성하여 남겼다는 점이고, 둘째는 방법론적인 면에서 불교 연구에 진화론적인 진보사관에 의한 역사 연구방법을 적용하기 시작했다는 것이며, 셋째는 학문의 내용이라는 측면에서 불교학의 여러 쟁점과 연구 주제를 남겼다는 점 등이다.

그가 근대적인 불교 연구를 할 수 있었던 배경에는 무엇보다도 근대적인 종교인식이 큰 작용을 했다. 첫째는 종교적 상황 인식인데, 당시의 종교 상황을 종교다원주의적으로 보았다는 것이다. 이것은 불교 연구에서 객관성의 유지를 가능하게 했다. 둘째는 종교학적 방법론 인식인데, 당시 종교학의 유력한 방법론이었던 진화론과 비교법을 정확히 이해하고, 그것을 바탕으로 여러 종교들을 비교 고찰했다는 것이다. 이것은 과학적인 불교 연구를 가능하게 했다.

이능화가 한국 불교를 연구했던 화두는 바로 '정체성의 확립'이었다. 그리하여 첫 저서로 다른 종교에 견주어 불교의 교리적 우월성을 논구한 《백교회통》을 집필했다. 이것은 종교다원주의의 시각에서 불교의 자신감과 정체성을 확립하려는 이론적 시도라고 평가할 수 있다. 그런데 여기서 한걸음 더 나아가 한국 불교를 역사적으로 조망했다는 점이 중요하다. 물론 더 발전된 방법론을 적용한 철학적 과학적 불교 연구는 한참 뒤에야 나오지만, 그러한 발전된 연구를 가능하게 한 자료의 체계적 정리라는 측면에서 한국 불교사의 정립은 커다란 의의를 갖는 것이며, 바로 여기서 근대 한국 불교학의 여명은 밝았던 것이다. 따라서 근대 한국 불교학의 성립기는 역사학적 방법론에 입각한 자료의 축적과 정리로 특징 지울 수 있으며, 이러한 작업을 선구적으로 해나갔다는 점에서 이능화를 주목하게 된다.

이것뿐만 아니라, 그는 《조선불교통사》를 통해서 불교학에서 오늘날까지도 쟁점이 되는 몇 가지 문제의식을 던져 주었다. 그가 한국 불교사 서술에서 가장 중시하는 문제의식은 한국 불교의 원류를 파악하는 것이었다. 이것은 한국 불교의 정체성 확립이라는 과제와도 일치한다. 한국 불교 종파의 기원 문제라든지, 법통(法統) 규명, 그리고 선(禪)의 본질 논쟁 같은 것들이 그 예이다. 이러한 논쟁들은 일제강점기 이후 수십 년 동안 수많은 학자들이 참여하여 복잡하게 진행되어 왔는데, 논쟁의 거의 초창기에 이능화가 이 문제를 최초로 학문적 고찰의 대상으로 삼음으로써 이후 한국 불교학의 전개에 어느 정도 방향타 구실을 했다고 할 수 있다. 특히 법통에 대한 문제는 오늘날 또 하나의 중요한 논쟁점인 돈점논쟁과도 결부되고 있어서 앞으로 많은 연구가 필요한 분야인 것만은 틀림없는 사실이다. 그 밖에 또 하나 중요한 문제의식은 한국 불교사에 대한 연구성과를 집대성하여 최초로 시대구분을 시도하였다는 것이다. 이것은 불교사 연구가 호교론적인 입장에서 벗어나 객관적이고도 보편적인 학문으로 진입하기 위해서 꼭 필요한 작업이었다고 생각된다.

한편 객관적이고 과학적인 근대 학문의 전제조건은 자기 자신까지도 비판의 대상에 올려놓을 수 있는 냉철한 비판의식의 유무이다. 이능화는 한국 불교가 겉으로는 임제종이면서도 실제로는 교종 세력이 더 많아 선(禪)도 아니고 교(敎)도 아닌 현상을 비판하였고, 한국 선종의 중흥조라는 경허(鏡虛)의 무애행(無碍行)이 선종을 나쁜 방향으로 몰아가고 있다고 비판하기도 한다. 특히 그가 한국 선종의 가장 큰 특색으로 지목하는 것은 조사선(祖師禪) 우위의 사상과 그 근거가 되는 '진귀조사설'(眞歸祖師說)인데, 이에 대해서도 그는 비판적인 입장을 보이고 있다. 이것은 불교의 교주인 석가여래를 부인하는 결과를 낳게 된다는 것이다.

한편 이능화와 권상로 등의 불교 연구를 통해서 우리는 미래의 불교 발전, 또는 불교학의 발전을 위해 어떤 시사를 얻을 수 있는가? 우선 불교종단의 발전이라는 측면에서 볼 때는 크게 보아서 그들의 불교개혁정신을 계승해야 할 것으로 본다. 불교개혁은 당시의 시대적 상황 속에서 하나의 시대사조를 형성했던 것이지만, 그들이 제시했던 불교 개혁의 방향은 오늘의 상황 속에서도 역시 해결되지 못한, 그래서 앞으로 꾸준히 추진해 나가야 할 과제가 되고 있다.

지금까지 '불교개혁론' 하면 으레 한용운의 〈조선불교유신론〉만 있는 줄 알았고, 또 그것이 일제강점기를 통해서 실천운동으로 지속되었기 때문에 집중적으로 조명되어 온 것이 사실이다. 그러나 불교개혁론은 어느 한 사람의 주장이 아니라 그 시대를 관통하는 패러다임으로 이해되어야 한다. 따라서 근대화 초창기에 불교개혁적인 사고를 가지고 있었던 모든·불교 지식인들의 지성사적인 구조가 밝혀질 때에 우리는 그 시대를 좀 더 정확히 이해할 수 있으리라고 생각한다. 또한 그것은 오늘날 불교 현실에 대한 거울 역할을 할 수 있다는 측면에서 중요한 작업이라고 생각된다.

그런 점에서 우리는 비교의 방법을 동원할 수밖에 없을 것이다. 즉 가능한 한 많은 개혁론들을 비교 고찰함으로써 그것들의 동이점(同異點)을 쉽게 도출해 낼 수 있을 것이기 때문이다. 이것은 또한 친일의 극복이라는 차원에서도 중요한 의의를 갖는다. 왜냐하면 당시의 불교개혁가들이 이후 일제 치하에서 개혁의 입장을 견지하지 못하고 현실에 순응하는 태도를 보여주었기 때문이다. 가장 대표적인 인물이 바로 권상로(權相老)이다. 초창기 개혁가들이 차차 변질되어 가는 모습에서 일제하 불교의 한계를 살필 수 있을 것이다.

이능화와 권상로 등의 개혁정신을 통해 오늘날의 불교계가 시사 받을 수 있는 개혁의 대상들은 많이 있다. 우선 제일 중요한 것은 정신적 개혁이라고 하겠다. 즉 불교인으로서의 사명과 긍지, 그리고 깊은 신앙의 회복이라는 측면이다. 이것은 당시 모든 불교개혁론의 공통된 주제였지만 오늘날에도 정신적 자각의 필요성은 절실하다고 하겠다. 그 밖에 제도의 개혁이라는 측면에서 볼 때, 종단 체제 및 재정의 개혁, 그리고 교육제도의 개혁 등에서 교훈을 얻을 수 있고, 그 밖에도 불교 의식 및 포교의 현대화, 대장경의 번역·보급 등 많은 부분에서 시사를 얻을 수 있을 것이다.

무엇보다 해방 이후 오늘날까지 계속되는 조계종의 분규를 해결하기 위해서는 근원적으로 종단 체제의 개혁이 필수적이라고 할 때, 일제 초기 불교의 개혁 패러다임을 오늘날에 비추어 재해석해 보는 것은 참으로 중요한 작업이 아닐 수 없다. 이능화와 권상로 등은 새로운 시대를 맞이해 갈팡질팡하는 한국 불교의 정체성을 확립하기 위해 개혁의 이념을 정립해 나갔던 것인데, 오늘날 불교의 생존과 발전을 담보해 줄 수 있는 이상적인 체제의 유형을 정립하지 못하고 있는 조계종의 입장에서 이들의 불교개혁론은 훌륭한 거울 역할을 할 수 있을 것으로 기대된다.

한편 불교학의 입장에서는 이들이 남겨주었던 불교사의 업적과 자료들을 바탕으로 이것을 뛰어넘는 연구성과가 있어야 할 것이다. 더욱이 그들이 문제삼았던 여러 가지 쟁점들, 예컨대 법통 문제, 돈점 논쟁, 삼종선 논쟁 등이 아직까지 해결되지 않았다고 할 때, 앞으로 이 분야에 대한 더 많은 연구가 필요하다고 하겠다. 이러한 쟁점들은 대개 한국 불교의 원류를 파악한다는 측면이 강하므로 한국 불교의 정체성 확립이라는 측면에서도 매우 중요한 부분이라고 생각한다.

이러한 쟁점의 해결과 관련하여 그 동안 불교학의 주요 흐름은 철학적 관념적인 연구에 의해 지배되어 온 것이 사실이라면, 앞으로는 역사학적인 연구가 병행되어야 할 것이고, 무엇보다도 실천 수행과 유리되지 않는 불교 연구가 필수적이라고 하겠다. 이것은 이미 당대의 불교개혁론에서 선(禪)의 체현을 바탕으로 한 이타적인 활불교(活佛敎)를 지향한다는 측면에서 제시되었던 것이다.

물론 실천과 학문적 연구는 어느 정도 상호 모순적인 측면이 있는 것이 사실이다. 즉 학문적 연구는 어디까지나 객관성의 확보를 전제로 하는 것이므로 실천적인 입장과는 어긋날 가능성이 있다는 것이다. 이것은 이미 이능화와 권상로에게서 전형적으로 드러나는데, 두 사람의 신분에서 오는 입장 차이, 즉 한 사람은 승려요, 또 한 사람은 거사(居士)라는 점이 여러 가지 학문 성격상의 차이를 가져오게 하였다. 다시 말하면 객관적 탐구와 신앙적 실천 사이에는 양립하기 어려운 거리가 분명히 존재한다는 것이다. 이것은 또한 종교 연구가의 딜레마이기도 하다. 그러나 자기 신앙을 가졌다고 해서 객관적으로 관찰할 수 없다고는 할 수 없다. 이것이 바로 종교학적 신념이다. 이제 여기서는 해석학적 접근이 필요한 것이다.

이 책은, 이능화의 불교학을 통하여 근대 한국 불교학이 성립되는 과정에서 근대적인 종교인식이 상당한 영향을 끼쳤다고 보고, 그 상관관계를 밝히려고 하였다. 앞으로 근대 불교학이 성립되는 과정에 대해서는 여러 가지 각도에서 좀 더 조명되어야 하겠지만, 그러한 과정을 통해서 자생적인 한국 종교학의 성립까지도 유추할 수 있으리라는 기대를 갖는다. 또한 당시의 한국적 상황 속에서 다른 종교 인식에서 오는 문화적 충격은 불교에만 국한된 현상은 아니었을 것이다. 따라서 유교 및 기독교의 타종교 인식을 살펴보는 것도 매우 중요한 의미가 있다고 본다. 이 점은 앞으로의 연구과제로 남겨두기로 한다.

부 록...

이능화(李能和) · 권상로(權相老) 관계 연표

연도	李能和·權相老 관계 기사	불교계 일반 기사
1869	이능화 충북 괴산에서 출생(1.19)	1870. 朴漢永 生, 1871. 宋滿空 生
1877	이능화(8세) 私塾에서 한문 공부 시작	1876. 宋曼庵, 方漢巖 生
1879	권상로 경북 문경에서 출생(2.28)	1879. 韓龍雲 生, 李東仁 渡日
1884	이능화(15세) 鄭仁鎬와 결혼	李鍾郁 生
1885	권상로(6세) 서당에 입학	
1889	이능화(20세) 上京하여 英語學堂 입학	1888 曉峰 生 1890 東山 生
1893	권상로(14세) 부친 權贊泳 東學 接主가 됨	1891 朴重彬, 鏡峰 生
1894	권상로 부친 전쟁 패배로 전가족 도피	1892 耘虛 生
1895	이능화(26) 農商工部 主事 취임 권상로(16) 모친상	日僧 佐野前勵 입국 僧尼都城出入禁止 해제
1897	이능화(28) 한성외국어학교 교관 부임 권상로(18) 佛教에 귀의 得度	白性郁 生 大韓帝國 선포
1900	이능화(31) 불교에 귀의	1899 元興寺 성립
1903	권상로(24) 入室建幢(法師 豊谷永安)	1902 寺事管理署 설치
1906	이능화(37) 한성 법어학교장 취임 권상로(27) 明進學校 입학	李寶潭, 洪月初 佛教研究會 창립 明進學校 설립
1907	이능화(38) 3개월간 일본 시찰, 　명진학교 제2대 교장 취임	1908 圓宗 宗務院, 宗正 李晦光
1910	권상로(31) 圓宗 編輯部長 피선	한용운 僧尼 嫁娶 建白書 제출 이회광 日本 曹洞宗과 연합 시도 백용성 《歸源正宗》 발간
1911	이능화(42) 한성외국어 학교 폐교됨. 권상로(32) 四佛山 大乘寺 주지 취임	臨濟宗 발기(임시관장 한용운) 사찰령 시행, 30本末제도 확립
1912	이능화(43) 能仁普通學校長 취임, 　《百教會通》(佛教書館) 발간 권상로(33) 《朝鮮佛教月報》 편집·발행인 　〈朝鮮佛教改革論〉연재	李性徹 生, 鏡虛 입적 이회광 30본산주지회의원장 1913 박한영 《海東佛報》 창간 1913 한용운 《朝鮮佛教維新論》刊
1914	이능화(45) 佛教振興會 조직(간사)	재일유학생 《金剛杵》 창간 박한영 高等佛教講塾 塾師
1915	이능화(46) 《佛教振興會月報》 편집·발행인	佛教中央學林 설립(학장 姜大蓮) 覺皇寺에 30본산연합사무소 설치

연도	이능화·권상로	불교계 동향
1916	이능화(47) 《朝鮮佛敎界》 편집·발행인 권상로(37) 30本山住持會議所 編輯部長 　大敎師 法階에 오름	박중빈 깨달음 성취 조선불교청년회 발기
1917	이능화(48) 《朝鮮佛敎叢報》 편집·발행인 권상로(38) 《朝鮮佛敎略史》(新文館) 발간, 　3주간 일본 견학	金九河 30본산연합사무소 위원장 佛敎擁護會 발족(李完用, 權重顯)
1918	이능화(49) 《朝鮮佛敎通史》(新文館) 발간 권상로(39) 尹氏와 결혼	강대련 30본산연합사무소 위원장 한용운 《惟心》창간
1919	이능화(50) 부친 李源兢 작고	한용운, 白龍城 독립선언에 참여 이종욱 대한적십자회 조직(上海) 이회광 妙心寺 臨濟宗 부속 기도
1920	이능화(51) 朝鮮佛敎會 조직	朝鮮佛敎維新協議會 개최
1921	이능화(52), 권상로(42)	백용성, 송만공 禪學院 창설 한용운 조선불교유신회 창립 백용성 大覺敎 창립
1922	이능화(53) 《朝鮮史》編纂委員	송만공 등 禪友共濟會 창립 (재)朝鮮佛敎 中央敎務院 설치 李英宰 《朝鮮佛敎革新論》연재
1924	권상로(45) 月刊《佛敎》 편집·발행인	白性郁 哲學博士 學位(독일)
1925	朝鮮佛敎叢書刊行會 발족 이능화(56) 회장, 권상로(46) 교증사 권상로 東亞佛敎大會 대표로 도일	總務院, 敎務院 분규 종식 朝鮮佛敎 中央敎務院 발족
1926	이능화(57) 일본불교견학	백용성 승려 帶妻禁止 建白書 朝鮮佛敎禪理參究院 창설
1927	이능화(58) 〈朝鮮巫俗考〉를 《啓明》에 발 표, 《朝鮮女俗考》, 《朝鮮解語花史》 발간	백용성 《조선글 화엄경》 간행 華果院 창건(禪農一致 주장)
1928	이능화(59) 《朝鮮基督敎及外交史》 발간	佛敎專修學校 개교
1929	이능화(60) 조선총독부 훈6등 받음	高橋亨 《李朝佛敎》 간행
1930	이능화(61) 中央佛敎專門學校 강사, 　조선종교사 강의, 靑丘學會 評議員	中央佛敎專門學校로 改名 忽滑谷快天 《朝鮮禪敎史》 간행
1931	이능화(62) 최남선 등과 啓明俱樂部 설립 권상로(52) 中央佛敎專門學校 교수	朝鮮佛敎全國首座大會 개최 朝鮮佛敎靑年總同盟 창립

1933	이능화(64) 총독부 寶物古蹟保存會 위원	1932 박한영 중앙불전 교장
1935	권상로(56) 월간 《金剛山》 편집·발행인	박중빈 《朝鮮佛教革新論》 간행
1937	권상로(58) 시국강연 —친일논설 다수 발표	鄭晃震 〈朝鮮佛教의 嗣法系統〉 金映遂 〈朝鮮佛教 宗旨에 就하여〉
1938	이능화(69) 李王職 근무 권상로(59) 《李朝實錄佛教鈔存》 발간	중앙교무원 銃後報國에 적극 호응 總本山 覺皇寺 大雄殿 낙성
1941	이능화(72), 권상로(62)	朝鮮佛教曹溪宗 발족 宗正 方漢巖
1942	권상로(63) 總本山太古寺 教學編修委員	李在烈 普照 宗祖論 성명 발표
1943	이능화(74) 서울에서 작고(4.12)	박중빈 입적, 1944 한용운 입적
1945	권상로(66) 《戰爭과 佛教》 발간	전국승려대회—중앙총무원 조직 教正 박한영, 총무원장 金法麟
1946	권상로(67) 東國大 교수	東國大學 인가(학장 許永鎬) 李在烈 《朝鮮佛教史之研究》 간행
1947	권상로(68) 《朝鮮文學史》 발간, 海東譯經院 譯經部長	圓佛教 선포 眞覺宗 創教
1953	권상로(74) 東國大學校 초대 총장	1951 圓光大學 인가, 禪學院 改名
1954	권상로(75)	李大統領 불교정화유시 발표 조계종 종헌제정(道義를 宗祖로) 比丘·帶妻 분규
1955	권상로(76) 帶妻 측에 서서 比丘측의 普照 宗祖論에 맞서 太古宗祖論 견지	사찰정화수습대책위 구성 1956 조계종 전국신도회 창립
1959	권상로(80) 《現代佛教》 편집인	《대한불교》 창간(李青潭)
1961	권상로(82) 《韓國地名沿革考》 발간	朴正熙 불교분규 수습 담화 발표
1962	권상로(83) 명예철학박사(동국대) 정부의 문화훈장 수령	비구·대처 통합 종단 구성 《現代佛教》를 《佛教思想》으로
1963	권상로(84) 《韓國寺刹全書》 발간	金映遂, 柳葉의 帶妻 논쟁 동국대 《佛教學報》 창간
1964	권상로(85)	동국대 東國譯經院 설치(李耘虛)
1965	권상로(86) 서울에서 입적(法臘68세)	

참고문헌

1. 李能和의 저술

《百敎會通》, 불교서관, 1912; 강효종 역, 운주출판사, 1989.

《朝鮮佛敎通史》(1918), 보련각, 1979; 《朝鮮佛敎通史》 상·중·하, 尹在瑛 譯, 박영
　　사, 1980.

《朝鮮基督敎及外交史》(1928), 신한서림, 1968.

《朝鮮巫俗考》, 李在崑 譯, 동문선, 1991.

《朝鮮女俗考》(1927), 金尙憶 譯, 대양서적, 1975.

《朝鮮道敎史》, 李鍾殷 譯, 보성문화사, 1977.

《李能和全集(續集)》, 한국학연구소, 1978.

《朝鮮解語花史》(1927), 李在崑 譯, 동문선, 1992.

《朝鮮宗敎史》, 한국학연구소, 1983.

〈朝鮮巫俗考〉, 《啓明》 제19호, 1927.

〈朝鮮巫俗考〉, 金烈圭 譯, 《韓國의 民俗·宗敎思想》, 삼성출판사, 1981.

〈內地에 佛敎視察團을 送함〉, 《朝鮮佛敎叢報》 제6호, 1917. 9; 《韓國佛敎雜誌叢書》
　　제14권.

〈多神敎, 一神敎, 無神敎〉, 《佛敎振興會月報》 제4호, 1915. 6; 《韓國佛敎雜誌叢書》
　　제16권.

〈多妻敎, 一妻敎, 無妻敎〉, 《佛敎振興會月報》 제5호, 1915. 7; 《韓國佛敎雜誌叢書》
　　제16권.

〈堂獄布教說〉,《朝鮮佛敎叢報》 제16호, 1919. 7;《韓國佛敎雜誌叢書》 제15권.

〈論佛敎振興은 三十菩薩과 無數 維摩居士〉,《佛敎振興會月報》 제2호, 1915. 4;《韓國佛敎雜誌叢書》 제16권.

〈萬事萬理를 自心自性에 求하기 爲하야〉,《佛敎》 제50·51호, 1928. 9.

〈牧牛歌〉,《朝鮮佛敎叢報》 제1호, 1917. 3;《韓國佛敎雜誌叢書》 제14권.

〈發刊詞〉,《佛敎振興會月報》 제1호, 1915. 3;《韓國佛敎雜誌叢書》 제16권.

〈梵語譯解〉《佛敎振興會月報》 제1~4호.

〈佛敎信仰의 過去時代와 佛敎信仰의 現今時代를 論함〉,《佛敎振興會月報》 제4호, 1915. 6;《韓國佛敎雜誌叢書》 제16권.

〈佛敎와 朝鮮文化〉,《이능화전집(속집)》, 영신아카데미 한국학연구소, 1978.

〈佛敎와 他敎의 競爭〉,《朝鮮佛敎界》 제3호, 1916. 6.

〈禪敎兩宗과 講學布敎〉,《佛敎振興會月報》 제7호, 1915. 9;《韓國佛敎雜誌叢書》 제16권.

〈如是觀〉,《朝鮮佛敎叢報》 제17호, 1919. 9;《韓國佛敎雜誌叢書》 제15권.

〈朝鮮佛敎通史에 就하여〉,《朝鮮佛敎叢報》 제6호, 1917. 8;《韓國佛敎雜誌叢書》 제14권.

〈朝鮮僧侶와 社會的地位〉,《朝鮮佛敎叢報》 제20호, 1920. 3;《韓國佛敎雜誌叢書》 제15권.

〈朝鮮神敎源流考〉,《史林》 제7권 4호, 1922.

〈朝鮮神敎源流考〉,《史林》 제8권 1호, 1923.

〈朝鮮神敎源流考(一)〉,《東明》 제2권 8호, 1923.

〈朝鮮儒界之陽明學派〉,《이능화전집(속집)》, 한국학연구소, 1978.

〈朝鮮儒敎源流〉,《이능화전집(속집)》, 한국학연구소, 1978.

2. 權相老의 저술

《朝鮮佛敎略史》, 신문관, 1917.

《退耕堂全書》 제1~10권, 간행위원회, 1990.

《朝鮮宗敎史草稿》, 한국학연구소, 1983.

〈古祖派와 姉妹品 紹介1〉,《新佛敎》제34집, 1942. 3.

〈古祖派와 姉妹品 紹介2〉,《新佛敎》제35집, 1942. 4.

〈古祖派의 新發見〉,《新佛敎》제31집, 1941. 12.

〈光明의 길〉,《退耕堂全書》제8권.

〈敎籍 刊行의 必要〉,《朝鮮佛敎月報》제6호, 1912. 7.

〈近代 佛敎의 三世觀〉,《朝鮮佛敎叢報》제6호, 1917. 9.;《韓國佛敎雜誌叢書》제14권.

〈大韓宗敎聯盟趣旨書〉,《退耕堂全書》제8권.

〈梵語略譯〉,《朝鮮佛敎界》제1~3호, 1916.

〈梵譯類輯〉,《朝鮮佛敎月報》제2~4호, 1912.

〈普門佛敎會刱立趣旨書〉,《退耕堂全書》제8권.

〈佛戒는 如是觀하라〉,《佛敎》제53호, 1928. 10.

〈佛敎 普及的 二大 事業〉,《佛敎振興會月報》제9호, 1915. 11;《韓國佛敎雜誌叢書》제16권.

〈佛敎와 道德〉,《朝鮮佛敎月報》제13호, 1913. 2;《韓國佛敎雜誌叢書》제13권.

〈佛敎와 人道〉,《朝鮮佛敎月報》제6호, 1912. 7.

〈佛敎의 感化力〉,《朝鮮佛敎月報》제4호, 1912. 5.

〈佛敎의 骨子는 禪, 禪은 萬法의 總府〉,《朝鮮佛敎叢報》제4호, 1917. 6;《韓國佛敎雜誌叢書》제14권.

〈佛敎의 原理〉,《退耕堂全書》제8권.

〈生活問題와 佛敎〉,《佛敎》제1호, 1924. 8.

〈新年元旦〉,《朝鮮佛敎月報》제12호, 1913. 1.

〈新撰朝鮮佛敎史〉,《退耕堂全書》제8권

〈元曉院에 寄함〉,《新佛敎》제40호, 1942. 9.

〈自敍年譜〉,《退耕堂全書》제1권.

〈曹溪宗旨〉,《新佛敎》제49집, 1943. 6.

〈朝鮮 佛敎의 朝鮮 律宗〉,《朝鮮佛敎叢報》제3호, 1917. 5;《韓國佛敎雜誌叢書》제14권.

〈朝鮮과 朝鮮 佛敎와의 相似點〉,《佛敎》제2호, 1924. 9.

〈朝鮮佛敎改革論〉,《朝鮮佛敎月報》제3~18호, 1912. 4~1913. 7.

〈朝鮮佛教界의 時急한 問題〉,《新佛教》 제20집, 1940. 1.
〈韓國佛教史概說〉,《退耕堂全書》 제8권
〈朝鮮佛教와 諸大居士〉,《佛教振興會月報》 제5호, 1915. 7;《韓國佛教雜誌叢書》 제
　　16권.
〈朝鮮佛教月報發行趣旨書〉,《朝鮮佛教月報》 제1호, 1912. 2.
〈朝鮮에서 自立한 宗派〉,《佛教》 제54~61호, 1928. 11~1929. 7.
〈朝鮮의 曹溪宗-朝鮮에서 自立한 宗派其四〉,《佛教》 제58호, 1929. 4.
〈朝鮮宗教史草稿〉,《退耕堂全書》 제8권
〈竹倚問答〉,《佛教》 제1호, 1924. 7.
〈天과 淨土의 界說〉,《佛教振興會月報》 제9호, 1915. 11;《韓國佛教雜誌叢書》 제16
　　권.
〈천상천하에 유아독존〉,《朝鮮佛教月報》 제5호, 1912. 6.
〈退耕堂權相老大宗師 事蹟碑 碑文〉,《退耕堂全書》 제1권.
〈布教師 推薦 檢定을 마치고〉,《新佛教》 제63집, 1944. 8.
〈韓國禪宗略史〉,《退耕堂全書》 제8권.
〈興起哉어다 吾教青年이여〉,《朝鮮佛教月報》 제7호, 1912. 8.

3. 단행본

姜健基・金浩星 編著,《깨달음, 돈오점수인가 돈오돈수인가》, 민족사, 1992.
姜敦求,《韓國 近代宗教와 民族主義》, 집문당, 1992.
姜昔珠・朴敬勛,《佛教近世百年》(中央新書 71), 중앙일보사, 1980.
古筠紀念會 編,《金玉均傳》 上卷, 東京: 慶應出版社, 1944.
高宰錫,《韓國近代文學知性史》, 깊은샘, 1992.
金敬執,《한국근대불교사》, 경서원, 1998.
金光植,《韓國近代佛教史 研究》, 민족사, 1996.
김상현,《한국불교사 산책》, 우리출판사, 1995.
金煐泰,《佛教思想史論》, 민족사, 1992.
──────,《한국불교사》, 경서원, 1997.

金玉均 外, 《韓國의 近代思想》, 삼성출판사, 1981

東岳語文學會, 《東岳語文論集》 第二輯, 동국대, 1965.

반민족문제연구소, 《친일파99인》 1·2·3, 돌베개, 1994.

白龍城, 《歸源正宗》, 《龍城大宗師全集》 권8, 동국대.

佛敎文化硏究所 編, 《韓國佛敎撰述文獻目錄》, 동국대, 1976

불교신문사 편, 《韓國佛敎史의 再照明》, 불교시대사, 1994.

──, 《한국불교인물사상사》, 민족사, 1990.

三寶學會 편, 《資料集成 韓國佛敎最近百年史》, 1969.

서경보, 《불교교단사》, 이화문화사, 1995.

서경수, 《불교철학의 한국적 전개》, 불광출판부, 1990.

性 徹, 《韓國佛敎의 法脈》, 장경각, 1976.

신용하, 《독립협회의 창립과 조직》, 한국문화연구소, 1976.

安啓賢, 《韓國佛敎史硏究》, 동화출판공사, 1982.

연동교회80년사편찬위원회, 《연동교회 80년사》, 1974.

兪吉濬 저/金台俊 역, 《西遊見聞》, 박영사, 1976.

李在烈, 《朝鮮佛敎史之硏究》, 東溪文化硏揚社, 1946.

李載昌, 《韓國佛敎史의 諸問題》, 우리출판사, 1994.

李鍾益, 《大韓佛敎曹溪宗中興論》, 보련각, 1976.

李智冠, 《曹溪宗史》, 동국역경원, 1976.

이효걸 외, 《논쟁으로 보는 불교철학》, 예문서원, 1998.

印權煥, 《韓國民俗學史》, 열화당, 1978.

林慧峰, 《친일불교론》 상·하, 민족사, 1993.

──, 《불교사 100장면》, 가람기획, 1994.

정병조, 《한국 불교철학의 어제와 오늘》, 대원정사, 1995.

韓國哲學會 編, 《韓國哲學史》 下卷, 동명사, 1987.

韓基斗, 《韓國佛敎思想硏究》, 일지사, 1980.

韓鍾萬 編, 《韓國近代民衆佛敎의 理念과 課題》, 한길사, 1980.

許興植, 《韓國中世佛敎史硏究》, 일조각, 1994.

4. 논 문

姜大蓮, 〈進化는 在月報〉, 《朝鮮佛教月報》 창간호, 1912. 2.

姜敦求, 〈한국 종교학의 회고와 전망〉, 《정신문화연구》 제58호, 한국정신문화연
구원, 1995.

姜裕文, 〈最近百年間朝鮮佛教槪觀〉, 《佛教》 100호, 1932. 10; 《韓國佛教雜誌叢書》
제13권.

고익진, 〈종교간의 대립과 불교의 관용〉, 《불교와 현대세계》, 동국대, 1977.

고재석, 〈1910년대의 불교근대화운동과 그 문학사적 의의〉, 《한국문학연구》 10,
동국대, 1987. 9.

──, 〈한국 근대문학의 불교지성적 배경 연구〉, 동국대 박사논문, 1990.

光 德, 〈龍城禪師의 새 불교 운동〉, 《새로운 정신문화의 창조와 불교》, 우리출판
사, 1994.

金 鐸, 〈李能和와 韓國新宗教의 研究〉, 《宗教研究》 9, 한국종교학회, 1993.

金敬執, 〈韓國佛教 開化期 教團史 研究〉, 동국대 박사논문, 1996.

金光植, 〈1910년대 불교계의 進化論 수용과 寺刹令〉, 《韓國近代佛教史 研究》, 민
족사, 1996.

金두재, 〈退耕 權相老의 《朝鮮佛教革命論》〉, 《多寶》 제5호, 한국불교진흥원, 1993.

金杜珍, 〈韓國 巫俗 研究史論〉, 《사학논지》 2, 한양대 사학과, 1974.

──, 〈한국불교사 성격론〉, 《韓國佛教史의 再照明》, 불교시대사, 1994.

金明熙, 〈朝鮮叢林에 龍象大德을 向하여 青年徒弟의 教育獎勵를 忠告함〉, 《朝鮮佛
教月報》 제2호, 1912. 3.

金璧翁, 〈朝鮮佛教杞憂論〉, 《佛教》 제32~33호, 1927.

金寶輪, 〈朝鮮佛教를 可以維新할 今日이여〉, 《朝鮮佛教月報》 제11호, 1912. 12.

김상영, 〈조계종 종조와 중흥조 논쟁의 연구〉, 《多寶》 제20호, 1996.

金相鉉, 〈한국불교사 연구의 기초자료〉, 《韓國佛教史의 再照明》, 불교신문사,
1994.

金聲均, 〈이능화 ─ 韓國의 얼을 찾아서〉, 《한국의 인간상(4)》, 신구문화사, 1965.

金壽泰, 〈李能和와 그의 史學〉, 《東亞研究》 제4집, 서강대 동아문화연구소, 1984.

9.

———, 〈李能和의 社會史 研究〉, 《忠南史學》 3, 1988.

———, 〈李能和의 韓國基督敎研究〉, 《宗敎研究》 9, 한국종교학회, 1993.

金勝東, 〈萬海와 少太山의 佛敎改革論에 關한 比較研究〉, 《人文論叢》 제43집, 부산
　　　대, 1993.

김열규, 〈이능화와 조선무속고〉, 《한국의 민속, 종교사상》, 삼성출판사, 1981.

金映遂, 〈朝鮮佛敎의 宗旨에 就하야〉, 《新佛敎》 제7집, 1937. 7.

———, 〈太古和尙의 宗風에 對하야〉, 《新佛敎》 제39～40집, 1942. 8.～9.

———, 〈曹溪宗과 傳燈通規〉, 《新佛敎》 제43～45집, 1942. 11.～1943. 1.

金煐泰, 〈韓國佛敎史 下〉, 《韓國文化史大系》 11, 고려대 민족문화연구소, 1979.

———, 〈近代佛敎의 宗統宗脈〉, 《韓國近代宗敎思想史》, 원광대출판국, 1984.

———, 〈萬海의 새 불교운동〉, 《새로운 정신문화의 창조와 불교》, 우리출판사,
　　　1994.

———, 〈한국불교사 연구의 회고와 전망〉, 《韓國佛敎史의 再照明》, 불교시대사,
　　　1994.

김용섭, 〈우리나라 근대 역사학의 성립〉, 이우성·강만길 편, 《한국의 역사인식》
　　　下, 창작과비평사, 1976.

金容祚, 〈朝鮮後期 儒者의 佛敎觀〉, 《論文集(人·社)》 22(2), 경상대, 1983.

———, 〈조선 전기 유불회통론〉, 《논문집(人·社)》 27(1), 경상대, 1988.

김정배, 〈일제하의 한국고대사 연구가〉, 《현상과 인식》 제13호, 1980 봄.

김종명, 〈이종선과 삼종선 논쟁—불교 연구의 새로운 모색을 위한 교훈〉, 《논쟁
　　　으로 보는 불교철학》, 예문서원, 1998.

金鍾瑞, 〈現代 宗敎多元主義의 理解와 克服〉, 《정신문화연구》 제21호, 1984.

———, 〈世俗化論의 宗敎社會學的 照明〉, 《정신문화연구》 제32호, 1987.

———, 〈東·西 宗敎觀의 比較〉, 《哲學·宗敎思想의 諸問題》(V), 한국정신문화연
　　　구원, 1989.

———, 〈종교 집단간의 상호이해〉, 《哲學·宗敎思想의 諸問題》(V), 한국정신문
　　　화연구원, 1989.

———, 〈韓末, 日帝下 韓國 宗敎 研究의 전개〉, 《한국사상사대계》 6, 한국정신문
　　　화연구원, 1993.

김준형, 〈草衣禪師—조선후기 禪논쟁 주도한 茶聖〉, 《한국불교인물사상사》, 민족사, 1990.

金昌洙, 〈韓國近代佛敎界의 改革運動〉, 《佛敎史學論文集》, 동국대, 1988.

金春男, 〈梁啓超를 통한 韓龍雲의 西歐思想 受容〉, 《玄巖申國柱博士華甲紀念韓國學論叢》, 동국대출판부, 1985.

김항배, 〈종교간의 대립과 불교의 관용〉, 《불교와 현대세계》, 동국대, 1977.

金浩星, 〈돈점논쟁의 반성과 과제〉, 《깨달음, 돈오점수인가 돈오돈수인가》, 민족사, 1992.

南　駿, 〈日帝下 佛敎革新運動에 관한 硏究〉, 동국대 석사논문, 1980.

南都泳, 〈舊韓末의 明進學校〉, 《歷史學報》 90, 1981.

─── , 〈近代佛敎의 敎育活動〉, 《近代韓國佛敎史論》, 민족사, 1992.

魯權用, 〈近世開化期 佛敎의 改革 理念〉, 《韓國宗敎史研究》 제5집, 한국종교사학회, 1997.

睦楨培, 〈朴漢永의 현대불교운동론〉, 《새로운 정신문화의 창조와 불교》, 우리출판사, 1994.

─── , 〈僧李東仁〉, 《한국불교인물사상사》, 민족사, 1997.

朴敬勛, 〈近世佛敎의 硏究〉, 《근대한국불교사론》, 민족사, 1988.

朴相權, 〈日帝의 宗敎政策과 韓國宗敎〉, 《韓國近代宗敎思想史》, 원광대출판국, 1984.

朴漢永, 〈佛敎講師와 頂門金針〉, 《朝鮮佛敎月報》 제9호, 1912. 10.

─── , 〈將何以布敎利生乎아〉, 《海東佛報》 제2호, 1913. 12; 《韓國佛敎雜誌叢書》 제17권.

─── , 〈佛敎의 興廢 所以를 探究할 今日〉, 《海東佛報》 제4호, 1914. 2; 《韓國佛敎雜誌叢書》 제17권.

方漢巖, 〈海東初祖에 대하여〉, 《佛敎》 제70호, 1930. 4.

法　山, 〈조선 후기 불교의 교학적 경향〉, 《韓國佛敎史의 再照明》, 불교신문사, 1994.

법　성, 〈불교 교육의 개혁〉, 《다보》 제10호, 1994 여름.

徐景洙, 〈韓國佛敎百年史〉, 《성곡논총》 4, 1978.

─── , 〈開化思想家와 佛敎〉, 《韓國近代宗敎思想史》, 원광대출판국, 1984.

──, 〈朝鮮後期의 佛敎哲學〉, 《韓國哲學硏究》 하권, 동명사, 1984.

──, 〈日帝의 佛敎政策〉, 《近代韓國佛敎史論》, 민족사, 1992.

徐永大, 〈한국원시종교 연구사 소고〉, 《한국학보》 30, 1983 봄.

──, 〈李能和 《朝鮮巫俗考》 校勘〉, 《比較民俗學》 제5·6·7호, 1989~1991.

──, 〈李能和의 《朝鮮巫俗考》에 대하여〉, 《宗敎硏究》 9, 한국종교학회, 1993.

性 本, 〈초의 스님이 제시한 선불교의 본질〉, 《다보》 제19호, 1996 가을.

──, 〈조선 후기의 禪論爭〉, 《韓國佛敎史의 再照明》, 불교시대사, 1994.

성태용, 〈한국불교 개혁의 역사성〉, 《다보》 제10호, 1994 여름.

송석구, 〈조선조에 있어서의 儒佛對論〉, 《철학사상》 5, 동국대철학회, 1983.

宋錫準, 〈李能和의 韓國儒敎 硏究〉, 《宗敎硏究》 9, 한국종교학회, 1993.

宋霽月, 〈第一着急務를 忠告〉, 《朝鮮佛敎月報》 제10호, 1912. 11.

시 현, 〈불교 개혁의 방향〉, 《다보》 제10호, 1994 여름.

申光澈, 〈李能和와 崔炳憲의 比較宗敎論에 대한 硏究〉, 서울대 석사논문, 1989.

──, 〈이능화의 韓國神敎硏究〉, 《宗敎學硏究》 제11집, 서울대 종교학연구회,
    1992.

──, 〈李能和의 宗敎學的 觀點〉, 《宗敎硏究》 9, 한국종교학회, 1993.

愼鏞廈, 〈舊韓末 韓國民族主義와 社會進化論〉, 《인문과학연구》 창간호, 동덕여대,
    1995.

沈雨晟, 〈韓國學의 근대적 開眼-이능화〉, 《한국인물대계》, 박우사, 1972.

심재열, 〈조계종조는 왜 보조국사인가〉, 《다보》 제20호, 1996 겨울.

安啓賢, 〈李能和〉, 《한국 근대인물 백인선》(《新東亞》 1970년 9월호 부록), 1970.

──, 〈三·一運動과 佛敎界의 動向〉, 《近代韓國佛敎史論》, 민족사, 1988.

梁銀容, 〈李能和의 學問과 佛敎思想〉, 《韓國近代宗敎思想史》, 원광대출판국, 1984.

──, 〈《六祖壇經》과 李能和〉, 金知見 編, 《六祖壇經의 世界》, 민족사, 1989.

──, 〈權相老 佛敎改革思想의 硏究〉, 《韓國宗敎思想의 再照明》, 원광대출판국,
    1993.

──, 〈近代 佛敎改革運動〉, 《韓國思想史大系》 6, 한국정신문화연구원, 1993.

──, 〈李能和의 韓國佛敎硏究〉, 《宗敎硏究》 9, 한국종교학회, 1993.

呂益九, 〈한국 근대불교의 전개와 그 역사적 과제〉, 《한국불교의 현실과 전망》,
    지양사, 1986.

연기영, 〈불교 재정의 개혁〉, 《다보》 제10호, 1994 여름.

月芸智沼, 〈我朝鮮佛敎月報을 讀하고 記者閣下의게 敬啓하노이다〉, 《朝鮮佛敎月報》 제5호, 1912. 6.

柳炳德, 〈日帝時代의 佛敎〉, 《近代韓國佛敎史論》, 민족사, 1988.

尹永海, 〈근대 한국불교의 역사와 과제〉, 《釋林》 26, 동국대석림회, 1992.

尹以欽, 〈한국 현대종교학의 흐름과 전망〉, 《한국종교연구》 2, 집문당, 1988.

李光麟, 〈開化黨의 形成〉, 《開化黨研究》, 일조각, 1973.

———, 〈숨은 開化思想家 劉大致〉, 《開化黨研究》, 일조각, 1973.

———, 〈舊韓末 進化論의 受容과 그 影響〉, 《韓國開化思想研究》, 일조각, 1979.

———, 〈開化僧 李東仁에 관한 새 史料〉, 《韓國開化史의 諸問題》, 일조각, 1986.

———, 〈舊韓末 獄中에서의 基督敎 信仰〉, 《韓國開化史의 諸問題》, 일조각, 1986.

李基白, 〈韓國史研究에서의 分類史 問題〉, 《韓國史學의 方向》, 1976.

李箕永, 〈朝鮮王朝末期의 佛敎〉, 《民族文化研究》 제10호, 고려대 민족문화연구소, 1976.

———, 〈다시 쓰는 한국불교유신론〉, 《다보》 제10호, 1994 여름.

李東英, 〈權相老의 〈朝鮮文學史〉 一考〉, 《국어국문학》 제64호, 1974.

이만열, 〈民族主義 史學의 成立〉, 《韓國近代歷史學의 理解》, 문학과지성사, 1981.

이병주, 〈퇴경당 권상로〉, 《대원》 제36호, 1985. 11.

———, 〈退耕堂 權相老先生의 학문세계〉, 《東大新聞》 1987. 4. 21.

李逢春, 〈근대 佛敎改革論의 이념과 실제〉, 《釋林》 26, 동국대석림회, 1992.

———, 〈韓國佛敎史 연구의 現況과 課題〉, 《한국의 불교학 연구, 그 회고와 전망》, 동국대 불교문화원, 1994.

李松熙, 〈韓末 愛國啓蒙思想과 社會進化論〉, 《釜山女大史學》 2, 1984.

李永觀, 〈《朝鮮佛敎革新論》에 대한 研究〉, 《精神開闢》 제7·8집, 1989.

李永子, 〈近代居士佛敎思想〉, 《韓國近代宗敎思想史》, 원광대출판국, 1984.

李元淳, 〈韓國天主敎會史研究小史〉, 《崔奭祐紀念敎會史論叢》, 1982.

이이화, 〈이능화 — 민족사 왜곡과 식민사학 확립의 주도자〉, 《친일파99인》 2, 돌베개, 1993.

李在軒, 〈李能和의 宗敎觀 研究〉, 《한국학대학원논문집》 제1집, 1992.

———, 〈近代 韓國佛敎學의 成立과 宗敎認識 — 李能和와 權相老를 中心으로〉, 한

국정신문화연구원 한국학대학원 박사학위논문, 1999.

──, 〈李能和 研究의 現況과 課題〉, 《한국종교사연구》 7, 한국종교사학회, 1999.

──, 〈근대 한국 불교개혁 패러다임의 성격과 한계〉, 《宗敎硏究》 18, 한국종교학회, 1999.

──, 〈권상로의 불교개혁 사상 연구〉, 《普照思想》 13, 보조사상연구원, 2000.

──, 〈이능화의 불교학과 근대적 종교인식〉, 《한국종교사연구》 10, 한국종교사학회, 2002.

──, 〈권상로 불교학의 근대적 성격〉, 《불교학연구》 4, 불교학연구회, 2002.

李鍾郁, 〈東國六十年〉, 《東大新聞》 1966. 6. 6.

李鍾殷, 〈李能和의 生涯와 學問〉, 《宗敎硏究》 9, 한국종교학회, 1993.

이종익, 〈조선의 배불정책과 불교회통사상〉, 《한국사상의 심층연구》, 우석, 1982.

이종철, 〈와수반두의 언어관〉, 《哲學論究》 제23집, 서울대철학과, 1995.

李珍宰, 〈韓國近代 佛敎改革 理論에 관한 硏究〉, 원광대 석사논문, 1994.

李夏中, 〈無能居士 李能和 연구-生涯와 學問을 中心으로〉, 인하대 석사논문, 1992.

李夏中·申光澈 編, 〈李能和 著作目錄〉, 《宗敎硏究》 제9집, 한국종교학회, 1993.

李熙昇, 〈韓末의 紳士 李能和 선생〉, 《신동아》 1970년 9월호.

林錫珍, 〈普照國師硏究〉, 《佛敎》 제101~103호, 1932. 12~1933. 1.

임종국, 〈초기 종교침략과 친일파〉, 《人物界》 1989. 1.

임종욱, 〈백파 스님의 삼종선과 《선문수경》〉, 《다보》 제19호, 1996 가을.

張孝鉉, 〈李能和의 國學〉, 《우진박병채박사환력기념논총》, 고려대 국어국문학연구회, 1985.

鄭珖鎬, 〈日帝의 宗敎政策과 植民地佛敎〉, 韓鍾萬 編, 《韓國近代民衆佛敎의 理念과 課題》, 한길사, 1980.

──, 〈近代韓日佛敎關係史 硏究〉, 경희대 박사논문, 1989.

鄭柄朝, 〈李能和의 歷史參與〉, 《基督敎思想》 제208호, 1975. 10.

──, 〈한국 근현대 불교개혁론 비교연구〉, 《다보》 제10호, 1994 여름.

정태혁, 〈태고 보우국사의 원융사상과 한국불교의 법맥〉, 《다보》 제20호, 1996 겨울.

鄭晃震, 〈朝鮮佛敎의 嗣法系統〉, 《新佛敎》 제5집, 1937. 7.

306

宗　梵,〈조선시대 法統說의 재검토〉,《韓國佛教史의 再照明》, 불교시대사,
　　1994.

지　명,〈종단 권력구조의 개혁〉,《다보》 제10호, 1994 여름.

崔柄憲,〈日帝佛教의 浸透와 韓龍雲의 《朝鮮佛教維新論》〉,《韓國宗教思想의 再照
　　　　明》, 1993.

최석우,〈한국 교회사는 어떻게 서술되어 왔는가?〉,《한국교회사의 탐구》, 한국
　　　　교회사연구소출판부, 1982.

崔一凡,〈白坡禪師—三種禪논쟁 일으킨 宗門의 거인〉,《한국불교인물사상사》, 민
　　　　족사, 1990.

崔俊植,〈李能和의 《朝鮮道教史》〉,《宗教研究》 9, 한국종교학회, 1993.

韓基斗,〈佛教維新論과 佛教革新論〉, 韓鍾萬 編,《韓國近代民衆佛教의 理念과 課
　　　　題》, 한길사, 1980.

———,〈韓國禪思想에 있어 三種禪과 二種禪間의 論爭點 考察〉,《韓國宗教》 제1
　　　　집, 원광대출판국, 1971.

韓鍾萬,〈佛教維新思想〉,《韓國近代民衆佛教의 理念과 課題》, 한길사, 1980.

許興植,〈한국불교사 시대구분론〉,《韓國佛教史의 再照明》, 불교시대사, 1994.

홍신선,〈권상로 〈조선문학사〉의 의의〉,《제8회 한국문학학술회의》, 동국대 한
　　　　국문학연구소, 1988. 11.

洪以燮,〈韓國基督教史研究小史〉,《한국사의 방법》, 탐구당, 1955.

———,〈李能和 先生의 《朝鮮基督教及外交史》〉,《韓國史의 方法》, 탐구당, 1968.

5. 외국서적

鎌田茂雄 著/申賢淑 譯,《韓國佛教史》, 민족사, 1989.

久保田量遠 著/최준식 譯,《中國儒佛道 三教의 만남》, 민족사, 1990.

忽滑谷快天 著/鄭湖鏡 譯,《朝鮮禪教史》, 보련각, 1978.

Dallet, C. C./ 안응렬·최석우 공역,《한국천주교회사》, 분도출판사, 1980.

Sharpe, E. J./윤이흠·윤원철 역,《종교학—그 연구의 역사》, 한울, 1986.

江田俊雄,《朝鮮佛教史の研究》, 圖書刊行會 篇, 1977.

高橋亨, 《李朝佛敎》, 寶文館, 1929.

吉川文太郎, 《朝鮮の宗敎》, 森書店, 1921.

浦川和三郎, 《朝鮮殉敎史》, 圖書刊行會, (1944)1973.

中村元·山田統 編, 《世界思想敎養辭典》, 東京堂, 1965.

Clark, C. A., *Religions of Old Korea*, N.Y.: Fleming H. Revell Company, (1929)1932.

Ryang, Key S., "Yi Nung-hwa and His Modern Korean Studies", *The Journal of Modern Korean Studies*, 1, 1984.

Starr, F., *Korean Buddhism*, Boston: Marshall Jones Company, 1918.

찾아보기

1. 이 름

2. 자 료

3. 용어